2025 **SEXTA** EDIÇÃO

MANUAL DO **FGTS**

SERGIO
PINTO
MARTINS

Dados Internacionais de Catalogação na Publicação (CIP) de acordo com ISBD

M386m   Martins, Sérgio Pinto
          Manual do FGTS / Sérgio Pinto Martins. - 6. ed. - Indaiatuba, SP : Editora Foco, 2025.

        306 p. ; 16cm x 23cm.

        Inclui bibliografia e índice.
        ISBN: 978-65-6120-314-2

        1. Direito. 2. Direito trabalhista. 3. FGTS. I. Título.

2025-659   CDD 344.01   CDU 349.2

Elaborado por Vagner Rodolfo da Silva - CRB-8/9410
Índices para Catálogo Sistemático:
1. Direito trabalhista 344.01
2. Direito trabalhista 349.2

SEXTA EDIÇÃO

MANUAL DO **FGTS**

SERGIO
PINTO
MARTINS

2025 © Editora Foco
Autor: Sergio Pinto Martins
Diretor Acadêmico: Leonardo Pereira
Editor: Roberta Densa
Coordenadora Editorial: Paula Morishita
Revisora Sênior: Georgia Renata Dias
Revisora Júnior: Adriana Souza Lima
Capa Criação: Leonardo Hermano
Diagramação: Ladislau Lima e Aparecida Lima
Impressão miolo e capa: FORMA CERTA

DIREITOS AUTORAIS: É proibida a reprodução parcial ou total desta publicação, por qualquer forma ou meio, sem a prévia autorização da Editora FOCO, com exceção do teor das questões de concursos públicos que, por serem atos oficiais, não são protegidas como Direitos Autorais, na forma do Artigo 8º, IV, da Lei 9.610/1998. Referida vedação se estende às características gráficas da obra e sua editoração. A punição para a violação dos Direitos Autorais é crime previsto no Artigo 184 do Código Penal e as sanções civis às violações dos Direitos Autorais estão previstas nos Artigos 101 a 110 da Lei 9.610/1998. Os comentários das questões são de responsabilidade dos autores.

NOTAS DA EDITORA:

Atualizações e erratas: A presente obra é vendida como está, atualizada até a data do seu fechamento, informação que consta na página II do livro. Havendo a publicação de legislação de suma relevância, a editora, de forma discricionária, se empenhará em disponibilizar atualização futura.

Erratas: A Editora se compromete a disponibilizar no site www.editorafoco.com.br, na seção Atualizações, eventuais erratas por razões de erros técnicos ou de conteúdo. Solicitamos, outrossim, que o leitor faça a gentileza de colaborar com a perfeição da obra, comunicando eventual erro encontrado por meio de mensagem para contato@editorafoco.com.br. O acesso será disponibilizado durante a vigência da edição da obra.

Impresso no Brasil (2.2025) – Data de Fechamento (2.2025)

2025
Todos os direitos reservados à
Editora Foco Jurídico Ltda.
Rua Antonio Brunetti, 593 – Jd. Morada do Sol
CEP 13348-533 – Indaiatuba – SP
E-mail: contato@editorafoco.com.br
www.editorafoco.com.br

*"Muitas vezes é mais importante explicar
o óbvio que elaborar sobre o abstruso."*

Oliver Wendell Holmes.

TRABALHOS DO AUTOR

LIVROS

1. *Imposto sobre serviços – ISS*. São Paulo: Atlas, 1992.
2. *Direito da seguridade social*. 42. ed. São Paulo: Saraiva, 2024.
3. *Direito do trabalho*. 40. ed. São Paulo: Saraiva, 2024.
4. *A terceirização e o direito do trabalho*. 17. ed. São Paulo: Saraiva, 2019.
5. *Manual do ISS*. 10. ed. São Paulo: Saraiva, 2017.
6. *Participação dos empregados nos lucros das empresas*. 6. ed. Indaiatuba: Foco, 2025.
7. *Práticas discriminatórias contra a mulher e outros estudos*. São Paulo: LTr, 1996.
8. *Contribuição confederativa*. São Paulo: LTr, 1996.
9. *Medidas cautelares*. São Paulo: Malheiros, 1996.
10. *Manual do trabalho doméstico*. 15. ed. Indaiatuba: Foco, 2025.
11. *Tutela antecipada e tutela específica no processo do trabalho*. 4. ed. São Paulo: Atlas, 2013.
12. *Manual do FGTS*. 6. ed. Indaiatuba: Foco, 2025.
13. *Comentários à CLT*. 21. ed. São Paulo: Saraiva, 2018.
14. *Manual de direito do trabalho*. 11. ed. São Paulo: Saraiva, 2018.
15. *Direito processual do trabalho*. 39. ed. São Paulo: Saraiva, 2017.
16. *Contribuições sindicais*. 5. ed. São Paulo: Atlas, 2009.
17. *Contrato de trabalho de prazo determinado e banco de horas*. 4. ed. São Paulo: Atlas, 2002.
18. *Estudos de direito*. São Paulo: LTr, 1998.
19. *Legislação previdenciária*. 22. ed. São Paulo: Saraiva, 2016.
20. *Síntese de direito do trabalho*. Curitiba: JM, 1999.
21. *A continuidade do contrato de trabalho*. 3. ed. Indaiatuba: Foco, 2025.
22. *Flexibilização das condições de trabalho*. 7. ed. Indaiatuba: Foco, 2025.
23. *Legislação sindical*. São Paulo: Atlas, 2000.
24. *Comissões de conciliação prévia*. 3. ed. São Paulo: Atlas, 2008.
25. *Col. Fundamentos: direito processual do trabalho*. 21. ed. São Paulo: Saraiva, 2018.
26. *Instituições de direito público e privado*. 17. ed. São Paulo: Saraiva, 2017.
27. *Col. Fundamentos: direito do trabalho*. 19. ed. São Paulo: Saraiva, 2018.

28. *Col. Fundamentos: direito da seguridade social.* 17. ed. São Paulo: Saraiva, 2016.
29. *O pluralismo do direito do trabalho.* 3. ed. Indaiatuba: Foco, 2025.
30. *Greve no serviço público.* 3. ed. Indaiatuba: Foco, 2025.
31. *Execução da contribuição previdenciária na Justiça do Trabalho.* 5. ed. São Paulo: Saraiva, 2019.
32. *Manual de direito tributário.* 17. ed. São Paulo: Saraiva, 2018.
33. *CLT universitária.* 24. ed. São Paulo: Saraiva, 2018.
34. *Cooperativas de trabalho.* 8. ed. Indaiatuba: Foco, 2025.
35. *Reforma previdenciária.* 2. ed. São Paulo: Atlas, 2006.
36. *Manual da justa causa.* 8. ed. Indaiatuba: Foco, 2025.
37. *Comentários às súmulas do TST.* 16. ed. São Paulo: Saraiva, 2016.
38. *Constituição. CLT. Legislação previdenciária e legislação complementar.* 3. ed. São Paulo: Atlas, 2012.
39. *Dano moral decorrente do contrato de trabalho.* 6. ed. Indaiatuba: Foco, 2025.
40. *Profissões regulamentadas.* 2. ed. São Paulo: Atlas, 2013.
41. *Direitos fundamentais trabalhistas.* 2. ed. São Paulo: Atlas, 2015.
42. *Convenções da OIT.* 3. ed. São Paulo: Saraiva, 2016.
43. *Estágio e relação de emprego.* 6. ed. Indaiatuba: Foco, 2025.
44. *Comentários às Orientações Jurisprudenciais da SBDI-1 e 2 do TST.* 7. ed. São Paulo: Saraiva, 2016.
45. *Direitos trabalhistas do atleta profissional de futebol.* 2. ed. São Paulo: Saraiva, 2016.
46. *Prática trabalhista.* 8. ed. São Paulo: Saraiva, 2018.
47. *Assédio moral no emprego.* 6. ed. Indaiatuba: Foco, 2025.
48. *Comentários à Lei n. 8.212/91. Custeio da Seguridade Social.* São Paulo: Atlas, 2013.
49. *Comentários à Lei n. 8.213/91. Benefícios da Previdência Social.* São Paulo: Atlas, 2013.
50. *Prática previdenciária.* 3. ed. São Paulo: Saraiva, 2017.
51. *Teoria geral do processo.* 9. ed. São Paulo: Saraiva, 2024.
52. *Teoria geral do Estado.* 3. ed. São Paulo: Saraiva, 2024.
53. *Reforma trabalhista.* São Paulo: Saraiva, 2018.
54. *Introdução ao estudo do Direito.* 3ª ed. São Paulo: Saraiva, 2024.

ARTIGOS

1. A dupla ilegalidade do IPVA. *Folha de S.Paulo*, São Paulo, 12 mar. 1990. Caderno C, p. 3.
2. Descumprimento da convenção coletiva de trabalho. *LTr*, São Paulo, n. 54-7/854, jul. 1990.

3. *Franchising* ou contrato de trabalho? *Repertório IOB de Jurisprudência*, n. 9, texto 2/4990, p. 161, 1991.

4. A multa do FGTS e o levantamento dos depósitos para aquisição de moradia. *Orientador Trabalhista – Suplemento de Jurisprudência e Pareceres*, n. 7, p. 265, jul. 1991.

5. O precatório e o pagamento da dívida trabalhista da fazenda pública. *Jornal do II Congresso de Direito Processual do Trabalho*, p. 42. jul. 1991. (Promovido pela LTr Editora.)

6. As férias indenizadas e o terço constitucional. *Orientador Trabalhista Mapa Fiscal – Suplemento de Jurisprudência e Pareceres*, n. 8, p. 314, ago. 1991.

7. O guarda de rua contratado por moradores. Há relação de emprego? *Folha Metropolitana*, Guarulhos, 12 set. 1991, p. 3.

8. O trabalhador temporário e os direitos sociais. *Informativo Dinâmico IOB*, n. 76, p. 1.164, set. 1991.

9. O serviço prestado após as cinco horas em sequência ao horário noturno. *Orientador Trabalhista Mapa Fiscal – Suplemento de Jurisprudência e Pareceres*, n. 10, p. 414, out. 1991.

10. Incorporação das cláusulas normativas nos contratos individuais do trabalho. *Jornal do VI Congresso Brasileiro de Direito Coletivo do Trabalho e V Seminário sobre Direito Constitucional do Trabalho*, p. 43. nov. 1991. (Promovido pela LTr Editora.)

11. Adicional de periculosidade no setor de energia elétrica: algumas considerações. *Orientador Trabalhista Mapa Fiscal – Suplemento de Jurisprudência e Pareceres*, n. 12, p. 544, dez. 1991.

12. Salário-maternidade da empregada doméstica. *Folha Metropolitana*, Guarulhos, p. 7, 2-3 fev. 1992.

13. Multa pelo atraso no pagamento de verbas rescisórias. *Repertório IOB de Jurisprudência*, n. 1, texto 2/5839, p. 19, 1992.

14. Base de cálculo dos adicionais. *Orientador Trabalhista Mapa Fiscal – Suplemento de Legislação, Jurisprudência e Doutrina*, n. 2, p. 130, fev. 1992.

15. Base de cálculo do adicional de insalubridade. *Orientador Trabalhista Mapa Fiscal – Suplemento de Legislação, Jurisprudência e Doutrina*, n. 4, p. 230, abr. 1992.

16. Limitação da multa prevista em norma coletiva. *Repertório IOB de Jurisprudência*, n. 10, texto 2/6320, p. 192, 1992.

17. Estabilidade provisória e aviso-prévio. *Orientador Trabalhista Mapa Fiscal – Suplemento de Legislação, Jurisprudência e Doutrina*, n. 5, p. 279, maio 1992.

18. Contribuição confederativa. *Orientador Trabalhista Mapa Fiscal – Suplemento de Legislação, Jurisprudência e Doutrina*, n. 6, p. 320, jun. 1992.

19. O problema da aplicação da norma coletiva de categoria diferenciada à empresa que dela não participou. *Orientador Trabalhista Mapa Fiscal – Suplemento de Legislação, Jurisprudência e Doutrina*, n. 7, p. 395, jul. 1992.

20. Intervenção de terceiros no processo de trabalho: cabimento. *Jornal do IV Congresso Brasileiro de Direito Processual do Trabalho*, jul. 1992, p. 4. (Promovido pela LTr Editora.)

21. Relação de emprego: dono de obra e prestador de serviços. *Folha Metropolitana*, Guarulhos, 21 jul. 1992, p. 5.
22. Estabilidade provisória do cipeiro. *Orientador Trabalhista Mapa Fiscal – Suplemento de Legislação, Jurisprudência e Doutrina*, n. 8, p. 438, ago. 1992.
23. O ISS e a autonomia municipal. *Suplemento Tributário LTr*, n. 54, p. 337, 1992.
24. Valor da causa no processo do trabalho. *Suplemento Trabalhista LTr*, n. 94, p. 601, 1992.
25. Estabilidade provisória do dirigente sindical. *Orientador Trabalhista Mapa Fiscal – Suplemento de Legislação, Jurisprudência e Doutrina*, n. 9, p. 479, set. 1992.
26. Estabilidade no emprego do aidético. *Folha Metropolitana*, Guarulhos, 20-21 set. 1992, p. 16.
27. Remuneração do engenheiro. *Orientador Trabalhista Mapa Fiscal – Suplemento de Legislação, Jurisprudência e Doutrina*, n. 10, p. 524, out. 1992.
28. Estabilidade do acidentado. *Repertório IOB de Jurisprudência*, n. 22, texto 2/6933, p. 416, 1992.
29. A terceirização e suas implicações no direito do trabalho. *Orientador Trabalhista Mapa Fiscal – Legislação, Jurisprudência e Doutrina*, n. 11, p. 583, nov. 1992.
30. Contribuição assistencial. *Jornal do VII Congresso Brasileiro de Direito Coletivo do Trabalho e VI Seminário sobre Direito Constitucional do Trabalho*, nov. 1992, p. 5.
31. Descontos do salário do empregado. *Orientador Trabalhista Mapa Fiscal – Suplemento de Legislação, Jurisprudência e Doutrina*, n. 12, p. 646, dez. 1992.
32. Transferência de empregados. *Orientador Trabalhista Mapa Fiscal – Suplemento de Legislação, Jurisprudência e Doutrina*, n. 1, p. 57, jan. 1993.
33. A greve e o pagamento dos dias parados. *Orientador Trabalhista Mapa Fiscal – Suplemento de Legislação, Jurisprudência e Doutrina*, n. 2, p. 138, fev. 1993.
34. Auxílio-doença. *Folha Metropolitana*, Guarulhos, 30 jan. 1993, p. 5.
35. Salário-família. *Folha Metropolitana*, Guarulhos, 16 fev. 1993, p. 5.
36. Depósito recursal. *Repertório IOB de Jurisprudência*, n. 4, texto 2/7239, p. 74, fev. 1993.
37. Terceirização. *Jornal Magistratura & Trabalho*, n. 5, p. 12, jan. e fev. 1993.
38. Auxílio-natalidade. *Folha Metropolitana*, Guarulhos, 9 mar. 1993, p. 4.
39. A diarista pode ser considerada empregada doméstica? *Orientador Trabalhista Mapa Fiscal – Suplemento Trabalhista Mapa Fiscal – Suplemento de Legislação, Jurisprudência e Doutrina*, n. 3/93, p. 207.
40. Renda mensal vitalícia. *Folha Metropolitana*, Guarulhos, 17 mar. 1993, p. 6.
41. Aposentadoria espontânea com a continuidade do aposentado na empresa. *Jornal do Primeiro Congresso Brasileiro de Direito Individual do Trabalho*, 29 e 30 mar. 1993, p. 46-47. (Promovido pela LTr Editora.)
42. Relação de emprego e atividades ilícitas. *Orientador Trabalhista Mapa Fiscal – Suplemento de Legislação, Jurisprudência e Doutrina*, n. 5/93, p. 345.

43. Conflito entre norma coletiva do trabalho e legislação salarial superveniente. *Revista do Advogado*, n. 39, p. 69, maio 1993.
44. Condição jurídica do diretor de sociedade em face do direito do trabalho. *Orientador Trabalhista Mapa Fiscal – Suplemento de Legislação, Jurisprudência e Doutrina*, n. 6/93, p. 394.
45. Equiparação salarial. *Orientador Trabalhista Mapa Fiscal – Suplemento de Legislação, Jurisprudência e Doutrina*, n. 7/93, p. 467.
46. Dissídios coletivos de funcionários públicos. *Jornal do V Congresso Brasileiro de Direito Processual do Trabalho*, jul. 1993, p. 15. (Promovido pela LTr Editora.)
47. Contrato coletivo de trabalho. *Orientador Trabalhista Mapa Fiscal – Suplemento de Legislação, Jurisprudência e Doutrina*, n. 8/93, p. 536.
48. Reintegração no emprego do empregado aidético. *Suplemento Trabalhista LTr*, n. 102/93, p. 641.
49. Incidência da contribuição previdenciária nos pagamentos feitos na Justiça do Trabalho. *Orientador Trabalhista Mapa Fiscal – Suplemento de Legislação, Jurisprudência e Doutrina*, n. 9/93, p. 611.
50. Contrato de trabalho por obra certa. *Orientador Trabalhista Mapa Fiscal – Suplemento de Legislação, Jurisprudência e Doutrina*, n. 10/93, p. 674.
51. Autoaplicabilidade das novas prestações previdenciárias da Constituição. *Revista de Previdência Social*, n. 154, p. 697, set. 1993.
52. Substituição processual e o Enunciado 310 do TST. *Orientador Trabalhista Mapa Fiscal – Suplemento de Legislação, Jurisprudência e Doutrina*, n. 11/93, p. 719.
53. Litigância de má-fé no processo do trabalho. *Repertório IOB de Jurisprudência*, n. 22/93, texto 2/8207, p. 398.
54. Constituição e custeio do sistema confederativo. *Jornal do VIII Congresso Brasileiro de Direito Coletivo do Trabalho e VII Seminário sobre Direito Constitucional do Trabalho*, nov. 1993, p. 68. (Promovido pela LTr Editora.)
55. Participação nos lucros. *Orientador Trabalhista Mapa Fiscal – Suplemento de Legislação, Jurisprudência e Doutrina*, n. 12/93, p. 778.
56. Auxílio-funeral. *Folha Metropolitana*, Guarulhos, 22-12-1993, p. 5.
57. Regulamento de empresa. *Orientador Trabalhista Mapa Fiscal – Suplemento de Legislação, Jurisprudência e Doutrina*, n. 1/94, p. 93.
58. Aviso-prévio. *Orientador Trabalhista Mapa Fiscal – Suplemento de Legislação, Jurisprudência e Doutrina*, n. 2/94, p. 170.
59. Compensação de horários. *Orientador Trabalhista Mapa Fiscal – Suplemento de Legislação, Jurisprudência e Doutrina*, n. 3/94, p. 237.
60. Controle externo do Judiciário. *Folha Metropolitana*, Guarulhos, 10-3-1994, p. 2; *Folha da Tarde*, São Paulo, 26-3-1994, p. A2.
61. Aposentadoria dos juízes. *Folha Metropolitana*, Guarulhos, 11-3-1994, p. 2; *Folha da Tarde*, São Paulo, 23-3-1994, p. A2.

62. Base de cálculo da multa de 40% do FGTS. *Jornal do Segundo Congresso Brasileiro de Direito Individual do Trabalho*, promovido pela LTr, 21 a 23-3-1994, p. 52.

63. Denunciação da lide no processo do trabalho. *Repertório IOB de Jurisprudência*, n. 7/94, abril de 1994, p. 117, texto 2/8702.

64. A quitação trabalhista e o Enunciado n. 330 do TST. *Orientador Trabalhista Mapa Fiscal – Suplemento de Legislação, Jurisprudência e Doutrina*, n. 4/94, p. 294.

65. A indenização de despedida prevista na Medida Provisória n. 457/94. *Repertório IOB de Jurisprudência*, n. 9/94, p. 149, texto 2/8817.

66. A terceirização e o Enunciado n. 331 do TST. *Orientador Trabalhista Mapa Fiscal – Suplemento de Legislação, Jurisprudência e Doutrina*, n. 5/94, p. 353.

67. Superveniência de acordo ou convenção coletiva após sentença normativa – prevalência. *Orientador Trabalhista Mapa Fiscal – Suplemento de Legislação, Jurisprudência e Doutrina*, n. 6/94, p. 386.

68. Licença-maternidade da mãe adotiva. *Orientador Trabalhista Mapa Fiscal – Suplemento de Legislação, Jurisprudência e Doutrina*, n. 7/94, p. 419.

69. Medida cautelar satisfativa. *Jornal do 6º Congresso Brasileiro de Direito Processual do Trabalho*, promovido pela LTr nos dias 25 a 27-7-1994, p. 58.

70. Estabelecimento prestador do ISS. *Suplemento Tributário LTr*, n. 35/94, p. 221.

71. Turnos ininterruptos de revezamento. *Orientador Trabalhista Mapa Fiscal – Suplemento de Legislação, Jurisprudência e Doutrina*, n. 8/94, p. 468.

72. Considerações em torno do novo Estatuto da OAB. *Repertório IOB de Jurisprudência*, n. 17/94, set. 1994, p. 291, texto 2/9269.

73. Diárias e ajudas de custo. *Orientador Trabalhista Mapa Fiscal – Suplemento de Legislação, Jurisprudência e Doutrina*, n. 9/94, p. 519.

74. Reajustes salariais, direito adquirido e irredutibilidade salarial. *Orientador Trabalhista Mapa Fiscal – Suplemento de Legislação, Jurisprudência e Doutrina*, n. 10/94, p. 586.

75. Os serviços de processamento de dados e o Enunciado n. 239 do TST. *Orientador Trabalhista Mapa Fiscal – Suplemento de Legislação, Jurisprudência e Doutrina*, n. 11/94, p. 653.

76. Desnecessidade de depósito administrativo e judicial para discutir o crédito da seguridade social. *Orientador Trabalhista Mapa Fiscal – Suplemento de Legislação, Jurisprudência e Doutrina*, n. 12/94, p. 700.

77. Número máximo de dirigentes sindicais beneficiados com estabilidade. *Repertório IOB de Jurisprudência*, n. 24/94, dezembro de 1994, p. 408, texto 2/9636.

78. Participação nos lucros e incidência da contribuição previdenciária. *Revista de Previdência Social*, n. 168, nov. 1994, p. 853.

79. Proteção do trabalho da criança e do adolescente – considerações gerais. *BTC – Boletim Tributário Contábil – Trabalho e Previdência*, dez. 1994, n. 51, p. 625.

80. Critérios de não discriminação no trabalho. *Orientador Trabalhista Mapa Fiscal – Suplemento de Legislação, Jurisprudência e Doutrina*, n. 1/95, p. 103.

81. Embargos de declaração no processo do trabalho e a Lei n. 8.950/94 que altera o CPC. *Repertório IOB de Jurisprudência*, n. 3/95, fev. 1995, texto 2/9775, p. 41.

82. Empregado doméstico – Questões polêmicas. *Orientador Trabalhista Mapa Fiscal – Suplemento de Legislação, Jurisprudência e Doutrina*, n. 2/95, p. 152.

83. Não concessão de intervalo para refeição e pagamento de hora extra. *Orientador Trabalhista Mapa Fiscal – Suplemento de Legislação, Jurisprudência e Doutrina*, n. 3/95, p. 199.

84. Lei altera artigo da CLT e faz prover conflitos. *Revista Literária de Direito*, mar./abr. 1995, p. 13.

85. Empregados não sujeitos ao regime de duração do trabalho e o art. 62 da CLT. *Orientador Trabalhista Mapa Fiscal – Suplemento de Legislação, Jurisprudência e Doutrina*, n. 4/95, p. 240.

86. A Justiça do Trabalho não pode ser competente para resolver questões entre sindicato de empregados e empregador. *Revista Literária de Direito*, maio/jun. 1995, p. 10.

87. Minutos que antecedem e sucedem a jornada de trabalho. *Orientador Trabalhista Mapa Fiscal – Suplemento de Legislação, Jurisprudência e Doutrina*, n. 5/95, p. 297.

88. Práticas discriminatórias contra a mulher e a Lei n. 9.029/95. *Repertório IOB de Jurisprudência*, n. 11/95, jun. 1995, p. 149, texto 2/10157.

89. Conflito entre a nova legislação salarial e a norma coletiva anterior. *Orientador Trabalhista Mapa Fiscal – Suplemento de Legislação, Jurisprudência e Doutrina*, n. 6/95, p. 362.

90. Imunidade tributária. *Suplemento Tributário LTr*, 34/95, p. 241.

91. Cogestão. *Revista do Tribunal Regional do Trabalho da 8ª Região*, v. 28, n. 54, jan./jun. 1995, p. 101.

92. Licença-paternidade. *Orientador Trabalhista Mapa Fiscal – Suplemento de Legislação, Jurisprudência e Doutrina*, n. 7/95, p. 409.

93. Embargos de declaração. *Jornal do VII Congresso Brasileiro de Direito Processual de Trabalho*, São Paulo: LTr, 24 a 26 jul. 1995, p. 54.

94. Reforma da Constituição e direitos previdenciários. *Jornal do VIII Congresso Brasileiro de Previdência Social*, n. 179, out. 1995, p. 723.

95. Ação declaratória incidental e coisa julgada no processo do trabalho. *Suplemento Trabalhista LTr 099/95*, p. 665 e *Revista do TRT da 8ª Região*, Belém, v. 28, n. 55, jul./dez. 1995, p. 39.

SUMÁRIO

TRABALHOS DO AUTOR VII

    Livros VII

    Artigos VIII

1. EVOLUÇÃO HISTÓRICA 1

    1.1 Introdução 1

    1.2 O sistema de estabilidade e o FGTS 1

2. DIREITO INTERNACIONAL E LEGISLAÇÃO ESTRANGEIRA 13

    2.1 Notas introdutórias 13

    2.2 Legislação estrangeira 13

        2.2.1 Alemanha 13

        2.2.2 Bélgica 14

        2.2.3 Chile 14

        2.2.4 Espanha 14

        2.2.5 Estados Unidos 16

        2.2.6 França 17

        2.2.7 Holanda 17

        2.2.8 Inglaterra 17

        2.2.9 Itália 17

        2.2.10 México 18

        2.2.11 Portugal 18

        2.2.12 Suíça 19

        2.2.13 Uruguai 19

    2.3 OIT 19

    2.4 Conclusão 20

3. DENOMINAÇÃO 21

   3.1 Introdução 21

   3.2 Denominação 21

4. CONCEITO 23

   4.1 Conceito 23

   4.2 Distinções de outras contribuições 25

      4.2.1 PIS 25

      4.2.2 Contribuição da Seguridade Social 25

      4.2.3 Contribuições sindicais 26

   4.3 Distinção de outros direitos trabalhistas 26

5. NATUREZA JURÍDICA 27

   5.1 Introdução 27

   5.2 Natureza jurídica 27

      5.2.1 Em relação ao empregado 27

         5.2.1.1 Salário diferido 28

         5.2.1.2 Salário social 28

         5.2.1.3 Salário atual 31

         5.2.1.4 Direito semipúblico 32

         5.2.1.5 Crédito-compensação 32

         5.2.1.6 Fundo contábil 33

         5.2.1.7 Conclusão 33

      5.2.2 Para o empregador 34

         5.2.2.1 Multa 34

         5.2.2.2 Obrigação convencional 34

         5.2.2.3 Indenização 34

         5.2.2.4 Teoria tributária 35

            5.2.2.4.1 Imposto 35

            5.2.2.4.2 Taxa 36

            5.2.2.4.3 Imposto e taxa 37

		5.2.2.4.4	Contribuição de melhoria	37
	5.2.2.5	Teoria parafiscal		38
	5.2.2.6	Teoria previdenciária		39
	5.2.2.7	Contribuição		40
		5.2.2.7.1	Denominação	40
		5.2.2.7.2	A Emenda Constitucional n. 1/69	45
		5.2.2.7.3	O art. 149 da Constituição de 1988	47
		5.2.2.7.4	Espécie de contribuição social	52
	5.2.2.8	Conclusão		53

6. AUTOAPLICABILIDADE 57

6.1 Autoaplicabilidade 57

6.2 Constitucionalidade 58

7. VANTAGENS E DESVANTAGENS 59

8. ADMINISTRAÇÃO DO FGTS 65

8.1 Justificativa 65

8.2 Administração do FGTS 65

8.3 Centralização na CEF 75

8.4 Personalidade jurídica do FGTS 75

9. CONTRIBUINTES 77

9.1 Conceito de contribuinte 77

9.2 Contribuintes 77

    9.2.1 Empregador rural 79

    9.2.2 Dono de obra 80

    9.2.3 Condomínios 80

    9.2.4 Empregador doméstico 80

    9.2.5 Entidades filantrópicas 80

    9.2.6 Sindicatos 81

9.3 Sujeito ativo 81

10. BENEFICIÁRIOS	83
10.1 Beneficiários	83
10.1.1 Empregados rurais	83
10.1.2 Trabalhador avulso	84
10.1.3 Trabalhador temporário	85
10.1.4 Atleta profissional de futebol	86
10.1.5 Treinador profissional de futebol	87
10.1.6 Empregado público	87
10.1.7 Diretor não empregado	88
10.1.8 Técnicos estrangeiros	90
10.1.9 Trabalhadores contratados no Brasil para prestar serviços no exterior	90
10.1.10 Menor assistido	91
10.1.11 Autônomos e eventuais	91
10.1.12 Servidores estatutários e militares	91
10.1.13 Estagiários	92
10.1.14 Empregado doméstico	92
10.2 Espécie de contrato de trabalho	95
11. OPÇÃO	97
11.1 Opção	97
11.2 Transação do período anterior	100
11.3 Opção retroativa	101
11.4 Retratação da opção	104
12. DEPÓSITOS	107
12.1 Depósitos	107
12.2 Rescisão do contrato de trabalho	110
12.3 Capitalização dos juros	110
12.4 Impenhorabilidade	113
12.5 Comunicação dos depósitos	114

12.6	Despesa operacional	115
12.7	Requisitos para aplicação do FGTS	116
12.8	Falta de recolhimento do FGTS e rescisão indireta	118
12.9	Parcelamento	119

13. INCIDÊNCIA E NÃO INCIDÊNCIA DO FGTS 121

13.1	Fato gerador	121
13.2	Base de cálculo	121
13.3	Alíquota do FGTS	123
13.4	Incidência	124
	13.4.1 Abono de férias	124
	13.4.2 Adicionais	124
	13.4.3 Auxílio-doença	125
	13.4.4 Comissões	125
	13.4.5 Diretor não empregado	126
	13.4.6 Décimo terceiro salário	126
	13.4.7 Etapas	127
	13.4.8 Gratificações legais	127
	13.4.9 Gorjetas	128
	13.4.10 Interrupção do contrato de trabalho	128
	13.4.11 Plantação subsidiária	132
	13.4.12 Repouso semanal remunerado	132
	13.4.13 Salário-utilidade	133
13.5	Não incidência	134
	13.5.1 Abonos	134
	13.5.2 Abono de férias	135
	13.5.3 Aeronauta	135
	13.5.4 Ajuda de custo	135
	13.5.5 Assistência médica ou odontológica paga pela empresa	138
	13.5.6 Auxílio-doença	138
	13.5.7 Aviso-prévio indenizado	139
	13.5.8 Benefícios da Previdência Social	141

13.5.9 Bolsa de aprendizagem	141
13.5.10 Bolsa de estudos dos estagiários	141
13.5.11 Cessão de direitos autorais	142
13.5.12 Complementação de auxílio-doença	142
13.5.13 Despesas com veículo	142
13.5.14 Despesas de transferência	142
13.5.15 Diárias	142
13.5.16 Dirigente sindical	143
13.5.17 Falência e recuperação judicial	144
13.5.18 Férias indenizadas	144
13.5.19 Ganhos eventuais	145
13.5.20 Gestante	145
13.5.21 Greve ilegal	145
13.5.22 Incentivo à demissão	145
13.5.23 Indenização	145
13.5.24 Indenização do art. 9º da Lei n. 7.238, de 29 de outubro de 1984	146
13.5.25 Indenização do art. 14 da Lei n. 5.889, de 8 de junho de 1973	146
13.5.26 Indenização do art. 479 da CLT	146
13.5.27 Indenização de 20 ou 40% sobre os depósitos do FGTS	147
13.5.28 Indenização do tempo de serviço	147
13.5.29 Licença-paternidade	147
13.5.30 Licença-prêmio indenizada	148
13.5.31 Multas	148
13.5.32 Multa do § 8º do art. 477 da CLT	148
13.5.33 Participação nos lucros ou resultados	149
13.5.34 Plano educacional	153
13.5.35 Prêmio	153
13.5.36 Previdência complementar	154
13.5.37 Prestação de vestuários, equipamentos e outros acessórios fornecidos ao empregado e utilizados no local de trabalho para a prestação dos respectivos serviços	154
13.5.38 Programa de Alimentação do Trabalhador (PAT)	154
13.5.39 Plano de demissão voluntária	155
13.5.40 PIS	155
13.5.41 Quebra de caixa	156

13.5.42	Reembolso-creche	156
13.5.43	Salário-família	156
13.5.44	Suspensão do contrato de trabalho	157
13.5.45	Trabalhadores da agroindústria	158
13.5.46	Treinamento profissional	158
13.5.47	Utilidades	158
13.5.48	Vale-transporte	159
13.5.49	Valores correspondentes a transporte, alimentação e habitação fornecidos pela empresa ao empregado contratado para trabalhar em localidade distante de sua residência, em canteiro de obras ou local que, por força da atividade, exija deslocamento e estada, observadas as normas de proteção estabelecidas pelo Ministério do Trabalho	159
13.5.50	Verba de quilometragem	160
13.5.51	Verba de representação	160
13.6	Conclusão	160

14. PRAZO DE RECOLHIMENTO		163
14.1	Prazo	163
14.2	Atualização monetária	164
14.2.1	Correção monetária do FGTS	164
14.2.2	Correção monetária no atraso no recolhimento	173
14.3	Juros	174
14.4	Multa de mora	175
14.5	Generalidades	176

15. SAQUES		179
15.1	Saques	179
15.1.1	Na Lei n. 5.107	179
15.1.2	Na Lei n. 7.839	180
15.1.3	Na Lei n. 8.036	181
15.2	Diretor não empregado	194
15.3	Levantamento pelo empregador	195
15.4	Rescisão do contrato de trabalho	195

15.5 Rescisão de empregado com período anterior à opção 196

15.6 Rescisão antecipada do contrato de trabalho por tempo determinado 197

15.7 Rescisão do contrato de obra certa 198

15.8 Incidência do Imposto de Renda no saque 198

16. INDENIZAÇÃO 201

16.1 Evolução da legislação 201

16.2 Natureza jurídica 202

16.3 Depósito na conta vinculada 203

16.4 Autoaplicabilidade 206

16.5 Culpa recíproca ou força maior 208

16.6 *Factum principis* 209

16.7 Rescisão do contrato de trabalho 210

    16.7.1 Acordo 210

16.8 Aposentadoria 210

16.9 Falecimento do trabalhador 211

16.10 Morte do empregador 211

16.11 Rescisão antecipada de contrato por tempo determinado 213

16.12 Diretor não empregado 213

16.13 Empregado doméstico 213

16.14 Falência e recuperação judicial 214

16.15 Saque para aquisição de moradia própria e indenização de 40% 214

16.16 Atualização dos depósitos da conta vinculada 218

16.17 Momento de cálculo da indenização 219

17. DECADÊNCIA 221

17.1 Conceito 221

17.2 Distinção 221

17.3 Decadência do FGTS 221

17.4 Contagem de prazo 222

18. PRESCRIÇÃO 225

18.1 Considerações iniciais 225

18.2 Prescrição 225

    18.2.1 História 225

    18.2.2 Conceito 225

    18.2.3 Requisitos da prescrição 226

    18.2.4 Prescrição do direito de ação 226

    18.2.5 Arguição 228

    18.2.6 FGTS 228

    18.2.7 A prescrição no direito do trabalho 228

    18.2.8 A prescrição do FGTS para o empregador 230

    18.2.9 A prescrição do FGTS para o empregado 236

    18.2.10 A Súmula 206 do TST 241

19. COMPETÊNCIA 245

20. FISCALIZAÇÃO DO FGTS 247

20.1 Fiscalização 247

20.2 Infrações e multas 249

20.3 Procedimentos de fiscalização 250

20.4 Cobrança 251

20.5 Fiscalização pelo sindicato 252

20.6 Preferência 254

20.7 Certificado de Regularidade 254

21. CONCLUSÃO 257

21.1 Tabela de incidências (INSS, FGTS e IRF) 264

REFERÊNCIAS BIBLIOGRÁFICAS 269

ÍNDICE ALFABÉTICO-REMISSIVO 275

1
EVOLUÇÃO HISTÓRICA

1.1 INTRODUÇÃO

O estudo do FGTS, em seu estágio atual, compreende a necessidade de lembrar de sua gênese e de seu desenvolvimento no decorrer do tempo.

O direito não deixa de ser uma realidade histórico-cultural, não admitindo o estudo de quaisquer de seus ramos sem que se tenha uma noção de seu desenvolvimento dinâmico no transcurso do tempo.

À luz da história, é possível compreender com mais acuidade os problemas atuais e, analisando seu processo, conjecturar mais concretamente sobre previsões. A concepção histórica mostra como foi o desenvolvimento de certa disciplina, além das projeções que podem ser alinhadas com base no que se fez, inclusive no que diz respeito à compreensão dos problemas atuais. Não se pode, portanto, prescindir de seu exame. É impossível ter o exato conhecimento de um instituto jurídico sem se proceder a seu exame histórico.

Ao se pretender estudar o passado, é possível compreender o desenvolvimento da ciência no decorrer dos anos, o que se mostra uma necessidade premente. Segundo as lições de Waldemar Ferreira: "Nenhum jurista pode dispensar o contingente do passado a fim de bem compreender as instituições jurídicas dos dias atuais"[1].

Para a análise da referida contribuição, é preciso compreender a evolução do instituto em análise, partindo das constituições anteriores, e o sistema a elas inerente, inclusive a verificação do sistema de estabilidade, que lhe é correlato, para, afinal, constatar como é disciplinado, hoje, o citado fundo.

1.2 O SISTEMA DE ESTABILIDADE E O FGTS

Na evolução da legislação sobre a dispensa do empregado, verifico a existência de dois sistemas: o impeditivo da dispensa e o de reparação econômica, que prevê o pagamento de um valor pecuniário ao obreiro despedido.

---

1. FERREIRA, Waldemar. *História do direito brasileiro*. São Paulo: Saraiva, 1962, v. 1, p. 1.

O sistema impeditivo da dispensa diz respeito à estabilidade, que nasceu da Lei Eloy Chaves, em 1923.

Já o sistema de reparação econômica tem por base a indenização, visando dificultar a dispensa, impondo o pagamento de uma importância ao empregador, com o objetivo de evitar a rotação de mão de obra, ou seja, um óbice econômico para sua concretização.

A estabilidade nasce, inicialmente, no serviço público.

Uma noção genérica de estabilidade era prevista no art. 149 da Constituição de 1824: "Os oficiais do Exército e da Armada não podem ser privados de suas patentes, senão por sentença proferida em juízo competente".

A Constituição de 1891, em seu art. 76, modificava um pouco a orientação anterior: "Os oficiais do Exército e da Armada só perderão suas patentes por condenação em mais de dois anos de prisão, passada em julgado nos tribunais competentes". O art. 57 assegurava aos juízes federais a vitaliciedade, pois poderiam perder o cargo unicamente por sentença judicial.

Os servidores públicos passaram a ter direito à estabilidade com a Lei n. 2.924/1915, que proibia a dispensa desde que tivessem 10 anos de serviço.

A primeira norma que efetivamente tratou da estabilidade no setor privado foi o Decreto n. 4.682, de 24 de janeiro de 1923, a chamada Lei Eloy Chaves, constituindo-se num marco histórico. Essa norma foi também a primeira lei que consagrou a aposentadoria aos ferroviários. O art. 42 declarava que:

> "depois de 10 anos de serviços efetivos, o empregado das empresas a que se refere a presente lei só poderá ser demitido no caso de falta grave constatada em inquérito administrativo, presidido por um engenheiro da Inspetoria e Fiscalização das Estradas de Ferro".

Tratava-se de uma estabilidade relativa apenas para os empregados das empresas ferroviárias que tivessem 10 anos de casa. Era uma estabilidade determinada com base em lei que tratava de normas previdenciárias. Assevera Amaro Barreto que: "a estabilidade do empregado no trabalho fornecia base permanente e segura à continuidade das contribuições aos órgãos seguradores, suprindo-os de fundos indispensáveis a seu funcionamento assistencial"[2].

A estabilidade foi estendida a outras categorias, como ao pessoal das empresas de navegação marítima ou fluvial e aos ferroviários dos Estados e Municípios (Lei n. 5.109/1926). O Decreto n. 17.940, de 11 de novembro de 1927, beneficiou os portuários. Os comerciários foram favorecidos com o Decreto n. 24.273, de 22 de maio de 1934. O art. 53 do Decreto n. 20.465, de 1º de outubro de 1931,

---

2. BARRETO, Amaro. *Teoria e prática do FGTS*. São Paulo: Trabalhistas, 1974, p. 9.

estendeu a estabilidade aos empregados em empresas de transportes urbanos, luz, força, telefone, telégrafos, portos, água e esgoto. Os bancários também passaram a ter direito a estabilidade aos dois anos de serviço no banco, conforme o art. 15 do Decreto n. 24.615, de 9 de julho de 1934.

Os constituintes de 1934 já previam a adoção de um fundo de reserva do trabalho, que visava assegurar o ordenado ou o salário de um ano, se por algum motivo a empresa desaparecesse, conforme o § 5º do art. 124 do Projeto de Constituição enviado pelo Governo Provisório à Assembleia Nacional Constituinte. Tinha o referido preceito a seguinte redação:

> Toda empresa comercial ou industrial constituirá, paralelamente com um fundo de reserva do capital, e desde que este logre uma remuneração justa, nos termos do art. 121, um fundo de reserva do trabalho, capaz de assegurar aos operários ou empregados o ordenado ou o salário de um ano, se por qualquer motivo a empresa desaparecer.

Pretendia-se, assim, estabelecer uma modalidade de garantia do tempo de serviço do empregado, como afirma Eduardo Gabriel Saad[3]. Entretanto, esse projeto não chegou a fazer parte do texto da Constituição de 1934.

A Lei n. 62, de 5 de junho de 1935, determinou estabilidade aos empregados da indústria e do comércio, que ainda não tinham benefícios concedidos pela Previdência Social, conforme seu art. 10:

> Os empregados que ainda não gozarem da estabilidade que as leis sobre institutos de aposentadorias e pensões têm criado, desde que contem 10 anos de serviço efetivo no mesmo estabelecimento, nos termos desta lei, só poderão ser demitidos por motivos devidamente comprovados de falta grave, desobediência, indisciplina ou causa de força maior, nos termos do art. 5º.

Com a referida norma houve uma generalização da estabilidade, que não mais tinha por base espécie de garantia da previdência social.

A Constituição de 10 de novembro de 1937 esclarecia na alínea *f* do art. 137, que:

> nas empresas de trabalho contínuo, a cessação das relações de trabalho, a que o trabalhador não haja dado motivo, e quando a lei não lhe garanta a estabilidade no emprego, cria-lhe o direito a uma indenização proporcional aos anos de serviço.

A CLT, de 1943, disciplinou a estabilidade nos arts. 492 a 500, sistematizando as regras até então existentes. Todo empregado que completasse 10 anos na empresa não poderia ser dispensado, salvo motivo de falta grave, devidamente

---

3. SAAD, Eduardo Gabriel. *Comentário à Lei do Fundo de Garantia do Tempo de Serviço*. 3. ed. São Paulo: LTr, 1995, p. 44.

verificada em inquérito judicial para sua apuração, ou por força maior efetivamente comprovada (art. 492 da CLT). O art. 919 da CLT extinguiu a estabilidade do bancário aos dois anos de serviço; ela ficava mantida apenas para quem já tinha adquirido tal direito.

A Constituição de 18 de setembro de 1946 reconhecia ao trabalhador, no inciso XII do art. 157, "estabilidade, na empresa ou na exploração rural, e indenização ao trabalhador despedido, nos casos e nas condições que a lei estatuir".

O art. 46 da Lei n. 3.470, de 28 de novembro de 1958, permitiu que as pessoas jurídicas contribuintes do Imposto de Renda deduzissem do lucro real:

> as quantias destinadas à constituição de fundos de reserva para indenizações previstas na legislação do trabalho desde que aplicadas em títulos da dívida pública de emissão especial, cujo resgate imediato ficará assegurado para o pagamento efetivo das indenizações.

As importâncias do fundo eram destinadas à aquisição de Obrigações Reajustáveis do Tesouro Nacional, visando preservar seu valor da inflação. O Decreto n. 53.767, de 20 de março de 1964, determinou que o fundo de indenizações trabalhistas, previsto no art. 46 da Lei n. 3.470, passasse a ser aplicado em títulos da dívida pública federal, com emissão especial, podendo haver o resgate imediato para o pagamento das indenizações trabalhistas. Com a Lei n. 4.357, de 16 de julho de 1964, regulamentada pelo Decreto n. 54.252, de 3 de setembro de 1964, o fundo de indenizações trabalhistas passou de facultativo a obrigatório para as empresas.

A quota inicial era de 3% sobre o total da remuneração mensal bruta, excluído o 13º salário, devendo ser aplicada em Obrigações Reajustáveis do Tesouro, não podendo ser transferidas no prazo de cinco anos. O fundo é que deveria pagar as indenizações dos empregados não estáveis. O art. 62 da Lei n. 5.406, de 30 de novembro de 1964, estendeu as obrigações de indenização do fundo em relação aos empregados estáveis. Na verdade, um dos objetivos do Governo, na época, era cobrir seu déficit de caixa, mas também assegurar o pagamento das indenizações dos empregados dispensados.

O Programa de Ação Econômica do governo para o biênio de 1964/1966 previa a substituição eventual e paulatina do sistema de estabilidade por um sistema de seguro-desemprego[4].

Em discurso pronunciado na Assembleia Legislativa de Belo Horizonte, em 28 de fevereiro de 1966, o Presidente da República, Humberto de Alencar Castelo Branco, declarou:

---

4. Programa de Ação Econômica do Governo para o biênio 1964-1966, s.n, s.d., p. 222.

burlado pelos patrões e deformado pela escassa minoria dos trabalhadores que o alcançaram, o instituto da estabilidade tornou-se um autêntico instituto de inquietação. A situação atual estimula o empregador a usar artifícios e a buscar, de qualquer modo, a dispensa por justa causa, a fim de se livrar do ônus latente, ou, então, a evitar que o empregado atinja 10 anos, indenizando-o antes de completar esse tempo, pelo meio de indisciplina e descaso pela produtividade do trabalhador que atinge a estabilidade.

Disse ainda que merecia:

atenção a proposta da criação de um fundo de estabilidade e habitação combinado com um sistema de seguro contra desemprego. Por meio desse Fundo, a obrigação de indenização converter-se-ia num depósito mensal, em conta vinculada, em nome do empregado, em estabelecimento bancário de sua escolha, para transferência ulterior ao Banco Nacional de Habitação[5].

Luis Viana Filho afirma que a ideia de criação do FGTS partiu de Roberto Campos:

impressionado com as dificuldades criadas à produtividade pela estabilidade, que também provocava constantes desarmonias nas relações empresariais. Ele chegara a aventá-la no PAEG. Outros motivos para a criação do Fundo de Garantia foram os empecilhos à compra e venda de empresas, e ao movimento de fusões e concentrações, decorrentes da existência de passivos trabalhistas. Castelo Branco desejava vender a Fábrica Nacional de Motores, cujos déficits eram intoleráveis, sem trazer contribuição especial à economia dos países, pois caminhões podiam ser produzidos eficientemente pela economia privada. Roberto Campos lembrou-lhe que, dado o passivo trabalhista (cerca de 4.000 operários, muitos dos quais estáveis), a fábrica seria quase invendável, problema idêntico ao de várias outras indústrias, que não poderiam ser compradas ou incorporadas, estando condenadas a lenta agonia, em virtude do ônus trabalhista[6].

Segundo Roberto Campos, o FGTS libertaria "os trabalhadores da escravidão... na espera... da estabilidade". Diante das necessidades do "capitalismo moderno, que pressupõe dinamismo industrial, através de um processo contínuo de aquisição, fusão e cisão de empresas", a "busca de uma solução mais flexível, tipo FGTS", teria decorrido de "um desses casos típicos de rigidez estrutural nas relações de trabalho", que impediria a venda da Fábrica Nacional de Motores. Nesse sentido, foi gestada "a fórmula do FGTS, de substituição da estabilidade por um pecúnio financeiro, em conta nominal do empregado, que ele poderia transportar consigo de empresa para empresa".[7]

Mediante anteprojeto de lei, elaborado por técnicos dos Ministérios do Trabalho e Planejamento, pretendia-se estabelecer uma obrigação do empregador

---

5. BARRETO, Amaro. *Teoria e prática do FGTS*. São Paulo: Revista dos Tribunais, 197, p. 43-44.
6. VIANA FILHO, Luis. *O governo Castelo Branco*. Rio de Janeiro: Livraria José Olympio, 1975, p. 489.
7. CAMPOS, Roberto. A lanterna na popa: memórias. 4ª ed. Rio de Janeiro: Topbooks, 1994, p. 713-714.

em depositar em conta bancária aberta em nome do empregado a importância de 8% da respectiva remuneração, que iria chamar-se Fundo de Garantia do Tempo de Serviço. Caso o empregado fosse dispensado, o empregador pagaria indenização de 10% sobre os depósitos feitos na conta bancária. O novo regime seria opcional e as hipóteses de movimentação seriam restritas. A classe trabalhadora repudiava o novo regime, que extinguia a estabilidade, diante da insegurança que isso poderia gerar, como a perda do emprego.

Houve dúvidas sobre se o novo regime era constitucional, pois estava em vigor o inciso XII do art. 157 da Constituição de 1946, instituindo a estabilidade no emprego. Poder-se-ia dizer que era constitucional, pois cabia ao empregado renunciar à estabilidade e optar pelo novo regime. A estabilidade também seria exercitada de acordo com as determinações da lei ordinária, porque esta é que iria disciplinar os casos e condições de estabilidade.

O Presidente da República voltou a se manifestar sobre o tema em 1º de maio de 1966, dizendo que a proposta permitiria a coexistência da estabilidade da CLT com a nova situação, mediante opção do empregado por um ou outro sistema. Foi então elaborado novo anteprojeto pelos Ministros do Trabalho e do Planejamento, que foi enviado à Presidência da República em 15 de julho de 1966, ressaltando exatamente a coexistência dos regimes, a faculdade do empregado de optar por um dos dois, a estabilidade do candidato a cargo de dirigente sindical de empregados, a instituição da multa de 10% no caso da dispensa sem justa causa; o direito de levantamento do fundo pelo empregado ficava condicionado a certas situações, bem como eram mantidas aproximadamente as demais orientações anteriores.

Em estudo feito pelos respectivos ministérios na época, constante da exposição de motivos da Lei do FGTS, verificava-se que apenas 15% dos empregados eram estáveis, nos 30 anos de funcionamento do sistema. Nas empresas mais novas, com menos de 15 anos, constatava-se a porcentagem de 1% de estáveis. Observava-se que a estabilidade, em vez de proteger o empregado, prejudicava-o, pois normalmente ele era dispensado antes de atingir os 10 anos de empresa, justamente para não adquiri-la.

Nesse sentido, o TST, constatando tal situação, editou a Súmula 26, que presumia "obstativa à estabilidade a despedida, sem justo motivo, do empregado que alcançar 9 (nove) anos de serviços na empresa". Entretanto, não se podia dizer que a dispensa era obstativa, pois o empregado ainda não adquirira o direito à estabilidade, o que somente ocorria quando tivesse 10 anos de empresa. Notava-se também que, muitas vezes, o empregado acabava transacionando o tempo de serviço na empresa quando necessitava de dinheiro. O empregador também dispensava o empregado, pagando a indenização prevista na CLT, o que também provocava rotatividade de mão de obra. Tinha o empregador vantagem com o sistema quando o empregado ainda não tinha um ano de tempo de serviço, pois não precisava pagar indenização de antiguidade, que só era devida quando o obreiro completasse um ano de serviço (§ 1º do art. 478 da CLT).

O projeto de lei foi enviado ao Congresso Nacional em 5 de agosto de 1966. Deveria ser aprovado em 30 dias, conforme o § 3º do art. 5º do Ato Institucional n. 2, de 27 de outubro de 1965. Foram apresentadas 103 emendas ao projeto e seis obtiveram aprovação na Comissão Mista. O prazo institucional de 30 dias não foi observado. Com base no Ato Institucional n. 2, o Presidente da República converteu o projeto em lei, que passou a ter o n. 5.107, de 13 de setembro de 1966. O Decreto-Lei n. 20, de 14 de setembro de 1966, foi baixado para incorporar à Lei n. 5.107 as emendas aprovadas na Comissão Mista que examinara o projeto no Congresso. Foi a Lei n. 5.107 regulamentada pelo Decreto n. 59.820, de 20 de dezembro de 1966. O art. 33 da Lei n. 5.107 determinou que tal norma entraria em vigor no primeiro dia do mês seguinte ao da publicação de seu regulamento. O art. 82 do Decreto n. 59.820 esclareceu que a vigência da Lei n. 5.107 ocorreria a partir de 1º de janeiro de 1967.

Segundo o art. 1º da Lei n. 5.107, visava o FGTS assegurar aos empregados uma garantia pelo tempo de serviço prestado às empresas, mediante sua opção. O referido sistema era compatível com a estabilidade decenal, porém o que ocorria na prática é que a maioria das empresas não admitia o empregado se este não fizesse a opção pelo FGTS, visando, assim, a que o obreiro não adquirisse a estabilidade.

A finalidade da instituição do FGTS foi proporcionar reserva de numerário ao empregado para quando fosse dispensado da empresa, podendo inclusive sacar o FGTS em outras hipóteses previstas na lei. Ao mesmo tempo, pretendia-se, com os recursos arrecadados, financiar a aquisição de imóveis pelo Sistema Financeiro da Habitação e até mesmo incrementar a indústria da construção civil.

Na verdade, o objetivo principal do FGTS foi o de proporcionar a dispensa por parte do empregador, inclusive do empregado público, tendo o empregador de pagar apenas uma indenização sobre os depósitos, liberando-os para o saque. Assim, a empresa não tinha mais de arcar com a estabilidade do empregado, que, para ser despedido, provocava ônus muito maior, pois só podia ser dispensado mediante inquérito para apuração de falta grave, e, caso este não apurasse a falta, o empregado retornaria ao serviço, ou teria direito a indenização em dobro do período trabalhado, o que era muito oneroso para a empresa.

Leciona Amauri Mascaro Nascimento que o FGTS traz:

> maior incentivo à dispensa do empregado, uma vez que substitui a estabilidade decenal e a indenização de dispensa sem justa causa. Enquanto os sistemas jurídicos modernos caminham para o maior controle da dispensa imotivada, permite a sua ampliação e a rotatividade da mão de obra[8].

---

8. NASCIMENTO, Amauri Mascaro. *Iniciação ao direito do trabalho*. 21. ed. São Paulo: LTr, 1994, p. 348.

Constata-se a partir da vigência da Lei n. 5.107 que, muitas vezes, o empregador dispensa o empregado a fim de substituí-lo por outro, pagando ao último salário inferior, já que deixa de existir a estabilidade. Intensifica a rotatividade da mão de obra, pois o empregador pode dispensar o empregado, liberando os depósitos do FGTS e pagando a indenização de 40%, enquanto, se o empregado tivesse estabilidade, não poderia fazê-lo, salvo mediante apuração de falta grave, em inquérito para esse fim. Antes de o empregado completar o primeiro ano, não tinha o empregador nenhuma vantagem em dispensá-lo, pois não havia nenhuma economia de encargos sociais, visto que o levantamento do FGTS e o pagamento da indenização de 10% seriam devidos. A única exceção seria a correção dos salários na data-base.

O art. 23 da Lei n. 5.107 estabeleceu que ficam extintos, a partir da vigência da referida norma:

(a) o Fundo de Indenizações Trabalhistas, criado pelo § 2º do art. 2º da Lei n. 4.357/64;

(b) a contribuição para o Fundo de Assistência ao Desemprego, determinada na alínea *a*, do parágrafo único da Lei n. 4.923/65;

(c) a contribuição para o BNH, prevista no art. 22 da Lei n. 4.380/64.

Para evitar dúvidas sobre a constitucionalidade da Lei n. 5.107, diante do inciso XII do art. 157 da Lei Maior de 1946, foi proposta a mudança da redação do último preceito para permitir um regime de opção entre o FGTS e a estabilidade. Assim, o inciso XIII do art. 158 da Constituição de 1967 passou a prever "estabilidade, com indenização ao trabalhador despedido, ou fundo de garantia equivalente". Trata-se de um sistema alternativo, em que havia o pagamento de indenização no caso da dispensa, tendo o empregado estabilidade aos 10 anos de serviço na empresa, podendo fazer a opção pelo FGTS.

O art. 3º da Lei n. 5.480, de 10 de agosto de 1968, estendeu ao trabalhador avulso o direito ao FGTS.

O inciso XIII do art. 165 da Emenda Constitucional n. 1/69 adotou a mesma expressão da Lei Magna anterior: "estabilidade com indenização ao trabalhador despedido ou fundo de garantia equivalente". A diferença entre essa norma e a prevista na Constituição de 1967 foi apenas a supressão da vírgula antes da palavra *ou*.

A discussão que se travou daí em diante foi justamente a respeito da equivalência entre a estabilidade e o FGTS. Evidentemente, não havia igualdade nos sistemas, ou os depósitos do FGTS não correspondiam exatamente às importâncias que seriam devidas ao empregado caso este fosse estável e houvesse a dispensa.

Verificava-se que o valor depositado no FGTS não era igual à indenização estabelecida na CLT. O empregado que percebesse baixo salário poderia ter uma indenização menor do que os depósitos do FGTS, acrescidos de juros e correção monetária. O trabalhador que tivesse alto salário poderia ter a indenização maior do que os depósitos do FGTS, pois a indenização seria calculada com base na maior remuneração que tivesse recebido na empresa (art. 477 da CLT).

Não se poderia dizer que o empregado ficaria sujeito a ambos os sistemas, em parte ao regime do FGTS (depósitos) e em parte à indenização da CLT, pois os regimes eram alternativos. De outro lado, a Constituição usava a expressão *equivalência*, e não igualdade de regimes e direitos. Os regimes, portanto, eram diferentes em suas estruturas, mas deveriam ser equivalentes em suas finalidades.

Assim, surgiu a interpretação da palavra *equivalência* pela Súmula 98 do TST, com a seguinte redação: "A equivalência entre os regimes do FGTS e da estabilidade da CLT é meramente jurídica e não econômica, sendo indevidos quaisquer valores a título de reposição de diferença".

Era comum o empregado ser dispensado e readmitido logo em seguida, para que não adquirisse estabilidade no emprego, e, nessas condições, a empresa normalmente determinava que no segundo contrato o empregado optasse pelo FGTS para, posteriormente, não ter direito à estabilidade. A Súmula 20 do TST esclareceu que: "não obstante o pagamento da indenização de antiguidade, presume-se em fraude à lei a resilição contratual, se o empregado permaneceu prestando serviços, ou tiver sido, em curto prazo, readmitido".

A Lei n. 5.958, de 10 de dezembro de 1973, determinou que o empregado poderia optar retroativamente a 1º de janeiro de 1967 ou à data da admissão ao emprego se posterior àquela, porém retroagiria apenas até a data em que o obreiro completou o decênio na empresa, preservando, assim, a estabilidade do período anterior. Dessa forma, havia empregados que seriam optantes, mas tinham tempo de serviço anterior à opção. Se tivessem 10 anos, eram estáveis; caso contrário, poderiam ser dispensados, pagando a empresa a indenização dos arts. 477 e s. da CLT, quanto ao período anterior à opção. Tal norma foi regulamentada pelo Decreto n. 73.423, de 7 de janeiro de 1974.

A Lei n. 6.858, de 24 de novembro de 1980, trata do pagamento do FGTS aos dependentes ou sucessores do empregado falecido, tendo sido regulamentada pelo Decreto n. 85.545, de 26 de março de 1981.

Em 2 de junho de 1981, surgiu a Lei n. 6.919, que facultava às empresas estenderem a seus diretores não empregados o regime do FGTS (art. 1º). O Decreto n. 87.567, de 16 de setembro de 1982, regulamentou o § 3º do art. 1º da Lei n. 6.919.

O Decreto-Lei n. 2.408, de 5 de janeiro de 88, restabeleceu a vigência do art. 12 da Lei n. 5.107 e deu outras providências.

A Lei n. 7.670, de 8 de setembro de 1988, estendeu aos portadores de aids certos benefícios relativos ao FGTS.

Na Assembleia Nacional Constituinte, pretendia-se estabelecer um sistema que viesse a proteger da dispensa injustificada. Afirma o Deputado Nílson Gibson que:

> a maioria dos juristas brasileiros, especializados em Direito do Trabalho, tem insistido na necessidade de proteger-se o empregado contra a despedida arbitrária, sem prejuízo da sobrevivência do FGTS. Apoiamos, também, [o movimento], no sentido de aplicar a todos os empregados o regime do FGTS acoplado a um sistema de segurança no emprego, de forma a impedir a despedida arbitrária ou imotivada[9].

Na Assembleia Nacional Constituinte, foram várias as redações oferecidas ao tema FGTS. Na Subcomissão dos Direitos dos Trabalhadores e Servidores, foi apresentada proposta que permitia a utilização dos depósitos em qualquer hipótese de rescisão do contrato de trabalho, inclusive havendo pedido de demissão ou dispensa com justa causa (art. 2º, XIV). Na Comissão de Ordem Social, extinguia-se o FGTS (art. 30), passando este a constituir contribuição do empregador para o Fundo de Garantia do Patrimônio Individual (§ 1º do art. 30). Preservavam-se os patrimônios anteriormente acumulados, mantendo-se os saques por demissão (§ 3º do art. 30). Na Comissão de Sistematização, utilizou-se apenas a expressão "fundo de garantia do tempo de serviço" (parágrafo único, do art. 7º), que, afinal, foi a redação que prevaleceu no inciso III, do art. 7º da Constituição.

A Constituição de 1988 disciplinou o FGTS no inciso III do art. 7º, assegurando, assim, um direito do trabalhador. O inciso I do art. 7º determinou "relação de emprego protegida contra despedida arbitrária ou sem justa causa, nos termos de lei complementar, que preverá indenização compensatória, dentre outros direitos". Desapareceu o sistema alternativo que vigorava até então, de estabilidade ou FGTS. Passou a existir apenas o direito do empregado ao FGTS, e o sistema de estabilidade e indenização previsto na CLT só persistia para os empregados que já tinham adquirido direito a tais institutos.

No sistema atual, quem não adquiriu estabilidade até 5 de outubro de 1988, jamais irá adquiri-la.

Esclareceu, ainda, o inciso I do art. 10 do Ato das Disposições Constitucionais Transitórias que, até ser promulgada a lei complementar a que se refere o inciso I do art. 7º da Constituição, "fica limitada a proteção nele referida ao aumento,

---

9. *Diário da Assembleia Nacional Constituinte*, de 19 de fevereiro de 1988, p. 7.334.

para quatro vezes, da porcentagem prevista no art. 6º, *caput* e § 1º, da Lei n. 5.107, de 13-9-66". Houve, assim, o aumento da indenização prevista na Lei n. 5.107, de 10% para 40%. Nos casos de dispensa por força maior ou culpa recíproca, a indenização será de 20%.

Agora, tanto o trabalhador urbano como o rural têm direito ao FGTS, embora houvesse previsão no art. 20 da Lei n. 5.889/73 sobre a possibilidade de lei especial dispor sobre a aplicação ao trabalhador rural do FGTS, que, porém, não chegou a ser implementada.

Surgiu a Lei n. 7.839, de 12 de outubro de 1989, que durou poucos meses. Essa lei foi regulamentada pelo Decreto n. 98.813, de 10 de janeiro de 1990. Ela dava as regras gerais sobre o tema, especificando o assunto após a Constituição de 1988, revogando a Lei n. 5.107 (art. 30).

A Lei n. 8.036/90 regulou o FGTS, revogando expressamente a Lei n. 7.839 (art. 32). Foi regulamentada pelo Decreto n. 99.684, de 8 de novembro de 1990. Essas são as atuais disposições sobre o FGTS.

2
DIREITO INTERNACIONAL E LEGISLAÇÃO ESTRANGEIRA

2.1 NOTAS INTRODUTÓRIAS

Pretendo verificar neste tópico como certos países ou a OIT estabelecem sistemas semelhantes aos de nosso FGTS. Não é meu objetivo, porém, indicar exaustivamente todos os sistemas, mas analisar o que ocorre em alguns países por mim escolhidos, geralmente países com os quais temos laços históricos ou que sempre acabam inspirando nossa legislação trabalhista. Mostrarei como é nesses países a legislação sobre contribuições para proteger a dispensa ou outro sistema, como a doutrina analisa esses ingressos, bem como a interpretação da jurisprudência.

Em razão da dificuldade na obtenção da legislação e de livros doutrinários sobre a matéria, nem sempre isso foi possível, mas o estudo serve para comparar os sistemas estrangeiros com o nosso, além de fornecer subsídios para posições que serão apresentadas mais adiante.

2.2 LEGISLAÇÃO ESTRANGEIRA

2.2.1 Alemanha

A Alemanha não tem um sistema semelhante ao do nosso FGTS. O empregado, após o período de experiência, adquire estabilidade no emprego e só pode ser dispensado se o empregador provar a existência de motivos sociais ou economicamente justificados. É a dispensa socialmente justificada. Lecionam Hueck e Nipperdey que:

> o legislador deu, conscientemente, um passo à frente em relação ao direito anterior, ao configurar a proteção contra a dispensa. Simplesmente quis caracterizar, no interesse da proteção duradoura, toda dispensa ilegal; em outras palavras: cumpriria reconhecer o di-

reito fundamental do trabalhador à conservação do emprego, do qual somente poderia ser privado no caso de existência de motivos suficientes para tanto[1].

Há pagamento de indenização de um salário por ano de serviço, até o máximo de 15 salários, quando o empregado tiver 50 anos de idade.

2.2.2 Bélgica

O empregador pode dispensar o empregado quando entender necessário, porém deve fornecer um aviso-prévio, de no mínimo três meses. Esse aviso-prévio é aumentado a cada cinco anos de serviço em mais três meses. Não há outro sistema de indenização pela perda do posto de trabalho.

2.2.3 Chile

A Lei n. 857/25, alterada pela Lei n. 6.020/37, criou o Fundo de Economia, representado por contribuições compulsórias exclusivamente de empregadores, com a finalidade de pagamento das indenizações devidas aos empregados.

Esse sistema não se aplica aos trabalhadores braçais, ficando excluídos muitos dos trabalhadores das indústrias e dos transportes.

É um sistema coletivo, pois a indenização é devida pelo Fundo, e não por um depósito isolado.

Distingue-se a lei brasileira do sistema chileno, pois tem um campo maior de abrangência quanto aos trabalhadores, visto que não há exclusão de certa categoria; nosso sistema visa a um programa habitacional, enquanto o chileno não; nosso sistema prevê depósitos individuais em contas abertas em favor do empregado, enquanto o chileno prevê um fundo coletivo, custeado por todos os empregadores conjuntamente.

2.2.4 Espanha

O art. 31 da Lei espanhola n. 16, de 8 de abril de 1976, criou o Fundo de Garantia Sindical. Foi alterado pelo Real Decreto-lei n. 34, de 18 de novembro de 1978. Hoje, a matéria é regulada pelo art. 33 do Estatuto de Trabalhadores, de 14 de março de 1980.

É o Fundo um organismo autônomo dependente do Ministério do Trabalho e Seguridade Social, que tem personalidade jurídica e capacidade para o cumprimento de seus fins.

---

1. HUECK, Alfred; NIPPERDEY, H. C. *Compendio de derecho del trabajo*. Madri: Revista de Derecho Privado, 1963, p. 201.

Serve para abonar o trabalhador dos salários pendentes de pagamento, em virtude de insolvência, suspensão de pagamento, quebra ou concurso de credores dos empresários.

Considera salário a quantidade conhecida como tal em ato de conciliação ou o resultado de sentença judicial a que se refere o art. 26.1 do Estatuto dos Trabalhadores, assim como a indenização complementar por salários acordada na jurisdição competente. O Fundo não poderá abonar um importe superior à quantidade resultante da multiplicação do dobro do salário mínimo interprofissional diário pelo número de dias de salário pendentes de pagamento, com um máximo de 120 dias.

O Fundo pagará indenizações reconhecidas como consequência de sentença ou resolução administrativa a favor dos trabalhadores que forem dispensados ou tiverem extintos os contratos de trabalho conforme os arts. 50 e 51 do Estatuto, limitadas a uma anualidade, sem que o salário diário, que é a base de cálculo, possa exceder o dobro do salário mínimo interprofissional (art. 33.2). Os arts. 50 e 51 permitem a extinção do contrato de trabalho por iniciativa do empregado quando este for submetido a condições não ajustadas ou por iniciativa do empregador, por motivos tecnológicos, financeiros ou de força maior.

O importe da indenização aos efeitos do abono pelo Fundo de Garantia Salarial, para os casos de dispensa ou extinção dos contratos, conforme o art. 50 do Estatuto, será calculado sobre a base de 25 dias por ano de serviço, com o limite fixado no parágrafo anterior.

Nos procedimentos de concurso de credores, desde o momento em que se tenha conhecimento da existência de créditos trabalhistas ou se presuma a possibilidade de sua existência, o juiz, de ofício ou a requerimento da parte, citará o Fundo de Garantia Salarial, sem o quê este não assumirá as obrigações anteriormente mencionadas. O Fundo ficará responsável subsidiariamente pelo pagamento dos referidos créditos, ficando sub-rogado no direito de exigir o que pagou, conservando o caráter de crédito privilegiado.

Será financiado o Fundo de Garantia Salarial com os valores recolhidos pelas empresas, públicas ou privadas, que recebam a prestação de serviços dos empregados. O tipo de cotização será fixado pelo governo sobre os salários que sirvam de base de cálculo para atender às contingências derivadas de acidente do trabalho, enfermidade profissional e desemprego no Sistema de Seguridade Social.

Entende-se que existe insolvência do empregador quando, instaurada a execução, na forma estabelecida na lei de procedimento laboral, não se consiga satisfazer aos créditos laborais. A resolução da insolvência será comunicada ao Fundo de Garantia Salarial.

O direito de solicitar do Fundo o pagamento das prestações que resultam das situações descritas anteriormente prescreverá em um ano do fechamento do ato de conciliação, sentença ou resolução da autoridade laboral em que se reconheça a dívida por salário ou se fixem as indenizações. O prazo será interrompido pelo exercício das ações executivas ou reconhecimento do crédito em procedimento concursal e pelas demais formas legais de interrupção da prescrição.

Em empresas com menos de 25 trabalhadores, o Fundo abonará 40% da indenização legal que corresponda aos trabalhadores cuja relação laboral haja cessado como consequência do expediente instruído na aplicação do art. 51 do Estatuto.

O cálculo do importe do abono se realizará sobre as indenizações ajustadas aos limites previstos no art. 33.2 do Estatuto.

O empregador deve comunicar à autoridade competente que vai dispensar o empregado, enviando-lhe informações pertinentes para a comprovação dos motivos. Se as alegações para a dispensa forem infundadas, é facultado ao empregador optar entre readmitir o empregado ou pagar-lhe indenização de até 45 dias de salário por ano de serviço.

A maior semelhança entre o sistema espanhol e o brasileiro é que as contribuições são pagas pelo empregador para a formação do fundo. Nosso sistema não fixa limites da indenização, ao contrário do espanhol. Nossa base de cálculo não é exatamente igual à da contribuição da Previdência Social ou de financiamento do seguro-desemprego (PIS, segundo o art. 239 da Constituição). Nosso sistema estabelece a formação de um fundo para o pagamento ao empregado quando este for dispensado sem justa causa pelo empregador ou em outras situações descritas na lei. O sistema espanhol serve até para o pagamento de salários ou indenizações não saldadas pelo empregador ou em decorrência de sua falência ou concurso de credores. Nosso sistema tem ainda a finalidade de financiar habitações, enquanto o espanhol não a possui.

Um problema é o sistema pagar as verbas trabalhistas ao empregado e não conseguir receber do empregador. Haverá risco assumido pela sociedade, que será por ela dividido.

2.2.5 Estados Unidos

Os Estados Unidos não têm um sistema de FGTS como o nosso. As normas coletivas contêm cláusulas de antiguidade (*seniority*) que amparam os empregados mais antigos nas dispensas por motivos econômicos, como recessão. Em caso de dispensa, primeiro são demitidos os obreiros mais novos. A Junta Nacional de Relações de Trabalho pode determinar a reintegração do empregado, com ou sem salários atrasados, quando o empregador incorrer em *unfair labor practice* (prática desleal nas relações de trabalho). O art. 10, *c*, da Lei Nacional de Relações de Trabalho determina tal regra[2].

2.2.6 França

A dispensa na França por motivo pessoal tem de ser real e séria (art. L 1232-1). Tem de ser justificada.

O empregador que tiver em vista dispensar o trabalhador deverá convocá-lo para uma entrevista antes de qualquer decisão (art. L 1232-2).

2.2.7 Holanda

Se a dispensa se der sem motivo justo ou com inobservância do procedimento legal, o juiz pode impor ao empregador uma indenização em favor do empregado.

2.2.8 Inglaterra

O empregado só pode ser dispensado por mau comportamento ou por questões de ordem técnica, econômica ou financeira, de acordo com a Lei de Proteção ao empregado, de 1975. Se for comprovado que o empregado foi dispensado sem justificativa, será reintegrado, recebendo o pagamento dos salários do período de afastamento.

O empregador poderá recusar-se à reintegração desde que pague uma indenização básica que não excederá 2.400 libras ou duas semanas de salário, além de uma indenização compensatória para ressarcir os prejuízos do empregado com limite máximo de 5.200 libras.

O tribunal poderá estabelecer, ainda, uma indenização adicional, no caso de recusa da reintegração, de no mínimo 13 semanas de salários e no máximo de 26 semanas. Esses parâmetros são elevados a 52 semanas quando houver violação de direitos sindicais ou quando a dispensa for por motivo de raça.

Verifica-se que o trabalhador pode ter direito a três indenizações.

2.2.9 Itália

Atualmente, o direito italiano prevê que o empregado pode ser dispensado tanto por justa causa, como por motivo justo, inexistindo estabilidade absoluta.

---

2. COX, Arquibald; CURTIS, Bok. *Labor law cases and material*. Brooklyn: Foundation Press, 1962, p. 544.

O empregado, se dispensado, tem 60 dias para apresentar sua reclamação ao tribunal competente. Se for injustificada a dispensa, o obreiro é reintegrado, pagando o empregador o salário referente ao período em que esteve impossibilitado de trabalhar. O empregado poderá pedir a conversão da reintegração em indenização.

2.2.10 México

O art. 123, *a*, XXII, da Constituição de 1917 determina que:

> o patrão que despedir um obreiro sem causa justificada ou por haver ingressado em uma associação ou sindicato, ou por haver tomado parte em uma greve lícita, estará obrigado, à escolha do trabalhador, a cumprir o contrato ou a indenizá-lo com o importe de três meses de salário. A lei determinará os casos nos quais o patrão poderá ser eximido da obrigação de cumprir o contrato, mediante o pagamento de uma indenização.

A Suprema Corte mexicana tem entendido que, se o empregador for condenado a reintegrar o empregado, poderá recusar-se a fazê-lo, desde que pague indenização de três meses de salário.

2.2.11 Portugal

A Constituição garante aos trabalhadores a segurança no emprego e proíbe os despedimentos sem justa causa, ou por motivos políticos ou ideológicos (art. 53). Esclarece Antonio de Lemos Monteiro Fernandes que o conceito de justa causa corresponde: "no ordenamento jurídico português, a um certo tipo de juízo normativo material"[3]. O art. 351/1 do Código do Trabalho esclarece que a justa causa para o despedimento é o comportamento culposo do trabalhador que, pela sua gravidade e consequências, torne imediata e praticamente impossível a subsistência da relação de trabalho.

No despedimento por extinção do posto de trabalho, o empregado tem direito a aviso-prévio e a indenização de um mês de remuneração básica para cada ano de antiguidade ou fração.

Havendo dispensa pelo fato de o empregado não se adaptar ao posto de trabalho, deve haver a observância de 60 dias entre a data da comunicação e a data da cessação do contrato. Tem o empregado direito a indenização de um mês de remuneração de base para cada ano de antiguidade ou fração.

No despedimento coletivo, o empregado também tem direito à mesma indenização dos casos anteriores.

---

3. Fernandes, Antonio de Lemos Monteiro. *Direito do trabalho*. Coimbra: Almedina, 1992, p. 465.

2.2.12 Suíça

O empregador pode dispensar livremente o empregado desde que respeite o prazo de aviso-prévio. O obreiro tem seis meses para se socorrer da Justiça do Trabalho, visando comprovar que a dispensa não tem causa justificada. Fica a critério do juiz fixar uma indenização sem limites mínimo ou máximo previstos em lei.

2.2.13 Uruguai

A Lei n. 10.149, de 6 de junho de 1944, assegurava aos empregados dispensados sem justa causa indenização de um salário por ano trabalhado até o máximo de três, se o empregado pudesse aposentar-se, ou de seis, em caso contrário. A Lei n. 14.188, de 5 de abril de 1974, estabeleceu que o teto da indenização é de seis salários ou 150 diárias, em qualquer caso de dispensa imotivada. Os mensalistas têm a indenização correspondente a um mês de salário por ano de trabalho ou fração[4].

2.3 OIT

A Recomendação n. 119 da OIT estabelece os critérios básicos para a dispensa do empregado, dizendo da necessidade de "uma causa justificada relacionada com a capacidade e a conduta do trabalhador ou fundada nas necessidades de funcionamento da empresa, do estabelecimento ou do serviço". Deve haver controle das dispensas, especialmente as de caráter retaliativo, com a instituição de comissões internas nas empresas, órgãos da Administração estatal, mediação, arbitragem ou justiça especializada. Os órgãos devem ter autorização para determinar a reintegração do empregado se julgarem injustificada a dispensa. Legítima a dispensa, tem o empregado direito a aviso-prévio e indenização compensatória. Garante o emprego contra atos abusivos do empregador.

A Convenção n. 158 da OIT, de 1982, trata do término da relação de trabalho por iniciativa do empregador, prevendo que este não poderá dispensar o empregado sem que haja uma causa relacionada com sua capacidade ou seu comportamento ou baseada nas necessidades de funcionamento da empresa, estabelecimento ou serviço (art. 4º), como por motivo econômico, técnico, disciplinar, financeiro etc. Foi a referida norma internacional complementada pela Recomendação n. 166, de 1982, na qual são previstas diversas regras, como

---

4. RODRIGUEZ, Américo Plá. *Los principios del derecho del trabajo*. Buenos Aires: Depalma, 1990, p. 187.

sobre conveniência da adoção de medidas para evitar as dispensas, participação da autoridade competente para tentar conseguir as soluções. O Brasil aprovou a Convenção n. 158 da OIT por meio do Decreto Legislativo n. 68, de 16 de setembro de 1992, e foi promulgada pelo Decreto n. 1.855, de 10 de abril de 1996.

O art. 12.1.a da Convenção n. 158 da OIT dispõe que poderá haver indenização por término de serviços ou outras compensações análogas, cuja importância será fixada em razão, entre outras coisas, do tempo de serviço e do montante do salário, pagáveis diretamente pelo empregador ou por um fundo constituído por meio de cotizações *dos empregadores* e não dos empregados, como consta da tradução do texto. Tal indenização, que compreende tempo de serviço, é feita em nosso sistema por meio de um fundo, que é o FGTS, havendo o pagamento da indenização de 40%. Nada impede, porém, que a legislação nacional adote outra indenização, além das previstas, com a finalidade de punir o empregador pela dispensa injustificada, ou até aumente as indenizações já previstas em nossa lei.

Entretanto, entendo que não pode ser aplicada a regra contida no art. 186 do Código Civil, pois se trata de prejuízo ou questão decorrente de responsabilidade de direito civil, e não de direito do trabalho. Para tanto, já existem as indenizações previstas na legislação trabalhista. Só se poderá falar em nova indenização se a legislação estabelecer e não se aplicar por analogia a reparação do art. 186 do Código Civil, pois a perda do emprego não pode ser equiparada ao dano do direito civil, que pressupõe dolo ou culpa.

Não tem a Oit uma convenção ou recomendação específica sobre a constituição de um fundo para garantir o tempo de serviço do empregado. O que a Convenção n. 158 da OIT faz é remeter à legislação e à prática nacionais a possibilidade da instituição de um sistema de indenização ou a constituição de um fundo para reparar a dispensa do empregado.

O Brasil denunciou a Convenção n. 158 da OIT por meio do Decreto n. 2.100, de 20 de dezembro de 1996. A denúncia foi registrada em 20 de novembro de 1996 e aplicada a partir de 20 de novembro de 1997.

2.4 Conclusão

Não encontrei uma contribuição ou sistema idêntico ao de nosso FGTS, inexistente nos sistemas comparados ou preconizado pela OIT. O que foi verificado e que chega mais perto do FGTS brasileiro são os sistemas espanhol e chileno. O espanhol não garante o tempo de serviço do empregado, mas o pagamento de salários não saldados pelo empregador. O chileno não tem depósito individual para cada trabalhador, mas um fundo coletivo, que será utilizado pelo empregador quando houver a dispensa do empregado.

3
DENOMINAÇÃO

3.1 INTRODUÇÃO

Mister se faz, agora, analisar o Fundo de Garantia do Tempo de Serviço pelo prisma da denominação, pois *initium doctrinae sit consideratio nominis*, isto é, a doutrina deve iniciar seu estudo pela análise do nome, ou pelo estudo da denominação.

Evidentemente, não será o nome que caracterizará o instituto, mas seus elementos essenciais. O nome apropriado, contudo, ajuda a compreender o instituto em análise.

3.2 DENOMINAÇÃO

A Lei n. 5.107 continha em sua ementa a referência à criação do FGTS. Os arts. 10, 11, 12 também faziam menção expressa à denominação por extenso Fundo de Garantia do Tempo de Serviço. Os arts. 11 e 12 usavam também a expressão abreviada FGTS, enquanto o parágrafo único do art. 18, o § 3º do art. 20, o parágrafo único do art. 21 referiam-se apenas à sigla FGTS.

A Constituição de 1967 usava a expressão *fundo de garantia* (art. 158, XIII). O inciso XIII do art. 165 da Emenda Constitucional n. 1, de 1969, também usava a expressão *fundo de garantia*.

O inciso III do art. 7º da Constituição passa a utilizar a expressão *fundo de garantia do tempo de serviço*.

O art. 1º da Lei n. 7.839 faz expressamente referência ao Fundo de Garantia do Tempo de Serviço (FGTS), que foi instituído pela Lei n. 5.107.

O art. 1º da lei n. 8.036 contém disposição idêntica à da Lei n. 7.839, denominando o instituto de Fundo de Garantia do Tempo de Serviço.

O inciso III do art. 6º da Lei n. 12.023/2009 usa a expressão Fundo de Garantia por Tempo de Serviço, contrariando a previsão do inciso III do art. 7º da Constituição e da Lei n. 8.036/90.

Não se trata, assim, de Fundo de Garantia *por* Tempo de Serviço, mas *do* Tempo de Serviço.

O nome do instituto em estudo é, portanto, Fundo de Garantia do Tempo de Serviço. Na prática, passou a ser empregada apenas a sigla FGTS, inclusive na legislação, que por força do hábito também vou utilizar.

Na verdade, o FGTS não garante o tempo de serviço, como determina seu nome, apenas representa uma poupança para o trabalhador, sem ter relação exata com seu tempo de serviço, ao contrário do que ocorria com a indenização, que dependia do número de anos de serviços prestados ao empregador.

4
CONCEITO

4.1 CONCEITO

É difícil estabelecer o conceito de certo instituto, pois os conceitos nem sempre são aceitos unanimemente. Cabe à doutrina fazê-lo, e não, como muitas vezes se observa, à própria norma legal. A conceituação de um instituto é perigosa. Como já se dizia no direito romano: *definitio periculosa est*.

As leis do FGTS traziam conceitos do que vinha a ser o referido Fundo.

O art. 11 da Lei n. 5.107 conceituava o FGTS como:

> o conjunto das contas vinculadas a que se refere esta Lei, cujos recursos serão aplicados com correção monetária e juros, de modo a assegurar cobertura de suas obrigações, cabendo sua gestão ao Banco Nacional da Habitação.

Por sua vez, o art. 2º da Lei n. 7.839 estabelecia que o:

> FGTS é constituído pelos saldos das contas vinculadas a que se refere esta Lei e outros recursos a ele incorporados, devendo ser aplicados com a atualização monetária e juros, de modo a assegurar a cobertura de suas obrigações.

O art. 2º da Lei n. 8.036 tem praticamente a mesma redação:

> O FGTS é constituído pelos saldos das contas vinculadas a que se refere esta Lei e outros recursos a ele incorporados, devendo ser aplicados com a atualização monetária e juros de modo a assegurar a cobertura de suas obrigações.

A Lei n. 5.107 conceituava o FGTS como o conjunto de contas vinculadas. As Leis n. 7.839 e 8.036 afirmam que o FGTS é constituído dos saldos das contas vinculadas. Parece que a primeira norma trazia uma ideia melhor do FGTS, ao afirmar que é um conjunto de contas vinculadas. O Fundo não é apenas o saldo, mas o conjunto de várias contas, que formam o sistema.

O próprio empregado pode, no curso do contrato de trabalho, utilizar os depósitos para o fim de pagamento parcial ou total da casa própria e nem por isso deixam os valores de integrar o sistema do FGTS. O FGTS não é, portanto, só o saldo da conta vinculada, pois os depósitos podem estar sendo utilizados dentro do sistema, como para o financiamento da casa própria.

Para estabelecer um conceito, há necessidade de verificar o gênero próximo e a diferença específica[1].

O FGTS é um depósito bancário vinculado, pecuniário, compulsório, realizado pelo empregador em favor do trabalhador, visando formar uma espécie de poupança para este, que poderá ser sacada nas hipóteses previstas em lei.

O gênero próximo é o depósito bancário. O FGTS é uma espécie de depósito condicional. Ensina Carvalho de Mendonça que, entre os depósitos bancários, há os depósitos condicionais:

> cuja restituição não se efetua antes de realizada determinada condição, fixada voluntariamente pelo depositante a favor de terceiro, ou em virtude de disposição testamentária de lei ou de sentença judicial[2].

Vem a ser uma espécie de depósito bancário. É vinculado, pois é feito pelo empregador a favor de terceiro (empregado), e será utilizado nas hipóteses previstas na lei, como dispensa sem justa causa, término do contrato a prazo certo, aquisição de moradia etc. Não se trata de um depósito bancário típico, em que o depositante pode levantá-lo quando desejar, mas de depósito vinculado à previsão da lei para sua movimentação.

Não se reveste da característica de um depósito facultativo, que ficaria ao alvedrio do empregador fazê-lo ou não. Assim, não se trata o FGTS de obrigação voluntária, que depende da vontade das partes em determinar suas regras. Trata-se de depósito bancário compulsório, que independe da vontade do sujeito passivo (empregador) de querer ou gostar de contribuir para o referido Fundo, com a importância pertinente, pois está previsto em lei. Quem institui o FGTS é a lei, vindo a ser, portanto, uma prestação decorrente de norma de ordem pública. Ocorrendo o fato gerador do FGTS, o depósito será obrigatório, como na hipótese de o empregador ter empregados que lhe prestem serviços. É exigido em dinheiro, isto é, em pecúnia, e não em utilidades.

O depósito será feito na conta vinculada do trabalhador, e não apenas do empregado, pois pode ser feito ao diretor não empregado e também a outros trabalhadores, como os avulsos, os temporários etc.

---

1. *Definitio fit per genus proximum et differentiam especificam.*
2. CARVALHO DE MENDONÇA, J. X. *Tratado de direito comercial brasileiro*. Rio de Janeiro: Freitas Bastos, 1938, t. VI, p. 158.

Servirá também para financiar a aquisição de moradias pelo Sistema Financeiro da Habitação, mediante a implementação de política pelo governo com esse fim. Serve o FGTS como forma de captação de recursos para o referido Sistema.

Constituem recursos incorporados ao FGTS:

(a) saldos financeiros;

(b) dotações orçamentárias específicas;

(c) resultados das aplicações dos recursos do FGTS;

(d) multas, correção monetária e juros moratórios devidos;

(e) demais receitas patrimoniais e financeiras.

O depósito recursal para que as empresas possam recorrer também é feito na conta vinculada do FGTS (§ 4º do art. 899 da CLT). Se o empregado não tiver conta vinculada, será aberta uma conta para esse fim.

4.2 DISTINÇÕES DE OUTRAS CONTRIBUIÇÕES

Antes de prosseguirmos no estudo do FGTS, visto já seu conceito, temos de distingui-lo de outras contribuições ou de outros pagamentos.

4.2.1 PIS

Distingue-se o FGTS do fundo destinado ao PIS. O PIS é calculado sobre a receita bruta operacional das empresas, tendo por objetivo promover a integração do empregado na vida e no desenvolvimento destas. O art. 239 da Constituição dispõe que, atualmente, o PIS será destinado a financiar o seguro-desemprego. O FGTS é calculado sobre a remuneração do empregado e tem por objetivo garantir o tempo de serviço do obreiro na empresa, além de promover o financiamento do Sistema Financeiro da Habitação.

4.2.2 Contribuição da Seguridade Social

Não se confunde a contribuição do FGTS com a contribuição da Seguridade Social. A última tem por objetivo o custeio da Seguridade Social, para que esta possa pagar benefícios como a aposentadoria, auxílio-doença, salário-maternidade e outros. A contribuição do FGTS não visa ao custeio de benefícios da seguridade social, mas à garantia do tempo de serviço do empregado e ao financiamento do Sistema Financeiro da Habitação.

4.2.3 Contribuições sindicais

O FGTS diferencia-se de quaisquer contribuições destinadas ao sindicato, que, de maneira geral, têm por objetivo o custeio de certas atividades deste. A contribuição confederativa tem por finalidade o custeio do sistema confederativo. A assistencial, o custeio das negociações coletivas. A sindical, o custeio de atividades assistenciais, jurídicas, médicas etc., como se verifica do art. 592 da CLT. Não visa o FGTS custear qualquer atividade sindical, mas o Sistema Financeiro da Habitação e a garantia do tempo de serviço.

4.3 DISTINÇÃO DE OUTROS DIREITOS TRABALHISTAS

Distingue-se o FGTS da indenização, pois esta somente é devida caso o empregado seja dispensado. O FGTS, apesar de substituir o sistema de indenização e estabilidade existente anteriormente, pode ser utilizado posteriormente pelo empregado, mesmo se for dispensado com justa causa ou pedir demissão, como ocorre na aposentadoria.

Não se confunde com a estabilidade, pois esta tem por objetivo a preservação do vínculo de emprego, enquanto no FGTS a dispensa pode ser feita pelo empregador, desde que libere os depósitos e pague a indenização de 40% sobre os valores depositados no fundo.

5
NATUREZA JURÍDICA

5.1 INTRODUÇÃO

Analisar a natureza jurídica de um instituto é procurar enquadrá-lo na categoria a que pertence no ramo do direito.

A natureza jurídica do instituto revela o sentido objetivo que é apresentado no mundo do direito. Não se faz sua definição, mas a constatação do instituto em razão das noções jurídicas que lhe são afins.

O FGTS não é uma instituição, no sentido de algo que perdura no tempo, mas um instituto, isto é, o conjunto de regras a respeito da mesma matéria.

Antes da Constituição de 1988, representava um regime jurídico, pois havia mais de um: estabilidade, com indenização, ou FGTS. Hoje, só existe um único regime, que é o FGTS. O empregado tem um direito. O empregador tem uma obrigação de fazer depósitos.

A natureza jurídica da contribuição ao FGTS é muito controvertida e discutida. O estudo da natureza jurídica do FGTS deve ser diferenciado por dois aspectos: pelo ângulo do empregador e sob a ótica do empregado. Daí por que se poderia dizer que sua natureza jurídica é híbrida.

Decorre da natureza jurídica da contribuição ao FGTS o prazo de prescrição para sua cobrança, que será estudado no capítulo próprio.

5.2 NATUREZA JURÍDICA

5.2.1 Em relação ao empregado

No concernente ao empregado, várias teorias poderiam ser lembradas para justificar a natureza jurídica do FGTS, como do salário diferido, do salário socializado, do salário atual, do prêmio etc.

5.2.1.1 Salário diferido

Arnaldo Süssekind afirma que o FGTS é um salário diferido[1]. Nair Lemos Gonçalves assevera que se trata de "depósito necessário de dupla finalidade ou salário diferido"[2].

Seria um salário adquirido no presente que será utilizado no futuro, uma poupança diferida, uma forma de pecúlio para o trabalhador, dependendo de certas condições. O empregado adquire o direito ao FGTS com o ingresso na empresa, decorrente do contrato de trabalho. Parte do salário do empregado não é paga diretamente ao obreiro, mas destinada ao referido Fundo, visando à formação de um somatório de recursos que futuramente proverá a subsistência do operário quando, pela ocorrência de um evento (dispensa, aquisição de casa própria etc.), terá direito de levantar os valores depositados. O FGTS seria, segundo essa concepção, uma espécie de salário diferido, porque o benefício resultante não seria pago imediatamente ao trabalhador.

Não se pode dizer que é salário, pois, efetivamente, quem o paga não é o empregador, mas o Fundo. O não optante que fosse dispensado por falta grave ou se aposentasse espontaneamente não teria direito de levantar o FGTS. Caso fosse salário, essa situação não seria observada, e o empregado deveria receber os depósitos. No sistema da Lei n. 5.107, o empregado que fosse dispensado por justa causa perderia os juros e a correção monetária para o Fundo, o que não deveria ocorrer se o Fundo tivesse natureza de salário. De outro lado, o FGTS não integra o salário para o cálculo de outras verbas, como 13º salário, férias, repouso semanal remunerado.

Logo, não se pode dizer que se trata de salário diferido. Não é admissível que um serviço seja pago somente no futuro, que pode ser um período de tempo longo.

5.2.1.2 Salário social

Para alguns, seria o FGTS um salário social ou socializado, relacionando-se com o salário percebido pelo empregado, que seria devido pela sociedade ao trabalhador.

Henri Guitton leciona que o salário social e o salário diferido significariam o mesmo, ao mencionar que a contribuição da previdência contém:

> um reservatório alimentado por poupança que se denominou forçada, e que constitui uma espécie de fundo de salários não distribuídos anteriormente. As prestações são, por assim

---

1. SÜSSEKIND, Arnaldo. As horas extraordinárias e os depósitos do FGTS. *LTr* 32/125.
2. GONÇALVES, Nair Lemos. Natureza jurídica dos depósitos do FGTS. *LTr* 41/463.

dizer, salários diferidos, deslocados no tempo. Por isso, a análise econômica permite chamar salário a essas quantias, cuja disposição o operário somente terá tardiamente[3].

François Perroux afirma que o salário social "é o resultado da atividade de uma coletividade mais ou menos extensa". Normalmente, é realizado sob a forma de seguros, de mutualidade, ou, simplesmente, de compensação, representado como expressão da relação entre o trabalhador e o grupo e adaptando "as possibilidades indiferenciadas do grupo às necessidades diferenciadas dos seus membros"[4]. Seria uma espécie de fundo social.

Américo Plá Rodríguez declara que o salário social é caracterizado:

> por ser coletivo em sua origem, já que não é a contrapartida de uma produtividade individual, devida pelo empregador, mas suscetível de se individualizar em benefícios concretos para cada trabalhador[5].

Para Pierre Ollier, há um desenvolvimento progressivo do salário, que passa de uma noção individual para social. O salário adapta-se às necessidades do trabalhador e é a garantia da sua manutenção, inclusive nas interrupções do contrato de trabalho. O salário não é pago apenas quando há trabalho. De um salário direto, pago pelo empregador, passa-se a um salário indireto, pago por um órgão social que substitui o empregador pagando um salário de inatividade ou uma prestação de Previdência Social[6]. O mesmo poderia ocorrer, aqui, com o FGTS.

A causa do pagamento do FGTS seria o contrato de trabalho firmado entre empregado e empregador. Tal como ocorre com o salário, o benefício, futuramente, seria uma obrigação certa, no sentido de que parte do salário seria paga diretamente ao trabalhador e parte seria representada pelos depósitos na conta vinculada do FGTS, calculados sobre o salário, que não se entregaria ao trabalhador, mas se constituiria numa reserva futura, num fundo destinado a compensar o tempo de serviço na empresa, porém com um proveito geral. Tratar-se-ia de um fundo social.

Seria uma aproximação da teoria defendida por Felix Pippi, de que o salário tem um sentido mais amplo, representando toda a renda ou ganho do trabalhador necessário à sua subsistência própria e de sua família, incluindo não só o salário contratual, mas também os benefícios de natureza previdenciária[7].

---

3. GUITTON, Henri. *Economia política*. São Paulo: Fundo de cultura, 1961, v. 3, p. 251.
4. PERROUX, François. *Salaire et rendement*. Paris: Presses Universitaires de France, 1947, p. 170.
5. PLÁ RODRÍGUEZ, Américo. *El salario en el Uruguay*. Buenos Aires: Depalma, 1990, t. 2, p. 99.
6. OLLIER, Pierre. *Le droit du travail*. Paris: Armand Colin, 1972, p. 173.
7. PIPPI, Felix. De la notion de salaire social. Paris: Librairie Générale de Droit et Jurisprudence, 1966, p. 236.

Fábio Leopoldo de Oliveira entende que a natureza do FGTS é de salário social[8]. Define o salário social como o:

> conjunto de valores canalizados compulsoriamente para as instituições de Segurança Social, através de contribuições pagas pelas Empresas, pelo Estado, ou por ambos e que tem como destino final o patrimônio do empregado, que o recebe sem dar qualquer participação especial de sua parte, seja em trabalho, seja em dinheiro[9].

Esclarece que o FGTS se aproxima bastante da previdência Social. Visa o FGTS garantir a subsistência do empregado no caso de dispensa imotivada ou no caso de desemprego. Atende às necessidades graves do empregado e seus dependentes. Poderia ser utilizado para aquisição de casa própria. Melhoraria as condições de vida do empregado, proporcionando, por exemplo, a compra de equipamentos para exercício de atividade econômica por conta própria. Incentiva a poupança para melhorar as condições de vida do empregado na aposentadoria, ou de seus familiares, em caso de morte[10].

Nem todas as afirmações de Fábio Leopoldo de Oliveira podem ser hoje consideradas.

A definição mencionada poderia ser aplicada em parte à contribuição da Previdência Social, pois o destino final seria o patrimônio do empregado. Entretanto, na parte final da definição verifica-se que o empregado não tem nenhuma participação em dinheiro, por sua parte, o que, no caso da contribuição previdenciária, é falso, pois participa com as alíquotas de 8%, 9% e 11%. No caso do FGTS, não se trata de uma prestação para instituição de segurança social ou seguridade social, pois não é esse seu fim, embora o empregado não pague nenhuma parte da referida contribuição, seja em dinheiro, seja com trabalho. A atual legislação do FGTS não mais repete o art. 20 da Lei n. 5.107, no sentido de que o Fundo vai ser exigido pela mesma forma e com os mesmos privilégios das contribuições devidas à Previdência Social. Segundo o § 5º do art. 23 da Lei n. 8.036, a prescrição seria trintenária, mas não mais se faz menção a privilégios inerentes à Previdência Social. Quem paga o FGTS é apenas o empregador. Não há um custeio da empresa, do trabalhador e do ente público para financiar o FGTS, como ocorre na contribuição previdenciária.

Não visa o FGTS garantir a subsistência do empregado no caso de dispensa injustificada ou no caso de desemprego, pois neste último há o segu-

---

8. OLIVEIRA, Fábio Leopoldo de. *Curso expositivo de direito do trabalho*. São Paulo: LTr, 1991, p. 185.
9. OLIVEIRA, Fábio Leopoldo de. *Introdução elementar ao estudo do salário social no Brasil*. São Paulo: LTr, 1974, p. 106.
10. Id., ibid., p. 98.

ro-desemprego, que cumpre essa finalidade. O FGTS não serve para garantir a subsistência do empregado em caso de dispensa injustificada, mas para garantir seu tempo de serviço caso seja dispensado. Nesse caso, trata-se de uma espécie de indenização, tanto que substitui a indenização prevista nos arts. 477 e s. da CLT.

Nem todas as necessidades graves do empregado são atendidas, pois, se ficar doente, não poderá sacar o FGTS, salvo nos casos de aids e tumor maligno.

A atual legislação não mais prevê a possibilidade de saque para adquirir equipamentos para o exercício de atividade profissional.

O objetivo do FGTS não é melhorar as condições de vida do empregado, nem mesmo incentivar a poupança para melhorar suas condições de vida na aposentadoria, ou as de seus familiares, em caso de morte. O FGTS serve para garantir o tempo de serviço do empregado na empresa, segundo a lei.

A hipótese de saque em caso de casamento não é mais contemplada nem na Lei n. 7.839 nem na atual Lei n. 8.036.

Não tem o FGTS natureza de salário, pois não é o empregador que paga o FGTS quando o empregado vai sacá-lo (art. 457 da CLT), mas o Fundo, que é representado pelo Estado, nem o empregado vai perceber necessariamente o mesmo valor que perceberia como salário no caso do levantamento dos depósitos.

Não existe relação de direito privado para o pagamento do FGTS, que seria decorrente do contrato de trabalho, mas de direito público, de acordo com a previsão de lei. Não há ajuste de vontades quanto ao pagamento do FGTS. A contribuição incide porque está prevista em lei.

5.2.1.3 Salário atual

A natureza jurídica do FGTS poderia ser considerada como salário atual, teoria semelhante à anterior. A contraprestação do empregado é retribuída pelo empregador mediante o pagamento de duas quotas: uma que é entregue diretamente ao operário, constituindo-se em retribuição pelos serviços prestados, outra que é indiretamente e obrigatoriamente destinada ao FGTS, para seus fins. Essa cota visa garantir seu levantamento quando o empregado for dispensado ou em outras hipóteses previstas na lei.

Critica-se tal teoria, pois não há atualidade em tal salário, nem este é pago diretamente pelo empregador (art. 457 da CLT). Não pode o referido salário ser exigido de imediato, apenas se atendidas determinadas condições especificadas em lei, e não outras.

5.2.1.4 Direito semipúblico

Orlando Gomes e Elson Gottschalk esclarecem que o FGTS tem natureza de um direito semipúblico, com a deslocação do campo do direito privado para o público, não sendo uma indenização do tipo previdenciário. A indenização do FGTS expressa uma responsabilidade objetiva do tipo risco social, é um crédito vinculado que só poderá ser liberado nas hipóteses previstas em lei. Afirmam, então, que é um direito subjetivo social (semipúblico)[11].

Elson Gottschalk afirma que "a lei do FGTS é um sistema tributário híbrido, de transição (ou de transação?) entre a reparação de dano civil e a de danos sociais (risco social), importando uma forma semipública de indenização"[12]. Declara ainda que:

> o deslocamento da indenização para uma conta vinculada de empregado e, às vezes, para conta vinculada da empresa constitui, em essência, a passagem do princípio indenizatório de direito privado para o direito público; por outras palavras a obrigação de indenizar baseada na culpa subjetiva (CLT), para a obrigação de indenização baseada na culpa objetiva ou risco social[13].

Não parece que o FGTS tem natureza semipública, pois, se consideramos que o Fundo é instituído em lei e é compulsório, não se pode dizer que sua natureza é semipública, mas pública. Não se pode afirmar que o empregado tem uma responsabilidade objetiva quando há o término do contrato de trabalho, visto que, quando o empregado se aposenta ou pede demissão, não seria devida nenhuma indenização, mas o FGTS seria sacado no primeiro caso, podendo ser utilizado pelo empregado no futuro, no segundo caso, isto é, o obreiro não perde o direito aos depósitos.

5.2.1.5 Crédito-compensação

Amaro Barreto explica que a natureza jurídica do FGTS é de crédito-compensação, pelo fato da colaboração prestada pelo empregado à empresa, por meio de seu tempo de serviço. O empregado mantém o direito ao crédito qualquer que seja a causa de rescisão do contrato de trabalho[14]. Declara ser o FGTS uma universalidade de depósitos bancários efetuados pelas empresas, destinados à compensação do tempo de serviço dos empregados optantes[15].

---

11. GOMES, Orlando; GOTTSCHALK, Elson. *Curso de direito do trabalho*. 2. ed. Rio de Janeiro: Forense, 1991, p. 463.
12. GOTTSCHALK, Elson. Natureza jurídica da indenização da lei do FGTS. *Revista LTr*, 38/819.
13. Id., ibid., p. 805.
14. BARRETO, Amaro. *Teoria e prática do FGTS*. São Paulo: Edições Trabalhistas, 1974, p. 48.
15. Id., ibid., p. 86.

Critica-se a afirmação de Amaro Barreto no sentido de que a natureza do FGTS é de crédito-compensação, pois o empregador pode recuperar os depósitos feitos na conta do empregado não optante, ou do período de não opção, como na hipótese de o empregado não ser dispensado, mas pedir demissão ou se aposentar espontaneamente.

5.2.1.6 Fundo contábil

O FGTS seria um fundo de natureza contábil. Fábio Leopoldo de Oliveira afirma que o FGTS serve para canalizar o produto da arrecadação tributária para abastecer de recursos o fundo de natureza contábil[16]. O fundo contábil seria uma espécie de reserva, de provisão legal, para atender a contingências, devedores duvidosos etc. Na verdade, o FGTS não é uma reserva ou uma provisão, é algo mais amplo, pois tanto serve para o empregado utilizá-lo quando é dispensado ou nas hipóteses previstas na lei, como para financiar o Sistema Financeiro da Habitação.

Fundo é um conjunto de recursos. Tem o fundo acepção contábil. O FGTS tem natureza mais ampla, além de ser um depósito bancário.

5.2.1.7 Conclusão

Na verdade, o FGTS vem a ser um depósito realizado na conta vinculada do trabalhador, uma espécie de poupança forçada feita em seu proveito, ou até um prêmio pelo número de anos trabalhados na empresa. Visa esse depósito reparar a dispensa injusta por parte do empregador, relativamente ao período de serviço do operário na empresa. Assim, tem natureza compensatória, no sentido de compensar o tempo de serviço do empregado na empresa. Proporciona, ainda, recursos ao Poder Público para a realização de sua política habitacional.

Não se confunde o FGTS, porém, com a indenização, pois esta visa apenas ao ressarcimento pelo "dano" causado pelo empregador ao empregado pela perda do emprego deste; além disso, o FGTS foi criado justamente para substituí-la.

Individualmente, o FGTS serve como uma espécie de poupança para o trabalhador quando for dispensado ou em outros casos previstos em lei.

Coletivamente, serve para financiar construções de habitações populares, obras de saneamento básico.

Servirão também os depósitos do FGTS para quando o empregado venha a adquirir sua casa própria pelo Sistema Financeiro da Habitação, ocasião em

---

16. OLIVEIRA, Fábio Leopoldo de. *Curso expositivo de direito do trabalho*. São Paulo: LTr, 1991, p. 183.

que poderá utilizá-lo para amortização total ou parcial da dívida, ou nas demais hipóteses previstas em lei.

O FGTS é uma das limitações ao poder de dispensar do empregador, juntamente com o aviso-prévio, a estabilidade e a indenização.

Substitui o FGTS a indenização por tempo de serviço. A Constituição não mais repetiu FGTS ou indenização substitutiva, como ocorria nas Leis Magnas anteriores. Não se fez distinção entre contratos de prazo determinado e indeterminado.

O FGTS também visa indenizar o tempo de serviço do empregado. Tem a mesma natureza da indenização por tempo de serviço.

Não se pode negar, contudo, que o FGTS é um instituto de natureza trabalhista no concernente ao empregado, um direito do trabalhador, previsto inclusive na Constituição (art. 7º, III).

5.2.2 Para o empregador

Quanto ao empregador, várias teorias poderiam ser indicadas para justificar a natureza jurídica do FGTS: teoria da contribuição previdenciária, fiscal, parafiscal etc. Antes de se verificar as referidas teorias, é necessário constatar se o FGTS não se enquadra em outras figuras clássicas do direito civil, como a multa, a obrigação convencional ou a indenização.

5.2.2.1 Multa

Multa é a sanção para um ato ilícito. O FGTS não vem a ser sanção de ato ilícito, pois seu fato gerador é pagar remuneração ao empregado. O pagamento de remuneração ao empregado não se constitui em sanção de ato ilícito.

5.2.2.2 Obrigação convencional

O FGTS não se constitui em obrigação convencional, visto que independe da vontade do sujeito passivo de contribuir ou não. A prestação devida ao FGTS é compulsória. Vem a ser o Fundo uma prestação de direito público, pois é decorrente de lei, e não da vontade das partes, como ocorreria no direito privado.

5.2.2.3 Indenização

Não é o caso também de indenização por dano, pois, com o FGTS, não se tem por objetivo a reposição do patrimônio do indivíduo em razão de certa conduta indevida ou ilícita de outrem ou de um ato de responsabilidade que seria do empregador. Da mesma forma, não se trata da violação de um direito do empregado, pois o empregador tem o direito de dispensar o trabalhador. Inexiste relação entre o suposto dano causado com a perda do emprego e a obrigação de reparar decorrente do direito civil. Se o empregado é dispensado com justa causa, não há indenização a ser paga, e se o obreiro não era optante, os depósitos são liberados ao empregador.

Logo, há necessidade de verificar se a natureza do FGTS é tributária, bem como a espécie em que se enquadraria.

5.2.2.4 Teoria tributária

Segundo o art. 3º do CTN, o tributo consiste numa prestação pecuniária, compulsória, exigida em moeda ou valor que nela possa se exprimir, que não se constitua em sanção de ato ilícito, instituída em lei e cobrada mediante atividade administrativa plenamente vinculada[17]. Tem por espécies, de acordo com o art. 5º do CTN, o imposto, a taxa e a contribuição de melhoria. Vamos analisar em separado cada uma das espécies de tributo para ver em qual delas se enquadraria o FGTS.

5.2.2.4.1 Imposto

O imposto tem por fato gerador uma situação independente de qualquer atividade estatal específica relativa ao contribuinte (art. 16 do CTN)[18]. Poderia o FGTS ser considerado um imposto, pois independeria de uma atividade estatal específica relativa ao contribuinte. Seria um imposto de destinação especial. Aloysio da Costa Chaves[19] e Geraldo Ataliba[20] entendem que a natureza jurídica do FGTS é de imposto.

O FGTS não tem, porém, natureza de imposto. Este tem a finalidade de atender a necessidades genéricas da coletividade, que são indivisíveis. O FGTS

---

17. A definição é criticada, pois, se a prestação é pecuniária, será exigida em moeda. Giuliani Fonrouge define tributo como "una prestación obligatoria comúnmente en dinero, exigida por el Estado en virtud de su poder de imperio y que da lugar a relaciones jurídicas de derecho público" (*Derecho financiero*. 3. ed. Buenos Aires: Depalma, 1962, v. 1, p. 257).
18. O Código Tributário alemão (*Abgabenordnung*), de 1977, por exemplo, define imposto como prestação pecuniária que não configure uma contraprestação por um serviço especial, exigida por uma entidade de direito público, para a obtenção de receitas, de todos os que realizarem o fato ao qual a lei vincula o dever de prestação; a obtenção de receita poderá ter finalidade acessória. Direitos aduaneiros e direitos compensatórios são impostos no sentido do referido Código (§ 3º). Louis Trotabas e Jean Marie Cotteret definem imposto como "le procédé de répartition des charges, budegetaires entre les individus d'après leurs facultés contributives" (*Droit fiscal*. 3. ed. Paris: Dalloz, 1977, p. 10).
19. Aloysio da Costa Chaves. *Revista do TRT da 8ª Região*, Belém, n. 2, p. 9-19, jul./dez. 1969.
20. Geraldo Ataliba. *Estudos e pareceres de direito tributário*. São Paulo: Revista dos Tribunais, v. 2, p. 15.

é instituído para atender a interesses da categoria profissional dos empregados, além de haver intervenção no domínio econômico. Atende a certo grupo de pessoas, os empregados, pois o Fundo é arrecadado em seu proveito próprio. A finalidade da receita é específica, servindo a do FGTS para ser usada quando o empregado for dispensado, quando for adquirir a casa própria etc.

Os impostos devem respeitar o princípio da capacidade contributiva. O FGTS envolve uma relação de custo para o empregador e benefício para o empregado.

O imposto é indivisível. O FGTS é indivisível no que se refere à prestação, ao pagamento. O benefício é dividido entre as pessoas beneficiárias.

Não tem por objetivo o imposto a um crédito de um particular. O imposto também não pode ser devolvido a certo particular, distinto do contribuinte, pois visa atender a necessidade geral da coletividade. O FGTS é entregue ao empregado nas hipóteses previstas na lei, principalmente quando é dispensado sem justa causa.

Não pode ser o imposto vinculado a determinado órgão, fundo ou despesa, como menciona o inciso IV do art. 167 da Constituição. O FGTS, como o próprio nome indica, é vinculado a um fundo, destinado ao empregado quando este é dispensado ou acontece outra hipótese prevista em lei que autorize o saque.

O empregador pode inclusive obter de volta os depósitos feitos na conta do empregado não optante, ou do período de não opção, como na hipótese de o empregado não ser dispensado, mas pedir demissão ou se aposentar espontaneamente. Tal fato iria contrariar a natureza de imposto, que não é devolvido ao contribuinte. Logo, o FGTS não tem natureza de imposto.

5.2.2.4.2 Taxa

O inciso II do art. 145 da Lei Magna estabelece que a taxa é cobrada pela União, pelos Estados, pelo Distrito Federal e pelos Municípios em razão do exercício do poder de polícia ou pela utilização, efetiva ou potencial, de serviços públicos específicos e divisíveis, prestados ao contribuinte ou postos a sua disposição.

Declara o art. 77 do CTN ter a taxa por fato gerador o exercício regular do poder de polícia, ou a utilização, efetiva ou potencial, de serviço público específico e divisível, prestado ao contribuinte ou posto a sua disposição.

No FGTS haveria uma espécie de atividade estatal que seria a de proporcionar os meios para aquisição da casa própria, de acordo com o Sistema Financeiro da Habitação. Na verdade, inexiste serviço específico e divisível prestado pelo Estado ou posto à disposição do contribuinte. Se o contribuinte não utilizar as regras do Sistema Financeiro da Habitação, não tem de pagar nada por tal serviço que, supostamente, estaria à disposição do contribuinte.

Nota-se, ainda, que a taxa é específica e divisível (art. 77 do CTN). O FGTS, no que diz respeito a sua prestação, é indivisível. Não se constata nenhuma prestação de serviços por parte do Estado, seja efetiva, seja posta à disposição do contribuinte em relação ao FGTS. Não se verifica que o Estado vai limitar o direito individual para promover o bem público, por intermédio de seu poder de polícia, para prestar algum serviço ao contribuinte.

A taxa, de maneira geral, não pode ter isenção de seu recolhimento (art. 177, I, do CTN). O Decreto-Lei n. 194, de 24 de fevereiro de 1967, permitia às entidades de fins filantrópicos desobrigar-se do recolhimento da contribuição do FGTS, porém teriam de pagar diretamente a seus empregados quantia igual à do depósito bancário global, com correção monetária e juros, por ocasião da dispensa.

Dessa forma, o FGTS não tem natureza de taxa.

5.2.2.4.3 Imposto e taxa

Aliomar Baleeiro ensina que as contribuições ora são impostos ou taxas[21]. Haveria uma natureza jurídica híbrida, de imposto e taxa ao mesmo tempo. Entretanto, uma coisa não pode ser e deixar de ser ao mesmo tempo. Ensina Geraldo Ataliba que: "em direito, as coisas são ou não são. Não há meio-termo jurídico. Em direito não há mais ou menos. Ou é ou não é. Um comportamento não é lícito ou ilícito. Ou consentido ou proibido. Ou exigido ou não exigido"[22]. Logo, não se pode dizer que a contribuição ora é imposto, ora taxa. Ou é uma coisa ou é outra.

5.2.2.4.4 Contribuição de melhoria

Estabelece atualmente o inciso III do art. 145 da Constituição que a contribuição de melhoria decorre de obra pública. O art. 81 do CTN dispõe que a contribuição de melhoria é cobrada pela União, pelos Estados, pelo Distrito Federal ou pelos Municípios, no âmbito de suas respectivas atribuições, e é instituída para fazer face ao custo de obras públicas de que decorra valorização imobiliária, tendo como limite total a despesa realizada e como limite individual o acréscimo de valor que da obra resultar para cada imóvel beneficiado.

---

21. BALEEIRO, Aliomar. *Uma introdução à ciência das finanças*. Rio de Janeiro: Forense, 1978, p. 282. No mesmo sentido, Duverger, Maurice. *Institutions financières*. Paris: Presses Universitaires, 1956, p. 94 e s.
22. ATALIBA, Geraldo. *Hipótese de incidência tributária*. São Paulo: Revista dos Tribunais, 1984, p. 163.

Logo, percebe-se que o FGTS não tem natureza de contribuição de melhoria, pois não decorre de obra pública.

Constata-se, portanto, que o FGTS não teria natureza de imposto, de taxa, nem de contribuição de melhoria.

5.2.2.5 Teoria parafiscal

A teoria parafiscal é defendida por aqueles que fazem distinção entre tributos fiscais e parafiscais. Lembra Bernardo Ribeiro de Moraes que:

> as contribuições parafiscais (*parafinanzas*) são assim denominadas tendo em vista a natureza da pessoa em cujo favor são criadas e o especial regime de contabilização financeira. Representam, tais contribuições, as finanças paralelas, isto é, as finanças que se situam ao lado do Estado[23].

São contribuições que ficam ao lado do Estado (da raiz grega *para*, com significado de "ao lado", ou "junto a"). A contribuição parafiscal seria a exigência que sustentaria encargos do Estado que não lhe seriam próprios, como ocorre com a Seguridade Social.

Diferencia-se a contribuição parafiscal da fiscal. A contribuição dita parafiscal tem fim social, enquanto a contribuição fiscal tem fim político.

Poder-se-ia dizer que, se o FGTS não é imposto, taxa ou contribuição de melhoria, seria uma contribuição parafiscal. Destinar-se-ia a contribuição do FGTS a custear o Sistema Financeiro da Habitação.

As características da contribuição parafiscal seriam o caráter compulsório da exigência, e não o facultativo, a não inclusão da respectiva receita no orçamento do Estado, e sim num orçamento especial, o destino do produto de sua arrecadação para o custeio de certas atividades estatais, visando atender a necessidades econômicas e sociais de certos grupos ou categorias, a administração da receita por uma entidade descentralizada, com delegação do Estado.

Nesse contexto seria inserida a contribuição do FGTS. Sua administração seria feita por um órgão (Caixa Econômica Federal) com a finalidade de arrecadar contribuições das categorias econômicas, descentralizando a atividade do Estado com vistas ao levantamento do FGTS, nas hipóteses especificadas na lei, além de servir para o financiamento do Sistema Financeiro da Habitação.

Na contribuição parafiscal, há correspondência entre os encargos e os proveitos, o que não ocorre nos tributos de natureza fiscal. Nos tributos parafiscais,

---

23. MORAES, Bernardo Ribeiro de. *Compêndio de direito tributário*. Rio de Janeiro: Forense, 1993, p. 622.

há uma vantagem com seu pagamento, enquanto isso não ocorre nos tributos de natureza fiscal. No caso do FGTS, um grupo contribui (empregador) e o outro é beneficiário (empregados).

Essa teoria seria criticada sob o fundamento de o sujeito ativo não ser a própria entidade estatal, mas outra pessoa especificada pela lei, que arrecada a contribuição. Assim, o fato de outra pessoa, que não o Estado, arrecadar o FGTS não alteraria seu regime tributário, persistindo a natureza de tributo.

5.2.2.6 Teoria previdenciária

A natureza previdenciária seria explicada pelo fato de não ser um tributo, mas uma exação totalmente diferente, imposição estatal atípica, uma determinação legal, cogente, prevista na legislação ordinária. O art. 20 da Lei n. 5.107 estabelecia que cumpria à Previdência Social a verificação do cumprimento do recolhimento da contribuição do FGTS e a cobrança administrativa ou judicial, "pela mesma forma e com os mesmos privilégios das contribuições devidas à Previdência Social". Mais um argumento para caracterizar a natureza previdenciária seria quanto ao prazo prescricional. O mesmo art. 20 fazia referência a que a cobrança administrativa e judicial da contribuição do FGTS seria feita pela mesma forma e com os mesmos privilégios das contribuições devidas à Previdência Social, ou seja, o prazo de prescrição seria de 30 anos, previsto no art. 144 da Lei n. 3.807/60 (Lei Orgânica da Previdência Social). Nessa mesma linha está a Lei n. 8.036, que esclarece que o prazo prescricional é de 30 anos (§ 5º do art. 23). Assim, poder-se-ia entender que sua natureza é previdenciária, pois a própria Lei n. 5.107 fazia alusão a privilégios das contribuições da Previdência Social.

Paulo Emílio Ribeiro de Vilhena afirmava, com base na Lei n. 5.107, que a contribuição do FGTS, "se não goza da natureza de recolhimento tributário ou previdenciário, acha-se tutelada como se previdenciária e tributária fosse"[24]. Essa assertiva baseava-se no fato de a fiscalização ser feita pela Previdência Social e o prazo de prescrição ser o mesmo das contribuições previdenciárias.

Eduardo Gabriel Saad afirma que o depósito do FGTS "aproxima-se muito mais de um benefício previdenciário do que de qualquer outra coisa"[25], tendo caráter predominantemente previdenciário[26], guardando grande afinidade com a contribuição previdenciária[27]. Tem todos os traços identificadores da contribuição

---

24. VILHENA, Paulo Emílio Ribeiro de. *Direito do trabalho e fundo de garantia*. São Paulo: LTr, 1978, p. 20.
25. SAAD, Eduardo Gabriel. *Lei do fundo de garantia do tempo de serviço*. São Paulo: LTr, 1995, p. 104.
26. Id., ibid., p. 195.
27. Id., ibid., p. 497.

previdenciária, eis que é obrigatória, definitiva, pois ninguém poderá pedir sua devolução, sendo uma contribuição de direito público, decorrente de preceito legal, e não de um contrato particular[28].

Não se pode dizer que o FGTS se aproxima de um benefício previdenciário, pois não é o INSS que o paga. Em segundo lugar, o benefício previdenciário seria devido em razão de uma contingência, como idade, desemprego, maternidade, doença, invalidez etc. (art. 201 da Constituição), enquanto o FGTS seria sacado, na maioria das situações, quando o empregado fosse dispensado sem justa causa pelo empregador ou para pagar as prestações da casa própria.

As circunstâncias são, portanto, diferentes. Não se trata, assim, de benefício decorrente de inatividade forçada, como seria a invalidez, a doença, pois num primeiro momento o FGTS não pode ser sacado nessas hipóteses, além de também poder ser utilizado para o pagamento das prestações do Sistema Financeiro da Habitação. O FGTS também não vem a ser uma forma de proteção contra os efeitos do desemprego, pois para esse fim foi instituído o seguro-desemprego.

As contribuições previdenciárias são custeadas pelo ente público (União, Estados, Distrito Federal e Municípios), pelos empregadores e trabalhadores (art. 195 da Constituição), enquanto o FGTS é custeado apenas pelo empregador. Não há participação do empregado nem do ente público no custeio.

5.2.2.7 Contribuição

É preciso constatar se o FGTS é uma contribuição. Para tanto, é mister examinar inicialmente o conceito de contribuição.

5.2.2.7.1 Denominação

Inexiste um perfeccionismo quanto ao uso do termo *contribuição*, que se modificou com o decorrer do tempo.

A palavra *contribuição* tem uma acepção antiga, no sentido de receita tributária (imposto), como se observa no direito português. Nesse sistema, existiram contribuições para a jornada d'El Rei, conforme Provisão de 13 de dezembro de 1612; a contribuição destinada a compor o dote da rainha da Grã-Bretanha, instituída pelo Alvará de 12 de julho de 1666[29]. Leciona Joaquim José Caetano Pereira e Sousa que, "em matéria de finanças, esta palavra (contribuição) se estende a todo o gênero de imposição".

---

28. Id., ibid., p. 283.
29. THOMAZ, Manoel Fernandes. *Repertorio geral ou indice alphabetico das leis extravagantes do Reino de Portugal*. Coimbra: Real Imprensa da Universidade, 1815, t. 1, verbete *contribuição*.

Enumerava contribuições decretadas pelo Rei: contribuição sobre a carne e o vinho, criada pela Carta Régia de 29 de novembro de 1674, contribuição do tabaco, instituída pela Provisão de 13 de novembro de 1680, contribuição para o casamento de D. Isabel, estabelecida pela Provisão de 15 de março de 1681, contribuição para a construção das estradas do Alto Douro, criada pelo Alvará de 23 de março de 1802, entre outras[30]. Foi também usada a palavra *contribuição* pelo Alvará de 9 de maio de 1654[31].

Ainda em Portugal, o Decreto de 31 de dezembro de 1852 criou a contribuição predial, a Lei de 30 de julho de 1860 instituiu a contribuição industrial, e o Decreto de 19 de abril de 1832 estabeleceu a contribuição de registro. Hoje, o sistema português ainda tem uma contribuição predial: o imposto de renda sobre aluguéis, e uma contribuição industrial: o imposto de renda sobre o lucro das indústrias[32].

No direito espanhol, o termo *contribución* é empregado com o significado de "imposto". A Constituição de Cádiz de 1813, no art. 131, outorgava às Cortes a faculdade de estabelecer *contribuciones directas o indirectas*. A Constituição monárquica de 1876, em seu art. 3º, também previa o mesmo. Antigamente, o imposto de renda na Espanha era chamado de *contribución general sobre la renta*.

Ainda hoje existem impostos nesse país com o nome de *contribución territorial rústica y pecuaria* e *contribución territorial urbana*. Atualmente, na Espanha, há distinção entre *contribuciones especiales* e *exaciones parafiscales*, sendo que estas últimas corresponderiam a nossas contribuições tributárias ou sociais. A primeira é o gênero no qual se enquadraria a espécie contribuição de melhoria, sendo que outras contribuições especiais podem ser cobradas excepcionalmente, como a contribuição para o custeio do serviço de extinção de incêndio[33].

As exações parafiscais não estão adstritas às regras que tratam de impostos, como aos princípios gerais da tributação, da reserva da lei, do caráter orçamentário etc.

Na França, *contribution* significava um pagamento voluntário. Posteriormente, passou a ser sinônimo de *impôt*; Mirabeau entendia que "imposto" era natural e contribuição era casual e voluntária, distinguindo-se aquele em relação a esta pela essência e pelos efeitos[34]. Na Revolução Francesa, o termo imposto foi repudiado e

---

30. PEREIRA E SOUSA, Joaquim José Caetano. *Esboço de hum diccionario juridico, theoretico, e practico, remissivo ás leis compiladas, e extravagantes (excertos)*. Lisboa: Typographia Rollandiana, 1827, t. 1, verbete *contribuição*.
31. *Coleção de Legislação Fiscal*. Coimbra, 1878, p. 251.
32. TAVARES, Assis. *Curso de fiscalidade da empresa*. Lisboa, 1982, p. 287.
33. VEGA HERRERO, Manuela. *Las contribuciones especiales*. Madri: Tecnos, 1975, p. 29.
34. MIRABEAU, Victor Riqueti de. *Théorie de l'impôt*. Halle: Aale, 1972, p. 67-68.

substituído por *contribution*, com a seguinte justificativa: "l'impôt est le terme chéri du despotisme; tandis que celui de contribution appartient à une société libre". Du Pont de Nemours, citado por René Stourm[35], dizia, em 1790, que o vocábulo *imposto* deveria ser banido, pois traduzia a ideia de autoridade superior à própria nação.

A Declaração dos Direitos do Homem e do Cidadão da Constituição francesa de 1791 mencionava a expressão *contribuição comum* (art. 1º, item 13). No mesmo artigo, item 2, da Constituição, ainda se empregava o termo *contribution* como imposto: "todas as contribuições serão partilhadas entre todos os cidadãos de modo igual em proporção com as suas faculdades". Os financistas franceses dividiam os impostos em contribuições diretas e indiretas. Gaston Jèze confirma a sinonímia que era empregada entre "impôts, taxes, contributions, redevances, cotisations etc."[36].

O Código Geral dos Impostos (*Code Général des Impôts*), na edição da Dalloz, de 1977, emprega a expressão *contribuições indiretas* para se referir a certos impostos (título III). O imposto do selo e de registro é denominado de "contribuição indireta"[37]. Edwin R. A. Seligman já dizia que "in France contribution is even today commonly used as synonymous with tax"[38].

Os impostos especiais na Itália também são denominados de *contributi*, mas algumas vezes também trazem em seu bojo a ideia de taxa. Há autores que classificam os tributos como *contributo* (contribuição), *imposta* e *tassa*, sendo a causa da contribuição o benefício resultante da atividade do Estado, havendo contribuições para o custeio de serviço de esgoto, saneamento, uso de estradas etc. Esse tipo de contribuição seria um misto de taxa, contribuição de melhoria e preço público. Ensina Giovanni Ingrosso que a doutrina dominante admite a contribuição como um terceiro gênero de tributo, embora inexista conceito pacífico sobre o assunto[39].

O termo *contribuição*, na Alemanha, também se confundia com imposto. Nas cidades ao norte da Baviera, existia uma *Kontribution* de guerra cobrada em Coburb no século XV. Johan Heinrich Gottlob von Justi dizia que o termo *contribuição* era empregado para denominar os impostos incidentes sobre bens imóveis[40]. O mesmo autor mostra também que a palavra *kontribution* tinha

---

35. STOURM, René. *Systèmes généraux d'impôts*. Paris: M. Giard & Brieère, 1912, p. 23.
36. JÈZE, Gaston. *Cours élémentaire de science des finances et de législation financière française*. Paris: M. Giard & Brieère, 1912, p. 609.
37. BAMBIER, Claude. *Les impôts en France*. Paris: Dalloz, 1983, p. 329.
38. SELIGMAN, Edwin R. A. *Essays in taxation*. Nova York: Macmillan, 1969, p. 5.
39. INGROSSO, Giovanni. *I contributi nel sistema tributario italiano*. Nápoles: Casa Editrice Dott. Eugenio Jovene, 1964, p. 12-13.
40. VON JUSTI, Johan Heinrich Gottlob. *System des finanzwesens*. Halle: Aale, 1969, p. 407.

igualmente o significado de auxílio, sendo equivalente à expressão *Beitrag*, que eram pagamentos oferecidos pelos súditos para custeio do Estado[41]. Hoje, a expressão *Beitrag* tem o significado de contribuição, que seria um financiamento de uma instituição que confere a quem a paga uma vantagem especial.

Costuma-se, ainda, empregar na Inglaterra[42] e no Canadá[43] o termo "contribuição" com o significado de imposto.

No Brasil Imperial utilizava-se a palavra *contribuição* com o significado de imposto. A Constituição de 1824 continha no inciso X do art. 15 a competência atribuída à Assembleia Geral de "fixar anualmente as despesas públicas e repartir a *contribuição direta*". O art. 171 previa que todas as *contribuições diretas* seriam anualmente estabelecidas pela Assembleia Geral, mostrando a indicação de gênero, num sentido de tributo. A Lei n. 70, de 22 de outubro de 1836, ao fixar o orçamento para 1837/1838, estabeleceu uma contribuição sobre o couro para o consumo (art. 8º, n. 1). A mesma lei previa ainda uma contribuição para o montepio (art. 14, n. 22), que foi prevista nos orçamentos até 1853. A Lei n. 317, de 21 de outubro de 1843, criou a contribuição extraordinária incidente sobre os vencimentos recebidos dos cofres públicos.

A primeira Constituição a usar o termo *contribuição* foi a de 1934, consagrando a necessidade de se instituir uma exigência complementar para a previdência e assistência social, prevendo "a instituição de previdência, mediante *contribuição* igual da União, do empregador e do empregado, em favor da velhice, da invalidez, da maternidade e nos casos de acidente do trabalho ou de morte" (art. 121, § 1º, *h*). A Carta Magna de 1937 assegurava ao sindicato e a outras associações profissionais o poder de impor contribuições (art. 138).

A Carta Política de 1967 explicitava que seriam direitos dos trabalhadores a "Previdência Social, mediante contribuição da União, do empregador e do empregado, para seguro-desemprego, proteção da maternidade e nos casos de doença, velhice, invalidez e morte" (art. 158, XVI). O § 1º de seu art. 159 mencionava que o sindicato poderia "arrecadar, na forma da lei, *contribuições* para o custeio da atividade dos órgãos sindicais e profissionais e para a execução de programas de interesse das categorias por eles representadas".

A Emenda Constitucional n. 1/69 praticamente repete a mesma orientação no inciso XVI do art. 165, quanto à contribuição previdenciária, e no § 1º do art. 166, no que diz respeito às contribuições sindicais.

---

41. Id., ibid., p. 429.
42. BOOTH, Neil D. *Social security contributions*. Londres: Butterworth, 1982, p. 4.
43. BROADWAY, Robin W.; KITCHEN, Harry M. *Canadian tax policy*. Toronto: Canadian Tax Foundation, 1984, p. 297.

O Decreto-Lei n. 1.952, de 15 de julho de 1982, prevê uma contribuição sobre o domínio econômico da saída de açúcar e de álcool das usinas produtoras, que foi criada há mais tempo e agora é disciplinada pelo referido mandamento legal. O Decreto-Lei n. 1.900, de 21 de dezembro de 1981, também menciona a contribuição para o desenvolvimento do cinema nacional. Existem contribuições cobradas no interesse de categorias profissionais, como a da Ordem dos Advogados do Brasil, do Conselho Regional de Contabilidade, e outras, para o exercício da respectiva profissão.

A Lei n. 5.107 faz menção a depósito do FGTS, mas o termo correto é contribuição ao FGTS, que, segundo Rubens Gomes de Sousa, indica muito mais "uma modalidade burocrática da arrecadação mas não definidora da natureza jurídica do arrecadado"[44].

O CTN prevê no art. 217, acrescentado pelo Decreto-Lei n. 27, de 14 de novembro de 1966, a ressalva da incidência e exigibilidade das seguintes contribuições: (I) *contribuição* sindical; (II) *contribuição* previdenciária, que eram as antigas quotas de previdência previstas na Lei n. 3.807, de 26 de agosto de 1960; (III) *contribuição* ao Fundo de Assistência e Previdência do Trabalhador Rural, de que trata o art. 158 da Lei n. 4.214, de 2 de março de 1963; (IV) *contribuição* do FGTS, criada pela Lei n. 5.107, de 13 de setembro de 1966; (V) *contribuição* prevista no § 2º do art. 34 da Lei n. 4.863, de 29 de novembro de 1965, e suas alterações e outras de fins sociais criadas por lei.

Tais contribuições têm, portanto, natureza tributária, porém são consideradas apenas pela denominação "contribuição" ou "contribuição especial"[45]. São contribuições ligadas não à atuação do Estado, mas ao custeio de certas despesas, como a aposentadoria (contribuição social da seguridade social), o financiamento do Sistema Financeiro da Habitação (contribuição do FGTS), das categorias profissionais ou econômicas (contribuição sindical).

Com a determinação do art. 217 do CTN, evidencia-se que o FGTS é uma contribuição, pois o Código apenas determinou o nome correto ao instituto em estudo. "Contribuição", portanto, é o *nomen juris* adequado para a caracterização da exigência do FGTS. A contribuição é, porém, um tributo vinculado, como ocorre com o FGTS, pois é vinculado a uma destinação específica: o financiamento do Sistema Financeiro da Habitação e a possibilidade de sua utilização nas hipóteses previstas em lei.

---

44. SOUSA, Rubens Gomes de. Natureza tributária da contribuição para o FGTS. *RDP*, 17/317.
45. Bernardo Ribeiro de Moraes usa a expressão *contribuição especial*. *Compêndio de direito tributário*. Rio de Janeiro: Forense, 1993, p. 320-327.

5.2.2.7.2 A Emenda Constitucional n. 1/69

Há necessidade, agora, de se constatar como a contribuição do FGTS era recepcionada pela Emenda Constitucional n. 1, pois a Constituição de 1967 não tratava especificamente do tema "contribuição".

O inciso I do § 2º do art. 21 da Emenda Constitucional n. 1 previa que a União poderia instituir contribuições, nos termos do inciso I do mesmo artigo, tendo em vista a intervenção no domínio econômico e o interesse da Previdência Social ou de categorias profissionais. O inciso I tratava da possibilidade de serem alteradas a alíquota e a base de cálculo pelo Poder Executivo nas condições previstas em lei. Até esse momento a jurisprudência entendia que a natureza da contribuição do FGTS era de tributo.

Com a Emenda Constitucional n. 8/77, foi dada nova redação ao citado inciso; a União poderia instituir:

> contribuições, observada a faculdade prevista no item I deste artigo, tendo em vista intervenção no domínio econômico ou o interesse de categorias profissionais e para atender diretamente à parte da União no custeio dos encargos da Previdência Social.

A mesma Emenda acrescentou o inciso X ao art. 43 da Emenda Constitucional n. 1, com a seguinte redação: "contribuições sociais para custear os encargos previstos nos arts. 165, II, V, XIII, XVI e XIX, 166, § 1º, 175, § 4º, e 178". O FGTS estava especificado no inciso XIII do art. 165 da referida norma constitucional. Pela primeira vez nota-se que a Constituição usa a expressão contribuição social para se referir às exações citadas no inciso X do art. 43.

A jurisprudência vinha sendo pacífica no sentido de entender a contribuição à seguridade social como tributo até a edição da Emenda Constitucional n. 8. Com base nessas alterações, passou-se a entender que o termo *contribuições sociais*, previsto no inciso X do art. 43 da Emenda Constitucional nº 1 tinha significado diverso da palavra *tributos* contida no inciso I do mesmo artigo. O inciso I do § 2º do art. 21 da Emenda Constitucional n. 1, com a redação determinada pela Emenda Constitucional n. 8, não mais fazia menção a interesses da Previdência Social, pois foi retirada a expressão do referido inciso; daí, passou-se a entender que a contribuição securitária já não tinha caráter tributário. O mesmo raciocínio passou a ser usado em relação ao FGTS.

Mesmo havendo mudança na redação do inciso I do § 2º do art. 21 da Emenda Constitucional n. 1, não ocorreu nenhuma modificação na natureza jurídica da contribuição prevista no citado inciso. Ao substituir a expressão "e o interesse da Previdência Social" por "e para atender diretamente à parte da União no custeio dos encargos da Previdência Social", não trouxe nenhuma modificação na natureza da contribuição ali contida, nem mesmo da contribuição da Previdência Social, que continuou a ter por base o princípio da tríplice forma de custeio: ente público, trabalhador e empresa. Houve apenas mudança de redação, acrescentando-se a contribuição de interesse de categorias profissionais, não trazendo nenhuma mudança à natureza da contribuição em comentário, que continuava a ser tributária. Se o constituinte queria deixar claro que a natureza da contribuição não era tributária, ou pretendia fazer distinção entre as contribuições e os impostos ou taxas, não logrou seu intento, pois não foi expresso ou claro nesse sentido.

É de se ressaltar que a contribuição prevista no inciso I do § 2º do art. 21 estava inserida no Capítulo V da Constituição, que tem o título "Do Sistema Tributário". Logo, a natureza desse tipo de contribuição só pode ser tributária, pois assim foi o desejo do constituinte.

Erros cometidos pelo legislador constituinte ou a utilização de palavras ou expressões incorretas não servem para alterar a natureza de certo ato ou fato jurídico.

Estes devem ser conceituados pelos seus efeitos, pela sua eficácia real, e não por princípios abstratos que não se coadunem com eles.

É claro, pois, que se a formulação de uma lei está em contradição com a natureza intrínseca do instituto jurídico que, nominalmente, passa a utilizar, deve desprezar-se a denominação inadequada e passar a interpretar-se a lei de acordo com os princípios que regem o instituto realmente aplicável ao caso[46].

Embora só o § 2º do art. 21 da Emenda Constitucional n. 1 mencionasse que ao empréstimo compulsório seriam aplicadas as disposições relativas a tributos e a normas gerais de direito tributário, não se podia dizer que as contribuições previstas no inciso I do mesmo artigo não tivessem natureza de tributo. O art. 18 rezava que a União poderia exigir impostos, taxas e contribuições de melhoria, porém não fazia referência à aplicação das disposições relativas a tributos e a normas gerais de direito tributário e nem por isso tais exações deixavam de ter natureza tributária.

O fato de a Emenda Constitucional n. 8 ter feito distinção entre tributos e contribuições não queria dizer que o tributo tinha natureza diversa da contribuição, apenas que esta tinha certas peculiaridades, entre elas a de ser uma exação vinculada ao destino de sua arrecadação, conforme fosse definido em lei. Ademais, tanto os tributos como as contribuições estavam elencados no capítulo da Constituição que tratava do Sistema Tributário Nacional. Logo, só poderia a contribuição ter natureza tributária.

---

46. GUIMARÃES, Carlos da Rocha. *Prescrição e decadência*. Rio de Janeiro: Forense, 1984, p. 183.

Com a edição da Emenda Constitucional n. 8, o Supremo Tribunal Federal passou a entender, porém, que a contribuição do FGTS não tinha natureza de tributo[47].

> Fundo de Garantia por Tempo de Serviço. Sua natureza jurídica. Constituição, art. 165, XIII. Lei n. 5.107, de 13.9.66.
>
> As contribuições para o FGTS não se caracterizam como crédito tributário ou contribuições a tributos equiparáveis. Sua sede está no art. 165, XIII, da Constituição. Assegura-se ao trabalhador estabilidade, ou fundo de garantia equivalente. Dessa garantia, de índole social, promana, assim, a exigibilidade pelo trabalhador do pagamento do FGTS, quando despedido, na forma prevista em lei. Cuida-se de um direito do trabalhador. Dá-lhe o Estado garantia desse pagamento. A contribuição pelo empregador, no caso, deflui do fato de ser ele o sujeito passivo da obrigação, de natureza trabalhista e social, que encontra, na regra constitucional aludida, sua fonte. A atuação do Estado, ou de órgão da Administração Pública, em prol do recolhimento da contribuição do FGTS, não implica torná-lo titular do direito à contribuição, mas, apenas, decorre do cumprimento, pelo Poder Público, de obrigação de fiscalizar e tutelar a garantia assegurada ao empregado optante pelo FGTS. Não exige o Estado, quando aciona o empregador, valores a serem recolhidos ao Erário, como receita pública. Não há, aí, contribuição de natureza fiscal ou parafiscal. Os depósitos do FGTS pressupõem vínculo jurídico, como disciplina do Direito do Trabalho. Não se aplica às contribuições do FGTS o disposto nos arts. 173 e 174, do CTN.
>
> Recurso extraordinário conhecido, por ofensa ao art. 165, XIII, da Constituição, e provido, para afastar a prescrição quinquenal da ação (TP, RE 100.249/SP, Rel. Min. Néri da Silveira, j. 2-12-1987, *DJU* 1, 1º-7-1988, p. 16.903, *RTJ* 136/681, Ltr 55-05/577).

5.2.2.7.3 O art. 149 da Constituição de 1988

O art. 149 da Constituição de 1988 tem a seguinte redação:

> Compete exclusivamente à União instituir contribuições sociais, de intervenção no domínio econômico e de interesse das categorias profissionais ou econômicas, como instrumento de sua atuação nas respectivas áreas, observado o disposto nos arts. 146, III, e 150, I e III, e sem prejuízo do previsto no art. 195, § 6º, relativamente às contribuições a que alude o dispositivo.

A Constituição voltou a usar a expressão *contribuições sociais* no art. 149, que é gênero. Destacou a Lei Maior três espécies de contribuições sociais: as de intervenção no domínio econômico, as de interesse das categorias profissionais e econômicas e as contribuições da seguridade social, que são as previstas no § 6º do art. 195 da Constituição[48].

---

47. Sua natureza era de prestação social definida no inciso XIII do art. 165 da Emenda Constitucional n. 1 de 1969 (STF, RE 17.986-4, Rel. Min. Ilmar Galvão, *DJU* 19-3-1993, p. 4.282; STF, RE 116.761-1, Rel. Min. Moreira Alves, *DJU* 2-4-1993, p. 5.622; STF, RE 114.252-9/SP, Rel. Min. Moreira Alves, *DJU* 11-3-1988, p. 4.747; STF, RE 110.012-5/AL, Rel. Min. Sydney Sanches, *DJU* 11-3-1988, p. 4.745).
48. No mesmo sentido: MACHADO, Hugo de Brito. *Curso de direito tributário*. 12. ed. São Paulo: Malheiros, 1997, p. 314.

O estudo da natureza jurídica do FGTS deve ser feito também sob a ótica do art. 149 da Constituição. É mister, portanto, verificar se a referida contribuição está inserida nas determinações do citado mandamento constitucional.

Interessa-nos, inicialmente, analisar se a contribuição inserida no art. 149 da Constituição tem natureza tributária ou não, tendo em vista as polêmicas sobre o tema. Uma corrente defende a natureza tributária, e a outra, não.

A teoria que esposa a natureza tributária para a contribuição prevista no art. 149 da Constituição indica os seguintes fundamentos:

(a) a competência da União disciplinada no art. 149 da Lei Maior está incluída no Capítulo da Lei Magna que versa sobre o Sistema Tributário Nacional;

(b) o art. 149 determina que seja observado o disposto nos arts. 146, III e 150, I e III, sem prejuízo das previsões do § 6º do art. 195 da Lei Magna para as contribuições da seguridade social, ou seja: observância de que as normas gerais em matéria de legislação tributária sejam editadas por lei complementar, proibição de que sejam instituídas sem lei, de cobrança em relação a fatos geradores ocorridos antes do início da vigência da lei que as houver instituído ou aumentado e vedação de sua exigência antes de decorridos 90 dias. Essa teoria indica que as contribuições seriam uma quarta espécie tributária. Seria mera redundância o fato de que o art. 149 da Constituição faz alusão aos arts. 146, III, e 150, I e III, e § 6º do art. 195 da mesma norma, o que continuaria a mostrar sua natureza tributária[49].

A corrente adversa preconiza que as contribuições previstas no art. 149 da Lei Fundamental não têm natureza tributária, pois, se tivessem, não haveria necessidade de o art. 149 da Constituição fazer alusão ao art. 146, visto que estariam de plano incluídas entre as normas gerais objeto de legislação tributária. Essa teoria é defendida por Valdir de Oliveira Rocha[50].

---

49. Entendem que a natureza jurídica da contribuição do art. 149 da Constituição é de tributo: BOTTALLO, Eduardo Domingos. Breves considerações sobre a natureza das contribuições sociais e algumas de suas decorrências. In: ROCHA, Valdir de Oliveira (Coord.). *Contribuições sociais*: Questões polêmicas. São Paulo: Dialética, 1995, p. 17; MELO, José Eduardo Soares de. Contribuições sociais. In: ROCHA, Valdir de Oliveira (Coord.). *Contribuições sociais*: Questões polêmicas. São Paulo: Dialética, 1995, p. 44 e 48; MACHADO, Hugo de Brito. *Curso de direito tributário*. 12. ed. São Paulo: Malheiros, 1997, p. 313-314; MARTINS, Ives Gandra. *Sistema tributário na Constituição de 1988*. São Paulo: Saraiva, 1990, p. 225.
50. ROCHA, Valdir de Oliveira. Determinação do montante do tributo. *IOB*, n. 183, São Paulo, 1992, p. 70; Contribuições sociais. *Caderno de Pesquisas Tributárias*, n. 17, p. 299-310; Contribuições de seguridade social sobre faturamento, incidência e não incidência. *Repertório IOB de jurisprudência*, n. 23/93, Caderno 1, p. 468 e 467; Natureza jurídica das contribuições do art. 149 da Constituição. *Repertório IOB de Jurisprudência*, n. 5/95, p. 101.

Afirma Luiz Mélega que: "se as contribuições fossem tributos, a determinação do art. 149 seria dispensável. Aliás, ela só se justificaria pelo fato de tais contribuições não terem natureza tributária"[51]. Argumenta-se, ainda, que o art. 145 da Lei Magna indica apenas três espécies de tributos: impostos, taxas e contribuições de melhoria. Como a lei não contém palavras inúteis, a alusão feita pelo art. 149 da Constituição estaria a mostrar que as contribuições nele previstas realmente não têm natureza tributária.

Em nosso entender, o art. 149 da Constituição consagra contribuições de natureza tributária, ao prever que compete exclusivamente à União instituir contribuições sociais, de intervenção no domínio econômico e de interesse das categorias profissionais e econômicas, observados certos dispositivos constitucionais, e sem prejuízo do disposto no § 6º do art. 195 da Constituição, quanto às contribuições a que alude o preceito legal. Dispõe, ainda, que:

> os Estados, o Distrito Federal e os Municípios poderão instituir contribuição, cobrada de seus servidores, para o custeio, em benefício destes, de sistemas de previdência e assistência social (parágrafo único do art. 149 da Lei Maior).

Ensina Paulo de Barros Carvalho que as contribuições sociais "são entidades tributárias, subordinando-se em tudo e por tudo às linhas definitórias do regime constitucional peculiar aos tributos"[52].

Parece que o constituinte não teve muita técnica jurídica ao tentar falar do Sistema Tributário Nacional, empregando inclusive expressões como tributo e contribuição, imposto e contribuição como sinônimas (§ 6º do art. 150 da Constituição e § 7º do mesmo artigo, de acordo com a Emenda Constitucional n. 3, de 7 de março de 1993).

Roque Antonio Carrazza leciona que as contribuições sociais:

> são, sem sombra de dúvida, tributos, uma vez que devem necessariamente obedecer ao *regime jurídico tributário*, isto é, aos princípios que informam a tributação, no Brasil. Estamos, portanto, que estas "contribuições" são verdadeiros *tributos* (embora qualificados pela finalidade que devem alcançar)[53].

O fato de o art. 149 da Constituição fazer alusão ao art. 146 da mesma norma é mera redundância, explicitando que as contribuições previstas na primeira norma estão também adstritas às normas gerais de direito tributário, principal-

---

51. MÉLEGA, Luiz. Algumas reflexões sobre o regime jurídico das contribuições na Carta Política de 1988. *Direito Tributário Atual*, n. 11/12, p. 3.295.
52. CARVALHO, Paulo de Barros. *Curso de direito tributário*. São Paulo: Saraiva, 1991, p. 35.
53. CARRAZZA, Roque Antonio. *Curso de direito constitucional tributário*. São Paulo: Malheiros, 1997, p. 304. Luiz Emygdio F. da Rosa Junior também entende ter natureza tributária a contribuição prevista no art. 149 da Constituição (*Manual de direito financeiro e direito tributário*. 12. ed. Rio de Janeiro: Renovar, 1998, p. 412).

mente à exigência de serem estabelecidas por lei complementar, pois poderiam estar sujeitas a apenas algumas delas, da forma como o faz o mesmo art. 149 ao se referir aos princípios que lhe são aplicáveis quanto ao art. 150 da Lei Maior. Assim, as contribuições sociais previstas no art. 149 da Constituição têm natureza tributária, pois inclusive estão incluídas no capítulo da Lei Maior que versa sobre o Sistema Tributário Nacional.

A Constituição emprega em vários artigos o substantivo *contribuição*, como no inciso III do art. 145, quando versa sobre a contribuição de melhoria, espécie do gênero tributo, no art. 149, ao tratar de contribuições sociais de intervenção no domínio econômico e de interesse das categorias profissionais e econômicas, no parágrafo único do art. 149, quando estipula sobre a possibilidade de Estados, Distrito Federal e Municípios cobrarem de seus servidores contribuições para o custeio de sistema de previdência e assistência social, no art. 195, ao especificar as contribuições que custearão o sistema da seguridade social.

O inciso IV do art. 8º da Constituição faz menção a duas contribuições: uma para o custeio do sistema confederativo e outra prevista em lei, que é a sindical. Todas essas contribuições têm natureza tributária, sendo espécies do gênero tributo, com exceção da contribuição confederativa. A contribuição prevista em lei que se verifica na parte final do inciso IV do art. 8º da Constituição também tem natureza tributária, pois se trata da contribuição sindical, estando incluída nas determinações do art. 149 da Constituição.

Com a Emenda Constitucional n. 3 veio a lume um argumento a mais, corroborando o entendimento daqueles que sustentam não ter natureza tributária a contribuição prevista no art. 149 da Constituição, tendo em vista a distinção entre tributo e contribuição estabelecida pelo atual § 6º do art. 150 da Lei Magna, ao prever que:

> qualquer subsídio ou isenção, redução de base de cálculo, concessão de crédito presumido, anistia ou remissão, relativos a impostos, taxas ou contribuições, só poderá ser concedido mediante lei específica, federal, estadual ou municipal, que regule exclusivamente as matérias enumeradas ou o correspondente *tributo* ou *contribuição*, sem prejuízo do disposto no art. 155, § 2º, XII, *g*.

Poder-se-ia argumentar que, se o constituinte empregou duas expressões distintas, não o fez aleatoriamente; daí fazer menção à expressão *tributo* ou *contribuição*. Entretanto, no mesmo artigo já se verifica que o termo "contribuições", seguindo as expressões *impostos* e *taxas*, indica que as contribuições são espécies do gênero tributo.

Aires Barreto esclarece, porém, que, mesmo após a Emenda Constitucional n. 3, não houve nenhuma alteração da natureza jurídica da contribuição do art. 149 da Constituição, pois:

como as palavras utilizadas pelo legislador não observam rigor científico, sua significação não pode ser tomada por sua singela literalidade, mas há de ser confirmada pelo sistema constitucional. Para ilustrar esse asserto basta aferir, entre tantos outros exemplos de equívocos de linguagem, o exibido pelo § 7º do art. 195. Ali se emprega a palavra isenção para estatuir o que, em verdade, é imunidade[54].

Isso mostra a falta de precisão do legislador constituinte no emprego das palavras, evidenciando, mesmo, a existência de equívoco no uso das expressões *tributo* ou *contribuição*.

A Emenda Constitucional n. 3 também alterou a redação do § 7º do art. 150 da Constituição, usando as expressões imposto e contribuição:

> A lei poderá atribuir a sujeito passivo de obrigação tributária a condição de responsável pelo pagamento de *imposto* ou *contribuição*, cujo fato gerador deva ocorrer posteriormente, assegurada a imediata e preferencial restituição da quantia paga, caso não se realize o fato gerador presumido.

O emprego, aqui, da palavra *contribuição* tanto pode referir-se à contribuição social como à contribuição de melhoria, mas parece que diz respeito à contribuição social, pois à primeira vista seria difícil imaginar a antecipação de contribuição de melhoria sem que houvesse obra pública, como se depreende do inciso III do art. 145 da Lei Maior. Contudo, ainda é possível dizer que a contribuição a que se refere o parágrafo é espécie do gênero tributo.

Enquadra-se a contribuição do FGTS na determinação do art. 149 da Constituição, pois é a União que irá instituí-la. É, portanto, um instrumento utilizado pelo governo, por meio da instituição do referido tributo, para implementação da política habitacional. A contribuição do FGTS tem natureza pública, em razão de o nascimento da obrigação independer da vontade da pessoa que irá contribuir.

As contribuições que têm por base o art. 149 da Constituição só poderiam ser exigidas por meio de lei complementar[55], respeitando os princípios da irretroatividade da lei e da anterioridade (art. 150, III, *a* e *b*). O próprio art. 149 da Constituição determina a observância do inciso III do art. 146 da Lei Maior. A alínea *a* do inciso III do art. 146 da Lei Maior dispõe apenas que a lei complementar estabeleça o fato gerador, a base de cálculo e o contribuinte dos impostos, mas não das contribuições. Há, porém, decisão do STF em relação à contribuição social sobre o lucro, em que aquele Colegiado entende que pode tal exação ser exigida por meio de lei ordinária[56].

---

54. BARRETO, Aires F. Natureza jurídica das contribuições dos arts. 149 e 195 da CF. *Repertório IOB de Jurisprudência*, n. 6/95, texto 1/8.516, p. 116.
55. No mesmo sentido: MARTINS, Ives Gandra da Silva. *Sistema tributário na Constituição de 1988*. São Paulo: Saraiva, 1990, p. 119.
56. STF Pleno, RE 138.281, j. 1-7-1992, *DJU* 28-8-1992, p. 13.456.

Entretanto, observa-se que a lei complementar, que é o CTN, estabelece no inciso IV do art. 217 a espécie de tributo que é a contribuição do FGTS, atendendo à alínea *a* do inciso III do art. 146 da Lei Magna. Pode-se dizer que a Constituição de 1988 consagrou cinco espécies tributárias, tendo derrogado o art. 5º do CTN, ou seja, os impostos, as taxas, as contribuições de melhoria, o empréstimo compulsório (art. 148) e as contribuições sociais (art. 149)[57], pois estão incluídos no capítulo da Lei Maior que versa sobre o Sistema Tributário Nacional.

A contribuição do FGTS seria uma obrigação tributária, uma prestação pecuniária compulsória paga ao ente público, com a finalidade de constituir um fundo econômico para o financiamento do Sistema Financeiro da Habitação. Trata-se de uma contribuição social caracterizada por sua finalidade, isto é, constituir um fundo para o empregado utilizá-lo nas hipóteses previstas em lei e, ao mesmo tempo, financiar o Sistema Financeiro da Habitação.

5.2.2.7.4 Espécie de contribuição social

Entendido que a contribuição do FGTS é uma contribuição social, ainda resta verificar que tipo de contribuição social vem a ser.

Não se destina o FGTS a custear a Seguridade Social (§ 6º do art. 195 da Lei Maior), pois não tem por objetivo custear prestações da Seguridade Social, como aposentadorias, pensões etc., nem mesmo o empregador ajuda em seu custeio, como acontece nas contribuições da Seguridade Social (art. 195, I, da Constituição).

Não vem a ser uma contribuição de interesse de categoria profissional ou econômica. Estas contribuições têm por característica a organização de determinada categoria, fornecendo meios financeiros para sua manutenção, como ocorre com a contribuição sindical em relação aos sindicatos, a contribuição à Ordem dos Advogados do Brasil etc. Não há interesse da categoria econômica no pagamento do FGTS, que para ela importa mais um custo ou encargo social, pois não tem nenhum proveito com seu recolhimento.

Há uma vinculação entre a categoria e o contribuinte com o pagamento de tal contribuição, como acontece com a contribuição sindical. O destinatário da contribuição, em sua maior parte, é uma entidade privada, como o sindicato em relação à contribuição sindical. Na contribuição do FGTS, quem a arrecada é o Poder Público, por intermédio da Caixa Econômica Federal, e não um particular.

A contribuição do FGTS vem a ser, assim, uma contribuição social de intervenção no domínio econômico, cobrada com fundamento no art. 149 da

---

57. Hugo de Brito Machado entende que os tributos também são cinco (*Curso de direito tributário*. São Paulo: Malheiros, 1997, p. 43).

Constituição[58], "como instrumento de sua atuação nas respectivas áreas", em que o Estado, com seu poder fiscal, interfere na relação dos particulares, estabelecendo uma contribuição em benefício do empregado, mas que também ajuda a financiar o Sistema Financeiro da Habitação. Como afirma Pinto Ferreira, a contribuição social "é um tributo vinculado, cuja hipótese de incidência se relaciona com uma atividade estatal direcionada para o interesse geral"[59].

Sua finalidade é determinada na lei, que reproduz, assim, o interesse da União em intervir no domínio econômico para esse fim, estabelecido na norma legal. Em nosso caso, o órgão do Estado é a Caixa Econômica Federal, que tem por objetivo receber os depósitos do FGTS para aplicá-los, de acordo com a previsão legal, no financiamento do Sistema Financeiro da Habitação.

5.2.2.8 Conclusão

Em nosso entendimento, a contribuição do empregador é um tributo[60].

Tributo é o gênero, do qual são espécies o imposto, a taxa, a contribuição de melhoria, as contribuições, ou até mesmo o empréstimo compulsório. Rubens Gomes de Sousa já entendia que o FGTS era uma contribuição de índole tributária[61].

A Emenda Constitucional n. 8 acrescentou o inciso X ao art. 43 da Emenda Constitucional n. 1, prevendo expressamente as contribuições sociais, sendo que o FGTS não deixava de ser uma dessas contribuições.

A Constituição de 1988 consagra a natureza tributária da contribuição do FGTS no art. 149, ao prever que compete exclusivamente à União instituir contribuições sociais, de intervenção no domínio econômico. As contribuições sociais previstas neste artigo têm natureza tributária, pois estão incluídas no Título VI, "Da Tributação e Orçamento", Capítulo I, "Do Sistema Tributário Nacional". A Lei Maior de 1988 recebe o FGTS como uma contribuição social, pois se trata de uma contribuição de intervenção no domínio econômico.

Segundo o art. 3º do CTN, tributo é:

> toda prestação pecuniária compulsória, em moeda ou cujo valor nela se possa exprimir, que não constitua sanção de ato ilícito, instituída em lei e cobrada mediante atividade administrativa plenamente vinculada.

---

58. No mesmo sentido: MAGANO, Octavio Bueno. *Política do trabalho*. A trapaça do FGTS. São Paulo: LTr, 1995, v. 2, p. 33.
59. FERREIRA, Pinto. *Comentários à Constituição brasileira*. São Paulo: Saraiva, 1992, v. 5, p. 310.
60. No mesmo sentido: OLIVEIRA, Fabio Leopoldo de. *Curso expositivo do direito do trabalho*. São Paulo: LTr, 1991, p. 182.
61. SOUSA, Rubens Gomes de. Natureza jurídica da contribuição para o FGTS. *RDP*, 17/317-318.

O FGTS adapta-se perfeitamente à definição do art. 3º do CTN.

Tributo é uma prestação compulsória. A contribuição do FGTS também é compulsória, pois independe da vontade do contribuinte pagá-la ou não.

A contribuição do FGTS é cobrada em moeda ou valor que nela se possa exprimir, ou seja, é paga em dinheiro. Trata-se, portanto, de uma obrigação de pagar e não de fazer ou não fazer.

É a contribuição do FGTS instituída por lei, inicialmente pela Lei n. 5.107, e hoje disciplinada na Lei n. 8.036. Não se trata de contribuição decorrente de cláusula do contrato de trabalho celebrado entre empregado e empregador. É uma determinação da lei, não derivando da relação de emprego, mas da própria norma legal.

Não constitui a contribuição ao FGTS sanção de ato ilícito. Não é penalidade, mas uma determinação prevista em lei, que tem por fato gerador, por exemplo, a remuneração paga ou devida ao trabalhador (art. 15 da Lei n. 8.036).

É cobrada a contribuição do FGTS mediante atividade administrativa plenamente vinculada. Há um lançamento para a constituição do crédito do FGTS, por meio de atividade administrativa plenamente vinculada e obrigatória.

Logo, a contribuição ao FGTS é uma espécie do gênero tributo, contribuição (social), pois não pode ser enquadrada na definição de imposto, taxa e contribuição de melhoria.

É de se destacar que "a natureza jurídica específica do tributo é determinada pelo fato gerador da respectiva obrigação, sendo irrelevantes para qualificá-la: (I) a denominação e demais características formais adotadas pela lei; (II) a destinação legal do produto da sua arrecadação" (art. 4º do CTN). Pouco importam, portanto, a denominação e as demais características formais adotadas pela lei que criou o FGTS, inclusive a destinação legal do produto de sua arrecadação, pois o elemento determinante é seu fato gerador, que é o de uma contribuição social.

O fato de o FGTS ser destinado à formação de um Fundo para ser utilizado principalmente quando o empregado é dispensado ou para o financiamento do Sistema Financeiro da Habitação não desnatura o instituto, que tem natureza tributária. A natureza jurídica do tributo não se estabelece pelos fins a que se destina, mas pelo fato gerador da obrigação. De outro lado, o dinheiro depositado no Fundo é uma espécie de receita pública, que é empregada e aplicada pelo governo no Sistema Financeiro da Habitação e somente é utilizado pelo empregado nas hipóteses de saque contidas na lei.

O inciso IV do art. 167 da Constituição apenas veda a vinculação da receita de impostos a órgão, fundo ou despesa, e não de outros tributos, principalmente de contribuições sociais, como ocorre com o FGTS.

Lembre-se, ainda, que o próprio CTN prevê, no art. 217, de acordo com a redação do Decreto-Lei n. 27, de 14 de novembro de 1966, que os dispositivos nele contidos não excluem a incidência e a exigibilidade de outras contribuições, entre as quais "a contribuição destinada ao Fundo de Garantia do Tempo de Serviço, criada pelo art. 2º da Lei n. 5.107, de 13-9-66" (inciso IV).

Permite o art. 7º do CTN a delegação da arrecadação do tributo a outro órgão, distinto do Estado, como em relação à contribuição do FGTS, que, no caso, é a Caixa Econômica Federal. O Estado, que é o titular da competência fiscal, pode instituir o tributo, determinando que outra pessoa tenha a função de fiscalizá-lo e arrecadá-lo. Logo, por esse ângulo, não é inconstitucional ou ilegal a atribuição da Caixa Econômica Federal de fiscalizar e arrecadar a contribuição do FGTS, além do quê o fato de sua centralização estar adstrita ao Conselho Curador também não desnaturará sua natureza jurídica tributária.

De outro lado, os arts. 148 (empréstimo compulsório) e 149 da Constituição teriam derrogado o art. 5º do CTN, que indicava serem espécies do gênero tributo apenas os impostos, as taxas e as contribuições de melhoria. Hoje, podemos dizer que as espécies do gênero tributo são: imposto, taxa, contribuição de melhoria, contribuições sociais e empréstimo compulsório, pois estão incluídos no capítulo da Lei Maior que versa sobre o Sistema Tributário Nacional.

Ressalte-se que não se usa mais a expressão *depósito*, como se verificava quando da instituição do FGTS. O próprio inciso IV do art. 217 do CTN já emprega a palavra *contribuição*. Trata-se, assim, de uma contribuição tributária, tanto que é prevista no CTN. O próprio preceito legal em comentário define a natureza jurídica do FGTS como contribuição de natureza tributária. Afirma Aliomar Baleeiro que no direito positivo brasileiro as contribuições integram o sistema tributário. Faz expressa referência ao art. 217, dizendo que este dispositivo "não exaure o rol das contribuições" que podem ser criadas pelo legislador ordinário[62]. Leciona que as contribuições são tributos e não escapam aos princípios da Constituição[63].

A relação obrigacional do FGTS é uma relação tributária. O sujeito ativo é a União, embora esta delegue a arrecadação à Caixa Econômica Federal e a fiscalização ao Ministério do Trabalho, o que tem amparo legal no art. 7º do CTN. O sujeito passivo é, de modo geral, o empregador. O fato gerador é o pagamento de remuneração ao trabalhador. A base de cálculo é a remuneração. A alíquota é fixa no percentual de 8%. A atividade administrativa plenamente vinculada é feita por meio de lançamento, por intermédio do Ministério do Trabalho, o que é realizado pelo lançamento por homologação ou autolançamento.

---

62. BALEEIRO, Aliomar. *Direito tributário brasileiro*. 10. ed. Rio de Janeiro: Forense, 1981, p. 65.
63. Id., ibid., p. 642.

Assim, entendo que, para o empregador, o FGTS vem a ser uma contribuição social, espécie do gênero tributo. Não se trata de outro tipo de contribuição ou de contribuição previdenciária, pois, para mim, esta tem natureza tributária, de contribuição social[64].

Para a exigência da contribuição do FGTS, devem-se observar os 90 dias a que faz alusão o art. 149 da Constituição, ao mandar aplicar o § 6º do art. 195 da Lei Maior? Não, pois o § 6º do art. 195 só se aplica às contribuições sociais a que alude o dispositivo, isto é, às contribuições da seguridade social, e não às demais contribuições, como a do FGTS. Nesse caso, é de se observar o inciso I do art. 150 da Lei Magna, que explicita a necessidade de lei para a exigência da contribuição. Mister se faz também observar o inciso III do mesmo artigo, que dispõe sobre a impossibilidade da cobrança de contribuições:

(a) com fatos geradores ocorridos antes do início da vigência da lei que os houver instituído ou aumentado (princípio da irretroatividade da lei tributária);

(b) no mesmo exercício financeiro em que tenha sido publicada a lei que os instituiu ou aumentou (princípio da anterioridade).

Passou o FGTS a representar uma contribuição de intervenção no domínio econômico, destinada a financiar o desenvolvimento econômico no setor habitacional e também a compensar o tempo de serviço trabalhado pelo empregado na empresa. Anteriormente, o fundo de indenizações trabalhistas só servia – como o próprio nome diz – para pagar indenizações trabalhistas, porém não havia sua utilização para financiar o sistema financeiro habitacional. Passa também o FGTS a ter a característica social, de ajudar o desenvolvimento econômico do país no campo habitacional.

A relação que se forma entre o empregado e o empregador é de emprego. Nesse ponto, o FGTS tem natureza trabalhista.

Há vínculo entre o empregador e o Estado, a título da exigência da contribuição social.

Existe, ainda, a relação entre o Estado, na condição de aplicador dos recursos do FGTS, e a coletividade, na condição de usuária dos serviços.

Nota-se, por conseguinte, a dificuldade de se especificar qual a real natureza jurídica do FGTS, que é, portanto, complexa, múltipla[65] ou híbrida, devendo ser analisada por dois ângulos, o do empregador e o do empregado.

---

64. MARTINS, Sergio Pinto. *Direito da seguridade social*. 42. ed. São Paulo: Saraiva, 2024, p. 132-140.
65. Como entende: NASCIMENTO, Amauri Mascaro. *Iniciação ao direito do trabalho*. 14. ed. São Paulo: LTr, 1989, p. 345.

6
AUTOAPLICABILIDADE

6.1 AUTOAPLICABILIDADE

É preciso verificar se o inciso III do art. 7º da Lei Maior tem eficácia plena, para adotarmos a nomenclatura utilizada pelo professor José Afonso da Silva[1], pois o preceito legal que não tem certo grau de eficácia não cumpre a função almejada pelo legislador.

O preceito contido no inciso III do art. 7º da Constituição não é um dispositivo de eficácia plena. Embora o legislador constituinte não faça menção a FGTS "nos termos da lei", tal preceito não é autoaplicável, necessitando de lei ordinária para que possa ter eficácia plena. Trata-se, portanto, de dispositivo de eficácia limitada ou restrita, dependendo da lei ordinária para tratar do tema e complementá-lo.

Em 5 de outubro de 1988 é recepcionada a Lei n. 5.107, que tratava do FGTS, já que esta não se atritava com a Constituição, ao contrário, complementava-a. Tal preceito teria validade até que houvesse alteração ou instituição de outra norma, o que foi feito inicialmente pela Lei n. 7.839, de 12 de outubro de 1989, e depois pela Lei n. 8.036/90.

A Lei n. 7.839 entrou em vigor na data de sua publicação, que ocorreu em 13 de outubro de 1989, sendo retificada em 18 de outubro do mesmo ano. O art. 30 da Lei n. 7.839 revoga a Lei n. 5.107/66.

O art. 9º da Lei n. 7.839 estabelecia que os depósitos feitos na rede bancária, a partir de 1º de outubro de 1989, relativos ao FGTS, seriam transferidos à Caixa Econômica Federal no segundo dia útil subsequente à data em que houvessem sido efetuados. Tal dispositivo tinha efeito retroativo. Eduardo Gabriel Saad afirma que se:

> tratava de retro-operância vedada pela Constituição, mas seus efeitos negativos são de pequena monta e, por isso, ninguém se animará a ir aos tribunais para demonstrar tal espécie

---

1. SILVA, José Afonso da. *Aplicabilidade das normas constitucionais*. São Paulo: Revista dos Tribunais, 1968, p. 76.

de inconstitucionalidade. Contudo, há a possibilidade remota (remota, mas que pode existir) de alguém completar a estabilidade decenal no dia 12-10-89 e, aí, manifestar-se a dúvida sobre esse ponto[2].

Entendo que isso não ocorrerá, pois o FGTS passa a ser um direito do trabalhador a partir de 5 de outubro de 1988, desaparecendo a possibilidade de a pessoa adquirir estabilidade. Logo, esta não será adquirida em 12 de outubro de 1989, mas apenas até 4 de outubro de 1988.

O art. 32 da Lei n. 8.036 reza que tal norma entra em vigor na data de sua publicação, revogando a Lei n. 7.839. A Lei n. 8.036 foi publicada no *Diário Oficial da União*, em 14 de maio de 1990.

6.2 CONSTITUCIONALIDADE

Haveria necessidade de a norma que trata do direito do trabalhador ao FGTS ser editada sob a forma de lei complementar? Para fixar o direito ao FGTS do empregado inexiste necessidade de lei complementar. Primeiro, porque o inciso III do art. 7º da Constituição assim não dispõe. Não está escrito no referido preceito legal que o FGTS será estabelecido "de acordo com lei complementar" ou "nos termos de lei complementar". Segundo, porque da interpretação sistemática da Constituição verifica-se a coexistência do FGTS com a indenização compensatória que for prevista na lei complementar. Se assim não fosse, o constituinte não teria versado sobre o tema em dois dispositivos, mas o teria tratado em um único inciso.

De outro lado, apenas a indenização de 40% do FGTS é que vem a ser uma indenização compensatória, segundo a própria Constituição. O inciso I do art. 10 do ADCT determina que, enquanto não for editada a lei complementar de que trata o inciso I do art. 7º da Constituição, fica limitada a proteção nele referida ao aumento em quatro vezes da indenização prevista na Lei n. 5.107. A Lei n. 7.839 (§§ 1º e 2º do art. 16) e a Lei n. 8.036 (§§ 1º e 2º do art. 18) limitaram-se a repetir o que está na Constituição, quanto à indenização de 40% ou 20%, não havendo, assim, inconstitucionalidade da legislação ordinária.

---

2. SAAD, Eduardo Gabriel. *Comentários à lei do Fundo de Garantia do Tempo de Serviço*. 3. ed. São Paulo: LTr, 1995, p. 88.

7
VANTAGENS E DESVANTAGENS

O sistema do FGTS tem vantagens e desvantagens, que serão a seguir indicadas.

Quando foi instituído o FGTS, com a transferência de recursos para o antigo Banco Nacional da Habitação, objetivava-se também a criação de empregos, pois foram destinados recursos para a construção civil, em que não se exigia alta qualificação profissional para a admissão de obreiros. Trabalhadores migrantes, inclusive rurais, poderiam ser admitidos para a construção de imóveis.

A CLT tinha o objetivo de impedir que o trabalhador fosse despedido, em razão da existência da estabilidade. O FGTS permite e facilita ao empregador a dispensa, tendo apenas de pagar a indenização, que era antes de 10%, e agora passa a ser de 40%.

Nos serviços em que se exija qualificação do empregado, o empregador terá dificuldades em dispensar o trabalhador e contratar outra pessoa para seu lugar, dada a especialização da mão de obra. Nesses casos, a tendência é a continuidade do contrato de trabalho com tais pessoas.

O ideal é que o trabalhador somente fosse dispensado por falta grave ou motivo socialmente justificável, conforme a previsão da legislação alemã, pois há de se analisar a questão pelo lado social, de que o trabalhador precisa do emprego para poder sobreviver, juntamente com sua família.

Atualmente, com o regime do FGTS, a empresa pode deixar o empregado trabalhar por muitos anos, sem ter de se preocupar com o fato de o obreiro adquirir estabilidade.

O primeiro ano de duração do contrato de trabalho por tempo indeterminado era considerado período de experiência, e, antes que se completasse, nenhuma indenização seria devida (§ 1º do art. 478 da CLT). Ocorria de os empregados serem dispensados antes de completarem um ano de casa, pois assim o empregador não tinha de pagar indenização. O parágrafo único do art. 18 da Lei n. 5.107 estabeleceu que a conta individualizada do empregado não optante, dispensado sem justa causa antes de completar um ano de serviço, reverteria a seu favor. O objetivo do parágrafo único era evitar a dispensa do empregado com menos de um ano de serviço, pois de qualquer forma a indenização contida no FGTS pertenceria ao empregado. Assim, não tinha o empregador nenhuma vantagem em dispensar o obreiro, pois não existia nenhuma economia que poderia fazer com encargos sociais, já que o levantamento do FGTS e o pagamento da indenização de 10% seriam devidos.

No sistema do FGTS, o empregado, ao ser despedido, levanta os depósitos fundiários, mesmo não tendo um ano de casa. Em caso de força maior, fechamento do estabelecimento, o saque dos depósitos é integral.

A ideia do FGTS era de que deveria corresponder a um salário por ano de serviço. Oito por cento do salário multiplicado por 12 meses resultam em 96% ao ano. Com mais de 4% de juros ao ano, o total chega a um salário mensal por ano trabalhado na empresa. Entretanto, a indenização era calculada à razão do maior salário do empregado na empresa, enquanto o FGTS incidia sobre a remuneração, que pode ser variável. O período igual ou superior a seis meses é considerado ano para o fim da indenização.

Em alguns casos, o sistema do FGTS é pior do que a indenização que existia anteriormente. Basta destacar que a indenização é calculada sobre o maior salário recebido pelo empregado na empresa (art. 477 da CLT). Suponha-se que um empregado percebesse como último salário $ 100,00 e tivesse trabalhado nove anos na empresa. Multiplicando-se $ 100,00 por nove anos, o empregado receberia $ 900,00 de indenização. Supondo-se uma economia estável, sem inflação. Se se tomar o mesmo salário e multiplicá-lo por 8%, pelos 108 meses trabalhados e incluindo os 13os salários, o resultado é $ 936,00. Se a indenização fosse em dobro, pelo empregado ter, por exemplo, 11 anos de trabalho, alcançaria a indenização o valor de $ 2.200,00 e de FGTS o valor de $ 1.144,00, incluída a incidência sobre os 13os salários do período. Isso demonstra, nas hipóteses mencionadas, que a indenização, no segundo caso, era melhor do que o FGTS. O aumento da indenização do FGTS de 10% para 40% realmente veio a melhorar e aumentar o valor devido ao empregado quando dispensado.

Era maior o valor da indenização se o tempo de serviço do empregado na empresa fosse de muitos anos e menor na hipótese inversa. Agora, apenas a indenização do FGTS na despedida dependerá do tempo em que o empregado ficou na empresa, pois o direito aos depósitos é do empregado.

O valor da indenização do FGTS e das verbas rescisórias em decorrência do número de anos trabalhados pelo empregado na empresa pode servir de fator inibidor de dispensas arbitrárias praticadas pelo empregador. Se o empregado tiver mais de 10 anos na empresa, o valor da indenização do FGTS e demais verbas rescisórias pode ser bastante alto, criando obstáculos ao empregador para despedir arbitrariamente o empregado, principalmente quando ele tem salário elevado.

Enquanto esteve em vigor a Lei n. 5.107, os juros e a correção monetária eram computados ao saldo existente no primeiro dia do trimestre anterior (§ 2º do art. 19 do Decreto n. 59.820/66). Os depósitos dos dois meses subsequentes eram desprezados. Nesse período, portanto, os depósitos do FGTS estavam desatualizados, sendo corroídos pela inflação e pelo fato de que não eram levados em conta dois meses para o cálculo dos juros e da correção monetária. Posteriormente, o Decreto n. 71.636, de 29 de dezembro de 1972, estabeleceu que o crédito dos juros e da correção monetária seria feito anualmente. Isso acarretava maiores prejuízos ao empregado, pois, se este fosse dispensado no meio do ano, só receberia os juros e a correção monetária até 31 de dezembro de 1971. Foi novamente alterada a redação do § 2º do art. 19 do Decreto n. 59.820, por meio do Decreto n. 76.750, de 5 de dezembro de 1975, determinando que os juros e a correção monetária sobre os depósitos fossem considerados como efetuados no primeiro dia do trimestre civil subsequente e os saques como realizados no último dia do trimestre civil anterior.

O FGTS, na verdade, não garante o tempo de serviço do empregado, mas a indenização por ser dispensado, até mesmo diante do fato de que não é calculado de acordo com o número de anos de serviço na empresa, como era a indenização, mas mediante depósitos mensais.

Quando há a possibilidade de se conseguir novo emprego, o empregado muitas vezes prefere ser dispensado para receber o FGTS, destinando aquilo que saca para a finalidade mais necessária no momento. Muitas vezes, o empregado força a dispensa com baixa produtividade, má vontade no trabalho e outros procedimentos. O empregador, na maioria dos casos, prefere dispensar o empregado a discutir a justa causa na Justiça do Trabalho. Paga as verbas rescisórias, a indenização de 40% do FGTS e libera os depósitos fundiários, ficando livre do empregado.

Durante o período em que esteve em vigor a Lei n. 5.107, essa norma não era aplicada ao trabalhador rural, pois o art. 20 da Lei n. 5.889/73 dispunha que "lei especial disporá sobre a aplicação, ao trabalhador rural, no que couber, do regime do Fundo de Garantia do Tempo de Serviço". Até a vigência da Constituição de 1988 e da Lei n. 7.839/89, o trabalhador rural não tinha garantido seu tempo de serviço por intermédio do FGTS. Entretanto, o Decreto n. 73.626, de 12 de fevereiro de 1974, assegurava ao rural o direito à estabilidade, pois o art. 4º mandava aplicar os arts. 492 a 500 da CLT, fazendo jus também à indenização da CLT, caso fosse dispensado. Com a Constituição de 1988, o FGTS passou a ser direito não só do trabalhador urbano, mas também do rural (art. 7º, III).

Na vigência da Lei n. 5.107/66, o FGTS poderia ser sacado não apenas quando o empregado era dispensado, mas também na hipótese de se estabelecer por conta própria, em razão de casamento. Atualmente, essas hipóteses não mais estão previstas na legislação.

No caso de pedido de demissão, o empregado não faria jus à indenização, independentemente de seu tempo de casa. No sistema do FGTS, mesmo em caso de pedido de demissão, o empregado pode sacar o FGTS para aquisição de casa própria, ou para pagamento de suas prestações, ou então quando se aposentar. Isso quer dizer que não perde os depósitos.

Nos contratos por tempo determinado, inclusive no temporário, o empregado tem direito a sacar os depósitos fundiários (art. 20, IX, da Lei n. 8.036), independentemente de ter ou não havido rescisão antecipada do contrato de trabalho e inclusive de ser o empregado ou empregador que a promoveu. No sistema anterior, não havia um dispositivo expresso nesse sentido. Na rescisão antecipada do contrato de trabalho promovida pelo empregador, o empregado teria direito à metade dos salários até o término do contrato de trabalho (art. 479 da CLT). No caso de o empregado rescindir antecipadamente o contrato, não tinha direito à indenização. Entretanto, terminado normalmente o contrato de trabalho, o empregado não tinha direito à indenização. A exceção era a previsão do art. 2º da Lei n. 2.959/56, que previa o pagamento de indenização ao empregado que tivesse mais de 12 meses de serviço, no caso do término da obra ou do serviço, sendo de 70% da prevista no art. 478 da CLT.

O art. 13 da Lei n. 7.839 e depois o art. 15 da Lei n. 8.036 resolveram a questão de o trabalhador temporário ter direito ao FGTS. Foi deixado claro que o empregador é fornecedor ou tomador de mão de obra, e trabalhador é o prestador de serviços a empregador, a locador ou tomador de mão de obra, incluindo assim o trabalhador temporário como beneficiário do direito ao FGTS.

Mesmo em caso de morte, de aposentadoria do empregado ou falência do empregador, o FGTS é devido ao obreiro e será sacado por ele ou por seus dependentes. Ao contrário, a indenização não seria devida ao obreiro caso falecesse ou viesse a se aposentar.

Nos casos de força maior, em que houvesse a extinção da empresa, a indenização do estável ou do instável era devida pela metade, mas essas pessoas podiam ser dispensadas. Agora, os depósitos do FGTS são devidos de forma integral, mesmo ocorrendo a referida hipótese, não havendo sua redução pela metade, até pelo fato de que já estão depositados no banco. Apenas a indenização do FGTS é reduzida: quando ocorrer despedida por culpa recíproca ou força maior, reconhecida pela Justiça do Trabalho, a indenização do FGTS será de 20%.

Na hipótese de fato do príncipe, a indenização prevista na CLT seria devida pelo governo responsável (art. 486 da CLT). O FGTS, se depositado, será sacado pelo empregado, do contrário, fica a cargo da Fazenda Pública o pagamento da respectiva indenização.

Na dispensa com justa causa não era devida nenhuma indenização, perdendo também o obreiro o direito à estabilidade. Mesmo se o empregado é dispensado com justa causa, não perde os depósitos do FGTS. Não poderá sacar o FGTS no momento da dispensa, mas poderá sacá-lo se atender aos outros requisitos do art. 20 da Lei n. 8.036, inclusive quando se aposentar.

Na vigência da Lei n. 5.107, o art. 7º da referida norma dispunha que o empregado dispensado por justa causa tinha direito aos depósitos, mas perdia, a favor do Fundo, a parcela de sua conta vinculada correspondente à correção monetária e aos juros capitalizados durante o tempo de serviço prestado à empresa de que for despedido (art. 7º da Lei n. 5.107 e art. 23 do Regulamento do FGTS). A Lei n. 7.839 e a Lei n. 8.036 não mais trataram do tema. Agora, mesmo que o empregado seja dispensado com justa causa, não perde a correção monetária e os juros do período em que trabalhou para a empresa.

Um processo judicial relativo à indenização ou estabilidade era muito oneroso para a empresa, caso esta perdesse a demanda. No caso do FGTS, o depósito é feito mensalmente à razão de 8% da remuneração do empregado, não tendo a empresa de fazer nenhum desembolso extra nesse sentido na data da dispensa. Quando o trabalhador é dispensado, os depósitos já devem estar depositados na conta vinculada do obreiro. A empresa não tem de pagar um valor alto, de uma vez, na rescisão do contrato de trabalho. Apenas libera os depósitos fundiários e deposita a indenização de 40% sobre os depósitos, que também será sacada pelo obreiro. O passivo trabalhista já fica coberto pelo FGTS, que deve garantir o tempo de serviço do empregado, segundo a lei.

Para o empregado, o FGTS consistia numa vantagem em caso de insolvência do empregador, pois na dispensa decorrente desse fato o empregador não teria como pagar indenização. Agora, os depósitos do FGTS já deveriam ter sido feitos na conta do empregado. O problema verificado na prática é que muitas vezes o primeiro procedimento do empregador é suspender os depósitos do FGTS, quando passa por problemas financeiros.

Há dificuldade de administração das contas do FGTS, pois são muitas contas com valores pequenos. Esse aspecto já era criticado por Cesarino Junior em 1968[1]. Atualmente, verifica-se que a crítica tinha procedência, pois em alguns casos a Caixa Econômica Federal não consegue encontrar certas contas de empregados, principalmente quando os depósitos cessaram ou quando houve transferência

---

1. CESARINO JR., A. F. *Estabilidade e fundo de garantia*. Rio de Janeiro: Forense, 1968, p. 95-97.

de um banco para outro. Nesses casos, o prejudicado tem sido o trabalhador. Já vi várias ações nesse sentido, em que o empregado afirma que não conseguiu levantar os depósitos do FGTS e a empresa prova ter feito os depósitos fundiários, sendo que a Caixa Econômica Federal não os encontra.

Mesmo com a informática, a Caixa Econômica Federal tem dificuldade para operar as contas do FGTS, como nos casos mencionados. Na prática, verifica-se que o trabalhador até mesmo esquece de contas que teve anteriormente em outras empresas, em razão de não ter sacado os depósitos, como na hipótese de ter pedido demissão, sendo que os valores acabam ficando com o Fundo e não com o trabalhador. Para os bancos, o custo unitário da manutenção e administração das contas do FGTS era muito alto, tanto que a Lei n. 8.036 transferiu para a Caixa Econômica Federal os depósitos e a administração das contas, centralizando os valores apenas na Caixa.

8
ADMINISTRAÇÃO DO FGTS

8.1 JUSTIFICATIVA

Neste capítulo, verificarei a administração do FGTS, por quem é feita e outras regras básicas. Não é meu intuito estudar os vários planos de financiamento e pagamento do FGTS, pois não é matéria trabalhista, nem está ligada à natureza da contribuição.

8.2 ADMINISTRAÇÃO DO FGTS

Anteriormente, o FGTS era gerido pelo Banco Nacional da Habitação (BNH), segundo planejamento elaborado e normas gerais expedidas por um Conselho Curador (art. 12 da Lei n. 5.107). O BNH foi extinto pelo Decreto-Lei n. 2.291, de 2 de novembro de 1986. A administração passou, então, para a Caixa Econômica Federal (art. 1º, *b*, do Decreto-Lei n. 2.291). O antigo Instituto Nacional da Previdência Social (INPS) agia em nome do BNH, verificando o cumprimento das obrigações das empresas, o pagamento das contribuições e levantando os débitos existentes.

A Lei n. 7.839, no art. 3º, determinou expressamente que a gestão do FGTS seria feita pela Caixa Econômica Federal, segundo normas gerais e planejamento elaborados por um Conselho Curador.

O art. 3º da Lei n. 8.036 dispôs que o FGTS será regido por normas e diretrizes estabelecidas por um Conselho Curador, composto por representação de trabalhadores, empregadores e órgãos e entidades governamentais, na forma estabelecida pelo Poder Executivo. É a observância de orientação da OIT de representação tripartite em conselhos trabalhistas, com representantes do governo, trabalhadores e empregadores.

A redação original do art. 12 da Lei n. 5.107 previa que o Conselho Curador seria integrado por um representante do Ministério do Trabalho e Previdência Social, um representante do Ministério Extraordinário para o Planejamento e Coordenação Econômica, um representante das categorias profissionais e o Presidente do BNH, que o presidiria, havendo também suplentes. Pela égide da Lei n.

7.839, o Conselho Curador era composto de três representantes da categoria dos trabalhadores e três representantes da categoria dos empregadores, além de um representante de cada uma das seguintes entidades: Ministério da Fazenda, Ministério do Interior, Ministério do Trabalho, Secretaria do Planejamento e Coordenação da presidência da República, Caixa Econômica Federal e Banco Central do Brasil.

A Lei n. 8.036 determina que o Conselho Curador seja integrado por representantes da categoria dos trabalhadores, empregadores e órgãos e entidades governamentais, na forma estabelecida pelo Poder Executivo. A própria Constituição de 1988 assegura, no art. 10, a participação dos trabalhadores e empregadores nos colegiados dos órgãos públicos em que seus interesses profissionais sejam objeto de discussão e deliberação.

A presidência do Conselho Curador do FGTS será exercida pelo representante do Ministério do Trabalho ou representante por ele indicado (§ 1.º do art. 3.º da Lei n.º 8.036/90).

Os representantes dos trabalhadores e dos empregadores e seus respectivos suplentes serão indicados pelas respectivas centrais sindicais[1] e confederações nacionais e nomeadas pelo Ministério do Trabalho. Terão mandato de dois anos, podendo ser reconduzidos uma única vez. Os membros efetivos e suplentes dos trabalhadores terão estabilidade no emprego, desde a nomeação até um ano após o término do mandato de representação[2], somente podendo ser demitidos por motivos de falta grave, apurada mediante processo sindical (§ 9º do art. 3º da Lei n. 8.036)[3]. As faltas ao trabalho dos representantes dos trabalhadores serão abonadas, computando-se como jornada efetivamente trabalhada para todos os fins.

O Conselho Curador irá reunir-se a cada bimestre, por convocação de seu presidente. Não havendo convocação no período, qualquer de seus membros poderá fazê-la, no prazo de 15 dias. Havendo necessidade, qualquer membro poderá convocar reunião extraordinária, na forma da regulamentação feita pelo Conselho Curador.

---

1. Não há uma forma legal de como será feita a indicação pelas centrais sindicais. A solução é a reunião entre elas e, de comum acordo, indicarem os membros.
2. Inexistia tanto na Lei n. 5.107 como na Lei n. 7.839 a previsão de garantia de emprego aos membros dos trabalhadores integrantes do Conselho Curador do FGTS, que surge com o § 9º do art. 3º da Lei n. 8.036. Essa garantia de emprego tem por objetivo evitar que o empregador dispense o empregado pelas faltas para a participação das reuniões do Conselho Curador, que são pagas pelo próprio empregador. Não são, porém, muitas as reuniões que justifiquem essa providência, mas, enfim, trazem segurança ao empregado para o desempenho de suas atribuições perante o Conselho Curador.
3. Aqui seria melhor que o processo de apuração de falta grave fosse feito mediante o inquérito judicial para a apuração de falta grave, previsto nos arts. 853 a 855 da CLT, como ocorre em relação à falta praticada pelo dirigente sindical (§ 3º do art. 543 da CLT).

As decisões do Conselho serão tomadas com a presença da maioria simples de seus membros, tendo o Presidente voto de qualidade.

As despesas exigidas para o comparecimento às reuniões do Conselho constituirão ônus das respectivas entidades representadas, tanto dos membros oficiais, como de trabalhadores e empregadores. O antigo § 2º do art. 12 da Lei n. 5.107 estabelecia que os membros-representantes perceberiam, por sessão a que comparecessem, até o máximo de quatro por mês, a gratificação equivalente a um salário mínimo.

O Ministério do Trabalho proporcionará ao Conselho Curador os meios necessários ao exercício de sua competência, para o que contará com uma Secretaria Executiva do Conselho Curador do FGTS.

Passa a Caixa Econômica Federal, com a Lei n. 8.036, a ter o papel de agente operador. Foi transformada a Caixa numa empresa pública pelo Decreto-Lei n. 759, de 12 de agosto de 1969. O Decreto n. 93.600, de 21 de novembro de 1966, regulou seu estatuto, esclarecendo que a Caixa é uma pessoa jurídica de direito privado, dotada de patrimônio próprio e autonomia administrativa e financeira.

Não se trata de espécie de gestão de negócios prevista no Código Civil, pois os titulares das contas não são terceiros, mas os próprios interessados. O fato de não haver a gerência pelos próprios interessados, por omissão ou negligência, não implica a existência do agente gestor. Trata-se de uma determinação de ordem pública, e não privada, uma delegação determinada pela Lei n. 8.036, que mais se assemelha ao mandato, pois o gestor irá administrar os recursos do Fundo (art. 653 do Código Civil).

Os recolhimentos efetuados na rede arrecadadora relativos ao FGTS serão transferidos à Caixa Econômica Federal até o primeiro dia útil subsequente à data do recolhimento, observada a regra do meio de pagamento utilizado, data em que os respectivos valores serão incorporados ao FGTS (art. 11 da Lei n. 8.026/90).

Na vigência da Lei n. 5.107 as aplicações do Fundo eram feitas pelo Banco Nacional da habitação ou pelos demais órgãos integrantes do Sistema Financeiro da Habitação, ou ainda pelos estabelecimentos bancários para esse fim credenciados como seus agentes financeiros segundo normas fixadas pelo BNH e aprovadas pelo Conselho Monetário Nacional (art. 13). Os poderes que eram pertinentes a este último foram transferidos para o Conselho Curador.

Ao Conselho Curador do FGTS compete (art. 5.º da Lei n.º 8.036/90):

I – estabelecer as diretrizes e os programas de alocação dos recursos do FGTS, de acordo com os critérios definidos nesta Lei, em conformidade com a política nacional de desenvolvimento urbano e as políticas setoriais de habitação popular, saneamento básico, microcrédito e infraestrutura urbana estabelecidas pelo governo federal;

II – acompanhar e avaliar a gestão econômica e financeira dos recursos, bem como os ganhos sociais e o desempenho dos programas aprovados;

III – apreciar e aprovar os programas anuais e plurianuais do FGTS;

IV – aprovar as demonstrações financeiras do FGTS, com base em parecer de auditoria externa independente, antes de sua publicação e encaminhamento aos órgãos de controle, bem como da distribuição de resultados;

V – adotar as providências cabíveis para a correção de atos e fatos do gestor da aplicação e da CEF que prejudiquem o desempenho e o cumprimento das finalidades no que concerne aos recursos do FGTS

VI – dirimir dúvidas quanto à aplicação das normas regulamentares, relativas ao FGTS, nas matérias de sua competência;

VII – aprovar seu regimento interno;

VIII – fixar as normas e valores de remuneração do agente operador e dos agentes financeiros;

IX – fixar critérios para parcelamento de recolhimentos em atraso;

X – fixar critério e valor de remuneração para o exercício da fiscalização;

XI – divulgar, no Diário Oficial da União, todas as decisões proferidas pelo Conselho, bem como as contas do FGTS e os respectivos pareceres emitidos.

XII – fixar critérios e condições para compensação entre créditos do empregador, decorrentes de depósitos relativos a trabalhadores não optantes, com contratos extintos, e débitos resultantes de competências em atraso, inclusive aqueles que forem objeto de composição de dívida com o FGTS.

XIII – em relação ao Fundo de Investimento do Fundo de Garantia do Tempo de Serviço – FI-FGTS:

a) aprovar a política de investimento do FI-FGTS por proposta do Comitê de Investimento;

b) decidir sobre o reinvestimento ou distribuição dos resultados positivos aos cotistas do FI-FGTS, em cada exercício;

c) definir a forma de deliberação, de funcionamento e a composição do Comitê de Investimento;

d) estabelecer o valor da remuneração da Caixa Econômica Federal pela administração e gestão do FI-FGTS, inclusive a taxa de risco;

e) definir a exposição máxima de risco dos investimentos do FI-FGTS;

f) estabelecer o limite máximo de participação dos recursos do FI-FGTS por setor, por empreendimento e por classe de ativo, observados os requisitos técnicos aplicáveis;

g) estabelecer o prazo mínimo de resgate das cotas e de retorno dos recursos à conta vinculada, observado o disposto no § 19 do art. 20 da Lei n. 8036/90;

h) aprovar o regulamento do FI-FGTS, elaborado pela Caixa Econômica Federal; e

i) autorizar a integralização de cotas do FI-FGTS pelos trabalhadores, estabelecendo previamente os limites globais e individuais, parâmetros e condições de aplicação e resgate.

XV – autorizar a aplicação de recursos do FGTS em outros fundos de investimento, no mercado de capitais e em títulos públicos e privados, com base em proposta elaborada pelo agente operador, devendo o Conselho Curador regulamentar as formas e condições do investimento, vedado o aporte em fundos nos quais o FGTS seja o único cotista;

XVI – estipular limites às tarifas cobradas pelo agente operador ou pelos agentes financeiros na intermediação da movimentação dos recursos da conta vinculada do FGTS, inclusive nas hipóteses de que tratam os incisos V, VI e VII do **caput** do art. 20 da Lei n. 8.036/90;

XVII – estabelecer, em relação à autorização de aplicação de recursos do FGTS em fundos garantidores de crédito e sua regulamentação quanto às formas e condições:

a) o valor da aplicação com fundamento em proposta elaborada pelo gestor da aplicação; e

b) a cada três anos, percentual mínimo do valor proposto para aplicação na política setorial do microcrédito, respeitado o piso de 30%.

O Conselho Curador será assistido por um Comitê de Auditoria e Riscos, constituído na forma do Regimento Interno, cujas atribuições e condições abrangerão, no mínimo, aquelas estipuladas nos arts. 24 e 25, §§ 1º a 3º, da Lei nº 13.303, de 30 de junho de 2016, ao Comitê de Auditoria Estatutário das empresas públicas e sociedades de economia mista que forem aplicáveis, ainda que por similaridade, ao FGTS, e cujas despesas serão custeadas pelo Fundo, por meio de sua Secretaria Executiva, observado o disposto no § 3º deste artigo 9.º da Lei n.º 8.036/90.

O Conselho Curador poderá ser assistido regularmente por pessoas naturais ou jurídicas especializadas em planejamento, em gestão de investimentos, em avaliação de programas e políticas, em tecnologia da informação ou em qualquer outra especialização julgada necessária para subsidiá-lo no exercício de suas atribuições, e as despesas decorrentes ficarão a cargo do FGTS.

Os custos e despesas incorridos pelo FGTS não poderão superar limite a ser estabelecido pelo Conselho Curador, o qual observará, no mínimo, os custos por atividades, os ganhos de escala e produtividade, os avanços tecnológicos e a remuneração praticada por outros fundos no mercado de capitais, excluídos da base de cálculo aqueles cuja administradora receba remuneração específica, e incluirão

I – os serviços de fiscalização, as atividades de arrecadação, de cobrança administrativa e de emissão de certidões;

II – os serviços de cobrança judicial dos créditos inscritos em dívida ativa;

III – os serviços contratados pela Secretaria Executiva para suporte às ações e decisões do Conselho Curador e do Comitê de Auditoria e Riscos, bem como os valores despendidos com terceiros;

IV – a capacitação dos gestores.

O Conselho Curador especificará os serviços de suporte à gestão e à operação que poderão ser contratados pela Secretaria Executiva com recursos do FGTS, cabendo-lhe aprovar o montante destinado a tal finalidade no orçamento anual.

As auditorias externas contratadas pelo Comitê não poderão prestar serviços ao agente operador durante a execução dos contratos de auditoria com o FGTS.

O limite de custos e despesas não inclui taxas de risco de crédito e demais custos e despesas devidos ao agente operador e aos agentes financeiros.

O limite será, em cada exercício, de até 0,06% do valor dos ativos do FGTS ao final do exercício anterior e, até a publicação das demonstrações financeiras, esse limite será calculado a partir de estimativas divulgadas pelo Conselho Curador para o valor dos ativos do FGTS ao final daquele exercício.

O gestor da aplicação dos recursos do FGTS será o órgão do Poder Executivo responsável pela política de habitação, e caberá à Caixa Econômica Federal (CEF) o papel de agente operador (art. 4.º da Lei n.º 8.036/90).

Ao gestor da aplicação compete (art. 6.º da Lei n.º 8.036/90):

I – praticar todos os atos necessários à gestão da aplicação do Fundo, de acordo com as diretrizes e programas estabelecidos pelo Conselho Curador;

II – expedir atos normativos relativos à alocação dos recursos para implementação dos programas aprovados pelo Conselho Curador;

III – elaborar orçamentos anuais e planos plurianuais de aplicação dos recursos, discriminados por região geográfica, e submetê-los até 31 de julho ao Conselho Curador do FGTS;

IV – acompanhar a execução dos programas de habitação popular, saneamento básico e infraestrutura urbana previstos no orçamento do FGTS e implementados pela CEF, no papel de agente operador;

V – submeter à apreciação do Conselho Curador as contas do FGTS;

VI – subsidiar o Conselho Curador com estudos técnicos necessários ao aprimoramento operacional dos programas de habitação popular, saneamento básico e infra-estrutura urbana;

VII – definir as metas a serem alcançadas nos programas de habitação popular, saneamento básico e infra-estrutura urbana.

Caberá ao Ministério da Saúde regulamentar, acompanhar a execução, subsidiar o Conselho Curador com estudos técnicos necessários ao seu aprimoramento operacional e definir as metas a serem alcançadas nas operações de crédito destinadas às entidades hospitalares filantrópicas, bem como a instituições que atuem no campo para pessoas com deficiência, sem fins lucrativos, que participem de forma complementar do Sistema Único de Saúde (SUS) (art. 6.º A da Lei n.º 8.036/90).

Cabe à Caixa Econômica Federal, na qualidade de agente operador (art. 7.º da Lei n.º 8.036/90:

I. centralizar os recursos do FGTS, manter e controlar as contas vinculadas, emitindo regularmente extratos individuais correspondentes às contas vinculadas e participar da rede arrecadadora dos recursos do FGTS. Anteriormente, a arrecadação era feita pelos estabelecimentos bancários, passando a haver a centralização do sistema na Caixa Econômica Federal. Os bancos credenciados passam apenas a receber as contribuições do Fundo, que depois serão centralizadas na Caixa Econômica Federal. Esta também poderá atuar como arrecadadora, além de ser o agente operador do sistema;

II. expedir atos normativos referentes aos procedimentos adiministrativo-
-operacionais dos bancos depositários, dos agentes financeiros, dos empregadores e dos trabalhadores, integrantes do sistema do FGTS;

III. definir procedimentos operacionais necessários à execução dos programas estabelecidos pelo Conselho Curador, com base nas normas e diretrizes de aplicação elaboradas pelo gestor da aplicação

IV. elaborar as análises jurídica e econômico-financeira dos projetos de habitação popular, infra-estrutura urbana e saneamento básico a serem financiados com recursos do FGTS;

V. emitir Certificado de Regularidade do FGTS;

VI. elaborar as demonstrações financeiras do FGTS, incluídos o Balanço Patrimonial, a Demonstração do Resultado do Exercício e a Demonstração de Fluxo de Caixa, em conformidade com as Normas Contábeis Brasileiras, e encaminhá-las, até 30 de junho do exercício subsequente, ao gestor de aplicação;

VII. implementar atos emanados do gestor da aplicação relativos à alocação e à aplicação dos recursos do FGTS, de acordo com as diretrizes estabelecidas pelo Conselho Curador; (Redação dada pela Lei nº 13.932, de 2019)

VIII. garantir aos recursos alocados ao FI-FGTS, em cotas de titularidade do FGTS, a remuneração aplicável às contas vinculadas, na forma do caput do art. 13 da Lei n. 8.036/90.

IX. realizar todas as aplicações com recursos do FGTS por meio de sistemas informatizados e auditáveis;

X. colocar à disposição do Conselho Curador, em formato digital, as informações gerenciais que estejam sob gestão do agente operador e que sejam necessárias ao desempenho das atribuições daquele colegiado.

O gestor da aplicação e o agente operador deverão dar pleno cumprimento aos programas anuais em andamento, aprovados pelo Conselho Curador, e eventuais alterações somente poderão ser processadas mediante prévia anuência daquele colegiado.

As aplicações com recursos do FGTS serão realizadas exclusivamente segundo critérios fixados pelo Conselho Curador do FGTS e em operações que preencham os seguintes requisitos (art. 9.º da Lei n. 8.036/90:

I – Garantias:

a) hipotecária;

b) caução de Créditos hipotecários próprios, relativos a financiamentos concedidos com recursos do agente financeiro;

c) caução dos créditos hipotecários vinculados aos imóveis objeto de financiamento;

d) hipoteca sobre outros imóveis de propriedade do agente financeiro, desde que livres e desembaraçados de quaisquer ônus;

e) cessão de créditos do agente financeiro, derivados de financiamentos concedidos com recursos próprios, garantidos por penhor ou hipoteca;

f) hipoteca sobre imóvel de propriedade de terceiros;

g) seguro de crédito;

h) garantia real ou vinculação de receitas, inclusive tarifárias, nas aplicações contratadas com pessoa jurídica de direito público ou de direito privado a ela vinculada;

i) aval em nota promissória;

j) fiança pessoal;

l) alienação fiduciária de bens móveis em garantia;

m) fiança bancária;

n) consignação de recebíveis, exclusivamente para operações de crédito destinadas às entidades hospitalares filantrópicas, bem como a instituições que atuam no campo para pessoas com deficiência, e sem fins lucrativos que participem de forma complementar do Sistema Único de Saúde (SUS), em percentual máximo a ser definido pelo Ministério da Saúde; e

o) outras, a critério do Conselho Curador do FGTS;

II – correção monetária igual à das contas vinculadas;

III – taxa de juros média mínima, por projeto, de três por cento ao ano;

IV – prazo máximo de 35 anos.

Os recursos do FGTS deverão ser aplicados em habitação, saneamento básico, infraestrutura urbana, operações de microcrédito e operações de crédito destinadas às entidades hospitalares filantrópicas, às instituições que atuem com pessoas com deficiência e às entidades sem fins lucrativos que participem do SUS de forma complementar, desde que as disponibilidades financeiras sejam mantidas em volume que satisfaça as condições de liquidez e de remuneração mínima necessárias à preservação do poder aquisitivo da moeda (2º do art. 9.º da Lei n.º 8.036/90).

A rentabilidade média das aplicações deverá ser suficiente para a abertura de todos os custos incorridos pelo Fundo e ainda para a formação de reserva técnica para o atendimento de gastos eventuais não previstos, sendo da CEF o risco de crédito.

Os recursos do FGTS deverão ser aplicados em habitação, saneamento básico e infraestrutura urbana. As disponibilidades financeiras devem ser mantidas em volume que satisfaça às condições de liquidez e remuneração mínima necessária à preservação do poder aquisitivo da moeda.

O programa de aplicações deverá destinar, no mínimo, 60% para investimentos em habitação popular.

Os projetos de saneamento básico e infraestrutura urbana, financiados com recursos do FGTS, deverão ser complementares aos programas habitacionais.

Mantida a rentabilidade média, as aplicações em habitação popular poderão contemplar sistemática de desconto, direcionada em função da renda familiar do beneficiário, em que o valor do benefício seja concedido mediante redução no valor das prestações a serem pagas pelo mutuário ou pagamento de parte da aquisição ou construção de imóvel, entre outras, a critério do Conselho Curador do FGTS.

Os recursos necessários à consecução da sistemática de desconto serão destacados, anualmente, do orçamento de aplicação de recursos do FGTS, constituindo reserva específica, com contabilização própria.

É da União o risco de crédito nas aplicações efetuadas até 1º de junho de 2001 pelos demais órgãos integrantes do SFH e pelas entidades credenciadas pelo Banco Central do Brasil como agentes financeiros, sub-rogando-se nas garantias prestadas à CEF.

Quaisquer créditos relativos à correção dos saldos das contas vinculadas do FGTS serão liquidados mediante lançamento pelo agente operador na respectiva conta do trabalhador (art. 29-A da Lei n. 8.036).

O Conselho Curador autorizará a distribuição de parte do resultado positivo auferido pelo FGTS, mediante crédito nas contas vinculadas de titularidade dos trabalhadores, observadas as seguintes condições, entre outras a seu critério:

(a) a distribuição alcançará todas as contas vinculadas que apresentarem saldo positivo em 31 de dezembro do exercício-base do resultado auferido, inclusive as contas vinculadas de que trata o art. 21 da Lei n. 8.036/90;

(b) a distribuição será proporcional ao saldo de cada conta vinculada em 31 de dezembro do exercício-base e deverá ocorrer até 31 de agosto do ano seguinte ao exercício de apuração do resultado; e

(c) a distribuição do resultado auferido será de cinquenta por cento do resultado do exercício (§ 5º do art. 13 da Lei n. 8.036/90).

O valor de distribuição do resultado auferido será calculado posteriormente ao valor desembolsado com o desconto realizado no âmbito do Programa Minha Casa, Minha Vida – PMCMV, de que trata a Lei n. 11.977, de 7 de julho de 2009 (§ 6º do art. 13 da Lei n. 8.036).

O valor creditado nas contas vinculadas a título de distribuição de resultado, acrescido de juros e atualização monetária, não integrará a base de cálculo do depósito da multa rescisória de que tratam o § 1º e o § 2º do art. 18 da Lei n. 8.036 (§ 7º do art. 13 da Lei n. 8.036/90).

8.3 CENTRALIZAÇÃO NA CEF

O parágrafo único do art. 2º da Lei n. 5.107 permitia ao empregador escolher o estabelecimento bancário para a abertura da conta. A partir de 11 de maio de 1991, a Caixa Econômica Federal assumiu o controle de todas as contas vinculadas, passando os demais estabelecimentos bancários à condição de agentes recebedores e pagadores do FGTS, mediante o recebimento de uma remuneração a ser fixada pelo Conselho Curador (art. 12 da Lei n. 8.036).

O objetivo foi evitar os problemas de transferências de contas de um banco para outro, em virtude de mudança de emprego por parte do trabalhador ou de o próprio empregador mudar de banco, como ocorria no sistema anterior. Muitas contas assim foram consideradas inativas, pois não tinham depósitos e não foram localizadas pelo sistema, o que traz problemas para os empregados ainda hoje. A centralização das contas na Caixa Econômica Federal tem por objetivo evitar tais problemas.

O empregador passa a ter de fornecer ao empregado a comunicação dos recolhimentos feitos ao FGTS e repassar-lhe todas as informações sobre suas contas vinculadas recebidas da Caixa Econômica Federal ou dos bancos depositários (art. 17 da Lei n. 8.036), o que normalmente é realizado por meio de campo específico nos recibos de pagamento. A Caixa Econômica Federal passou a enviar ao empregado o extrato do recolhimento dos depósitos do FGTS, de modo que o obreiro possa efetivamente acompanhar se o empregador está realizando os depósitos naquele Fundo.

Os recolhimentos efetuados na rede arrecadadora relativos ao FGTS serão transferidos à Caixa Econômica Federal até o primeiro dia útil subsequente à data do recolhimento, observada a regra do meio de pagamento utilizado, data em que os respectivos valores serão incorporados ao FGTS (art. 11 da Lei n.º 8.036/90).

8.4 PERSONALIDADE JURÍDICA DO FGTS

O FGTS, em si, não tem personalidade jurídica[4], pois a lei não lhe atribui essa condição, desde a Lei n. 5.107 até a Lei n. 8.036. Não é o Fundo um sujeito de direito, nem é capaz de direitos e obrigações. O art. 11 da Lei n. 5.107 não determinava que o FGTS fosse criado como pessoa jurídica, de acordo com o conjunto de contas vinculadas na forma da referida lei. O art. 2º da Lei n. 7.839 não rezava que o FGTS é constituído pelos saldos das contas vinculadas e tinha

---

4. No mesmo sentido: SILVA, Antônio Álvares da. Indenização ou fundo de garantia equivalente. *LTr*, 44/320; BARRETO, Amaro. *Teoria e prática do FGTS*. São Paulo: Edições Trabalhistas, 1974, p. 52.

personalidade jurídica. O mesmo pode-se dizer do art. 2º da Lei n. 8.036, que não faz menção à personalidade jurídica. O sujeito ativo da exigência do FGTS é o agente operador, que é a Caixa Econômica Federal. O Conselho Curador é que determina as normas e diretrizes (art. 3º da lei n. 8.036).

O FGTS não pode ser considerado uma fundação, como menciona Paulo Emílio Ribeiro de Vilhena[5]. Não foi determinada a criação da fundação por lei, nem por escritura pública ou testamento. Inexiste dotação especial de bens livres (art. 24 do Código Civil). O Ministério Público estadual também não irá velar ou fiscalizar a fundação (art. 26 do Código Civil), pois não foi criada por lei. O patrimônio não pertence ao Fundo. O agente operador é um banco (Caixa Econômica Federal), apesar de ter um Conselho Curador e patrimônio constituído pelas contas, que são movimentadas e aplicadas.

---

5. VILHENA, Paulo Emílio Ribeiro de. *Direito do trabalho & FGTS*. São Paulo: LTr, 1978, p. 343.

9
CONTRIBUINTES

9.1 CONCEITO DE CONTRIBUINTE

Contribuinte é a pessoa que tem relação direta e pessoal com o fato gerador da obrigação. É contribuinte a pessoa que está ligada direta e pessoalmente à causa da obrigação. Os contribuintes do FGTS são as pessoas que terão de pagar a referida contribuição.

A Lei n. 8.036 não atribui a outra pessoa a obrigação de recolher a contribuição do FGTS, que não se revista da condição de contribuinte e que seria o responsável. Ressalte-se que o empregado não participa do custeio do FGTS, como acontece com a contribuição da Previdência Social, não havendo retenção da contribuição para posterior recolhimento.

9.2 CONTRIBUINTES

O art. 2º da Lei n. 5.107 estabelecia que os contribuintes do FGTS eram as empresas sujeitas à CLT. O conceito de empresa era discutível, tanto no direito do trabalho, como no direito comercial ou tributário. O art. 2º da CLT dispõe que o empregador é a empresa, porém não a define. Empresa tem um conceito econômico, que consiste na atividade econômica organizada para a produção ou circulação de bens e serviços para o mercado, com finalidade de lucro.

O art. 13 da Lei n. 7.839, assim como o art. 15 da Lei n. 8.036, modificam a orientação anterior, passando a empregar a palavra *empregador* em lugar de *empresa*, o que é mais correto, pois quem vai depositar o FGTS é o empregador, isto é, aquele que tem empregados. Empregador, segundo a CLT, é a pessoa física ou jurídica que, assumindo os riscos de sua atividade econômica, admite, assalaria e dirige a prestação pessoal de serviços do empregado (art. 2º).

Não fazia referência o art. 2º da Lei n. 5.107 aos entes de direito público interno, visando considerá-los expressamente como empresa. O art. 1º do Decreto n. 59.820 é que fazia menção às entidades de direito público sujeitas à CLT.

Para os efeitos do FGTS, o art. 15 da Lei n. 8.036 traz um conceito específico de empregador, isto é, o sujeito passivo da obrigação de pagar o FGTS: a pessoa física ou jurídica, de direito privado ou de direito público, da administração direta, indireta ou fundacional de qualquer dos Poderes da União, dos Estados-membros, do Distrito Federal e dos Municípios, que admitir a seu serviço trabalhadores regidos pela CLT.

Tanto é contribuinte do FGTS a pessoa jurídica, organizada sob a forma de empresa, como a pessoa física, como os profissionais liberais ou outras pessoas físicas que tiverem empregados.

As representações diplomáticas que tiverem empregados nacionais também terão de depositar o FGTS, pois serão consideradas empregadores. As empresas estrangeiras que operem no Brasil estarão também regidas pelas normas do direito do trabalho, e, se tiverem empregados, também terão de depositar o FGTS.

As entidades ou associações sindicais que tiverem empregados também terão de depositar o FGTS, pois serão consideradas como empregadores, como se verifica do § 1º do art. 2º da CLT.

Assevera Eduardo Gabriel Saad que é inconstitucional o § 1º do art. 15 da Lei n. 8.036 quando declara que se entende por empregadores os órgãos da administração pública:

> porque seu conteúdo contradiz com os arts. 37 e 39 da Constituição Federal. É uma incompatibilidade de sentido material. Atualmente, só os que se submeterem a concurso de títulos e provas poderão ingressar no serviço público e, assim, ganhar a condição de estatutário[1].

Nada impede que a administração pública tenha empregados, que, a partir da Constituição de 1988, terão de fazer concurso público, mesmo sendo regidos pela CLT[2]. A Lei n. 9.962, de 22 de fevereiro de 2000, permite que a União contrate trabalhadores, mediante concurso público, pelo regime da CLT (art. 1º), que serão empregados e terão direito ao FGTS. Os Estados, o Distrito Federal e os Municípios poderão adotar o regime que bem entenderem. Na prática, ainda se verifica que alguns Estados e Municípios têm servidores regidos pela CLT. Nesse caso, seus empregados terão direito ao FGTS, tendo tais entes de contribuir para o FGTS. Não há nenhuma inconstitucionalidade no § 1º do art. 15 da Lei n. 8.036.

As empresas públicas e as sociedades de economia mista, por explorarem atividade econômica, têm de respeitar as regras do direito do trabalho, conforme

---

1. SAAD, Eduardo Gabriel. Op. cit., p. 256.
2. O STF entende que as autarquias, empresas públicas ou sociedades de economia mista estão sujeitas à regra do concurso público, compreendendo a administração direta, indireta ou fundacional de qualquer dos poderes da União, dos Estados, do Distrito Federal e dos Municípios (STF, MS 21.322-1/DF, Pleno, Rel. Min. Paulo Brossard, j. 3-12-1992, *LTr* 57-09/1.092).

o § 1º do art. 173 da Constituição. O próprio § 1º do art. 15 da Lei n. 8.036 declara que a administração direta, indireta ou fundacional terá de depositar o FGTS.

Assim, as autarquias, as sociedades de economia mista e as empresas públicas, por pertencerem à administração indireta[3], deverão depositar o FGTS se tiverem empregados. O mesmo ocorre com as fundações públicas de Estados, Distrito Federal e Municípios que tiverem trabalhadores regidos pela CLT: terão, também, de recolher a referida contribuição.

As empresas que têm trabalhadores sujeitos à legislação especial que não a de funcionários públicos, como as de trabalho temporário (Lei n. 6.019/74), também serão contribuintes do sistema.

A própria lei determina que se considera como empregador o fornecedor ou o tomador de mão de obra.

9.2.1 Empregador rural

Efetivamente, o empregador rural somente passou a ter de recolher a contribuição do FGTS com a Lei n. 7.839, em 13 de outubro de 1989, data da publicação da referida norma, pois a Lei n. 5.107 não determinava o pagamento pelo referido empregador. O art. 2º da Lei n. 5.107 dispunha que todas as empresas sujeitas à CLT teriam que depositar o FGTS, porém o empregador rural não estava sujeito a observar a CLT, como se verifica da alínea *b* do art. 7º, da mesma norma.

Há necessidade de se fazer a interpretação sistemática da Constituição, pois o inciso I do art. 150 da Lei Maior declara que o tributo só pode ser exigido com fundamento em lei. Sem esta, não poderia ser exigido o FGTS do empregador rural. O inciso III do art. 97 do CTN determina também que só a lei pode estabelecer a definição do sujeito passivo da obrigação tributária. O § 1º do art. 108 do mesmo Código revela que o emprego da analogia não poderá resultar na exigência de tributo não previsto em lei. Assim, os empregadores rurais não tinham obrigação de depositar o FGTS a partir de 5 de outubro de 1988. O art. 13 da Lei n. 7.839 determinava que todos os empregadores têm de depositar o FGTS, incluindo, portanto, o empregador rural, determinação que não estava prevista no art. 2º da Lei n. 5.107.

---

3. O Decreto-Lei n. 200/67 dispõe que a administração indireta é composta de autarquias, fundações públicas, empresas públicas e sociedades de economia mista (art. 4º, II). Diógenes Gasparini entende que a administração indireta é composta das autarquias, fundações públicas, sociedades de economia mista e empresas públicas (*Direito administrativo*. São Paulo: Saraiva, 1993, p. 241). No mesmo sentido: DI PIETRO, Maria Sylvia Zanella. *Direito administrativo*. 11. ed. São Paulo: Atlas, 1999, p. 348; MEIRELLES, Hely Lopes. *Direito administrativo brasileiro*. São Paulo: Revista dos Tribunais, 1991, p. 627.

O empregador rural somente passou a ter de depositar o FGTS a contar de 1º de janeiro de 1990, pois há necessidade de se observar o princípio da anterioridade da lei (art. 150, III, *b*, c/c art. 149 da Lei Maior), de que a contribuição do FGTS não poderia ser exigida no mesmo ano em que foi instituída ou aumentada. Para os empregadores rurais, a contribuição ao FGTS foi instituída pela Lei n. 7.839. Logo, somente poderia ser exigida a partir de 1º de janeiro de 1990.

9.2.2 Dono de obra

A pessoa que constrói ou faz reforma da casa própria não pode ser considerada empregador, pois empregador, por natureza, é quem exerce atividade econômica (art. 2º da CLT). Quem faz a reforma ou constrói a casa própria, ainda quando contrate pessoas para trabalhar, não pode ser considerado empregador[4]. O próprio § 2º do art. 15 da Lei n. 8.036 determina que são trabalhadores as pessoas físicas que prestam serviços a empregador, excluídos os eventuais e os autônomos. Nesse caso, se não houver subordinação e as demais características da relação de emprego, o trabalhador que presta serviços ao construtor será autônomo e o contrato será de empreitada e não de trabalho.

9.2.3 Condomínios

O condomínio também terá de recolher o FGTS de seus empregados, pois a Lei n. 2.757/56 equipara os condomínios de apartamentos residenciais a empregadores. Os empregados do condomínio, como zeladores, porteiros, faxineiros e serventes são regidos pela CLT. Logo, o condomínio também é contribuinte do FGTS e seus empregados serão beneficiários do referido Fundo.

9.2.4 Empregador doméstico

O empregador doméstico tem obrigação de depositar o FGTS (art. 21 da Lei Complementar n. 150/2015).

9.2.5 Entidades filantrópicas

As entidades filantrópicas, na vigência da Lei n. 5.107, não estavam obrigadas a fazer os depósitos do FGTS. O Decreto-Lei n. 194/67 previa a faculdade das entidades de fins filantrópicos de efetuar os depósitos do FGTS:

---

4. No mesmo sentido a orientação do seguinte julgado: "Prova. Inexistência. Comprovado testemunhalmente que o reclamante se ativou como servente de pedreiro em obra na residência do reclamado, a inexistência de atividade econômica deste, para a qual se destinasse o trabalho prestado é excludente da existência de vínculo empregatício entre ambos os litigantes por falta de um dos pressupostos contidos na 'cabeça' do art. 2º da CLT" (TRT 2ª R., Ac. 02910159641, 2ª T., Rel. Juiz Gilberto Alain Baldacci, cf. *Ementário de Jurisprudência Trabalhista do TRT da 2ª Região*, Ano XXIX, n. 7/94, p. 78).

(a) com relação a todos seus empregados;

(b) com relação a seus empregados que não optarem pelo regime instituído pela Lei n. 5.107 (art. 1º). A preferência por uma das hipóteses previstas no artigo era irretratável e deveria ser comunicada pela entidade interessada ao Banco Nacional de Habitação, no prazo de 30 dias a contar da publicação do referido Decreto-Lei (parágrafo único do art. 1º). Por ocasião da dispensa, pagavam os valores diretamente ao empregado.

A partir de 13 de outubro de 1989, data da publicação da Lei n. 7.839, as entidades filantrópicas ficaram obrigadas a depositar o FGTS, pois o art. 13 da referida norma, que foi repetido no art. 15 da Lei n. 8.036, determinava que todos os empregadores ficariam obrigados a fazer os depósitos, incluindo, portanto, as entidades filantrópicas. O art. 27 do Decreto n. 99.684 afirma, ainda, que a entidade filantrópica também tem obrigação de fazer o depósito até o dia 20 do mês seguinte ao vencido.

9.2.6 SINDICATOS

Os sindicatos profissionais têm obrigação legal de arrecadar do tomador de serviço e recolher o FGTS em relação ao trabalhador avulso.

O sindicato deve informar as remunerações pagas, devidas ou creditadas a cada um dos trabalhadores, registrando-se as parcelas referentes a FGTS (art. 4º, III, *b*, da Lei n. 12.023/2009). São deveres do tomador de serviços receber os valores devidos ao FGTS (art. 6º, III, da Lei n. 12.023/2009). A Lei n. 12.023/2009 aplica-se em relação a atividades de movimentação de mercadorias em geral exercidas por trabalhadores avulsos mediante intermediação obrigatória do sindicato da categoria. O trabalho do avulso no porto é regulado pela Lei n. 12.815/13.

Cabe ao operador portuário recolher ao órgão gestor de mão de obra os valores devidos pelos serviços executados pelo trabalhador portuário, referentes à remuneração por navio, acrescidos dos percentuais relativos ao FGTS (art. 2º, I, da Lei n. 9.719/98).

9.3 SUJEITO ATIVO

O sujeito ativo da exação em comentário é a União, por intermédio do agente operador que é a Caixa Econômica Federal, com a fiscalização do Ministério do Trabalho, por meio das Delegacias Regionais do Trabalho.

10
BENEFICIÁRIOS

10.1 BENEFICIÁRIOS

O § 2º do art. 15 da Lei n. 8.036 considera trabalhador, para os fins do FGTS, toda pessoa física que prestar serviços a empregador, a locador ou tomador de mão de obra, excluídos os eventuais, os autônomos e os servidores públicos civis e militares sujeitos a regime jurídico próprio.

Terão direito aos depósitos os trabalhadores regidos pela CLT, os avulsos, os empregados rurais, o trabalhador temporário. Não farão jus ao FGTS os autônomos e eventuais. Os servidores públicos civis e militares são regidos por legislação especial. O funcionário público tem regime estatutário com a administração pública, não fazendo jus ao FGTS, tanto que é estável depois de dois anos de exercício (art. 41 da Constituição). A Lei n. 8.112 estabeleceu o regime jurídico único dos funcionários públicos federais, que não têm direito ao FGTS, por serem estatutários. O próprio § 3º do art. 39 da Constituição, ao tratar dos direitos do funcionário público, não faz menção ao inciso III do art. 7º da Constituição, que trata do FGTS. O militar também não faz jus ao FGTS, tanto que o § 11 do art. 42 da Constituição faz alusão a vários incisos do art. 7º da Lei Maior, porém não ao inciso III, que versa sobre o FGTS.

10.1.1 Empregados rurais

Empregado rural é a pessoa física que, em propriedade rural ou prédio rústico, presta serviços de natureza não eventual a empregador rural, sob a dependência deste e mediante salário (art. 2º da Lei n. 5.889).

Os empregados rurais passaram a ter direito ao FGTS a partir de 5 de outubro de 1988, com a edição da Constituição da mesma data, pois é direito dos trabalhadores urbanos e rurais o FGTS (art. 7º, III). Anteriormente, o art. 20 da Lei n. 5.889, que trata do trabalho rural, previa que lei especial poderia dispor sobre o FGTS para o trabalhador rural, porém não foi editada tal norma.

Afirmava Amaro Barreto que houve a exclusão dos empregados rurais da garantia do Fundo, pois:

sua não inclusão na Lei n. 5.107 se deve às dificuldades incontornáveis, que teria que arrostar o órgão gestor do FGTS, no início de sua instituição, com o vultosíssimo montante de assegurados e a ciência de rede bancária no interior do país. Com o correr dos tempos e a difusão de agências dos bancos nas regiões de atividade agropastoril, verificar-se-á a extensão da sistemática do FGTS aos empregados e empregadores rurais, nivelando-os aos urbanos, como já nivelados estão em normas de tutela do trabalho[1].

Os empregados que laboram no cultivo da cana-de-açúcar para empresa agroindustrial ligada ao setor sucroalcooleiro detêm a qualidade de rurícola, ensejando a isenção do FGTS desde a edição da Lei Complementar n. 11/71 até a promulgação da Constituição Federal de 1988 (Súmula 578 do STJ).

O trabalhador rural só passa efetivamente a ter direito ao FGTS a partir da Lei n. 7.839, com sua publicação no *Diário Oficial*, em 13 de outubro de 1989, que determinou a obrigação de o empregador rural depositar o FGTS. Antes disso, não havia obrigação legal prevendo o depósito do FGTS em relação ao empregador rural, pois este não poderia ser obrigado a fazer ou deixar de fazer algo a não ser em virtude de lei, isto é, o princípio da reserva legal tributária, contido no inciso I do art. 150 da Constituição.

A Lei n. 5.107 ou a Lei n. 5.889 não previam o direito ao FGTS para o empregado rural. Poder-se-ia argumentar, porém, que o empregador rural somente passou a ter de depositar o FGTS a contar de 1º de janeiro de 1990, pois era mister observar o princípio da anterioridade da lei (art. 150, III, *b*, da Lei Maior). Publicada a norma em 13 de outubro de 1989, o FGTS só poderia ser exigido do empregador rural sobre os fatos geradores ocorridos a partir de 1º de janeiro de 1990.

Não há necessidade de o empregador rural optar pelo FGTS a partir de 5 de outubro de 1988, pois o FGTS passa a ser também um direito daquele trabalhador, desaparecendo o sistema de opção até então vigente, sendo os depósitos devidos pelo empregador rural, na forma como foi mencionado no parágrafo anterior sobre os fatos geradores ocorridos a partir de 1º de janeiro de 990. No período anterior a 5 de outubro de 1988, o empregado rural está regido pelo sistema até então vigente de estabilidade ou indenização, não havendo que se falar em opção retroativa, nem em depósitos pelo empregador do período anterior àquela data, visto não haver previsão legal nesse sentido, além de o rural não ter direito ao FGTS anteriormente a 5 de outubro de 1988.

10.1.2 Trabalhador avulso

Trabalhador avulso é a pessoa física que presta serviços de natureza urbana ou rural a uma ou mais de uma empresa sem vínculo de emprego, sendo

---

1. BARRETO, Amaro. *Teoria e prática do FGTS*. São Paulo: Edições Trabalhistas, 1974, p. 89.

sindicalizado ou não, porém com a arregimentação obrigatória do sindicato da categoria profissional.

O trabalhador avulso tinha direito ao FGTS, de acordo com o art. 3º da Lei n. 5.480/68, que foi revogada pelo art. 76 da Lei n. 8.630/93. O sindicato ficava incumbido de abrir as contas individuais em nome do trabalhador avulso.

Faz ainda o trabalhador avulso jus ao FGTS, pois o inciso XXXIV do art. 7º da Lei Maior determina igualdade de direitos entre o trabalhador com vínculo empregatício permanente e o trabalhador avulso. Apesar de o trabalhador avulso prestar serviços com eventualidade às empresas que necessitam de trabalho, tem direito ao FGTS, pois passa a ter os mesmos direitos que o empregado que tem vínculo de emprego permanente. O FGTS será recolhido pelo sindicato. O § 2º do art. 15 da Lei n. 8.036 considera trabalhador a pessoa física que presta serviços a tomador de mão de obra.

Nesse contexto também se enquadra o avulso, embora não seja empregado. Não se pode dizer que o avulso deixou de ter direito ao FGTS com a revogação da Lei n. 5.480, pois o inciso X do art. 20 da Lei n. 8.036 estabelece como hipótese de levantamento do FGTS a suspensão do trabalho do avulso por período igual ou superior a 90 dias, comprovada por declaração do sindicato representativo da categoria profissional. Se há hipótese de saque, é sinal de que também devem ser feitos os depósitos, pois o avulso não deixa de ser trabalhador e o serviço é prestado a tomador de mão de obra.

10.1.3 Trabalhador temporário

Trabalho temporário é o prestado por pessoa física a uma empresa para atender à necessidade transitória de substituição de seu pessoal regular e permanente ou acréscimo extraordinário de serviços (art. 2º da Lei n. 6.019).

Trabalhador temporário é a pessoa física contratada por empresa de trabalho temporário para prestação de serviço destinado a atender à necessidade transitória de substituição de pessoal regular e permanente ou a acréscimo extraordinário de tarefas de outra empresa (art. 43, III, do Decreto n. 10.854/21.

O § 2º do art. 15 da Lei n. 8.036 determina que é beneficiário do FGTS a pessoa física que prestar serviços a locador ou tomador de mão de obra. Nessa condição enquadra-se o trabalhador temporário.

O FGTS substitui a indenização prevista na alínea *f* do art. 12 da Lei n. 6.019, em razão de que já não há regime alternativo, com pagamento de indenização.

10.1.4 Atleta profissional de futebol

O atleta profissional de futebol presta serviços a empregador. É regido pela Lei n. 9.615/98. O FGTS incidirá sobre a remuneração paga ao atleta profissional de futebol[2], inclusive as gratificações legais pagas pelo clube de futebol, que é o empregador.

Luvas são a importância paga pelo empregador ao atleta, na forma do que foi convencionado, pela assinatura do contrato. São as luvas pagas antecipadamente ou em parcelas, como normalmente acontece. Podem as luvas tanto ser pagas em dinheiro, como em utilidades, como até em automóveis. As luvas têm natureza salarial, pois são decorrentes do contrato de trabalho, compondo as férias e a gratificação de Natal, além de haver incidência do FGTS sobre a referida verba.

Bicho é a importância paga pelo clube ao jogador por vitórias, empates ou título obtido[3]. Normalmente, é pago aos atletas que participaram da partida, mas pode ser pago a todos os atletas. Visa estimular os atletas pelo resultado positivo na partida. Depende do atingimento do objetivo determinado pelo clube. Pode representar gratificação, por ser liberalidade do empregador, mas não é gratificação legal. Logo, não há incidência do FGTS (§ 1.º do art. 457 da CLT).

O § 1º do art. 42 da Lei n. 9.615 dispõe que:

> Salvo convenção coletiva de trabalho em contrário, 5% (cinco por cento) da receita proveniente da exploração de direitos desportivos audiovisuais serão repassados aos sindicatos de atletas profissionais, e estes distribuirão, em partes iguais, aos atletas profissionais participantes do espetáculo, como parcela de natureza civil.

O direito de arena tem natureza civil de acordo com o § 1º do art. 42 da Lei n. 9.615/98.

Entretanto, se houver fraude (art. 9º da CLT), terá natureza salarial e incidirá o FGTS, pois decorre da prestação de serviços no contrato de trabalho. Equipara-se à gorjeta paga pelo cliente ao trabalhador. Compõe a remuneração, repercutindo na gratificação de Natal, férias e terá a incidência do FGTS.

O direito ao uso da imagem do atleta pode ser por ele cedido ou explorado, mediante ajuste contratual de natureza civil e com fixação de direitos, deveres e condições inconfundíveis com o contrato especial de trabalho desportivo (art. 87-A da Lei n. 9.615/98). Quando houver, por parte do atleta, a cessão de direitos

---

2. Há acórdão da 3ª T. do TRT da 6ª Região que entende que o FGTS é devido a partir de 5 de outubro de 1988 ao atleta profissional de futebol (3ª T., RO 4.305/90, Rel. Juiz Gilberto Gueiros Leite, j. 15-7-1991, *DJPE* 10-8-1991, p. 28).
3. MARTINS, Sergio Pinto. *Direitos trabalhistas do atleta profissional de futebol*. 2. ed. São Paulo: Saraiva, 2016, p. 78.

ao uso de sua imagem para a entidade de prática desportiva detentora do contrato especial de trabalho desportivo, o valor correspondente ao uso da imagem não poderá ultrapassar 40% (quarenta por cento) da remuneração total paga ao atleta, composta pela soma do salário e dos valores pagos pelo direito ao uso da imagem (parágrafo único do art. 87-A da Lei n. 9.615/98).

Os pagamentos feitos ao atleta a título de uso da imagem terão, porém, natureza de remuneração se houver fraude (art. 9º da CLT), pois decorrem da existência do contrato de trabalho. A verba não visa indenizar o atleta pela sua participação no evento, mas remunerar a sua participação. Os clubes têm tentado mascarar o pagamento feito a título de direito de imagem, determinando que o atleta constitua empresa, sendo o pagamento feito a esta, justamente para descaracterizar a natureza salarial do pagamento. Incide na hipótese o art. 9º da CLT, pois está havendo fraude em relação ao direito à remuneração do atleta. Como o pagamento é feito por terceiro, alheio ao contrato de trabalho, pode-se dizer que é uma espécie de gorjeta, mas decorre do contrato de trabalho. Inexistindo este, não haveria o respectivo pagamento. O pagamento irá integrar a remuneração para efeito do cálculo da gratificação de Natal, férias e terá incidência do FGTS.

10.1.5 Treinador profissional de futebol

O treinador de futebol é empregado quando especificamente contratado por clube de futebol ou associação desportiva, com a finalidade de treinar atletas de futebol profissional ou amador, ministrando-lhes técnicas e regras de futebol, com o objetivo de assegurar-lhes conhecimentos táticos e técnicos suficientes para a prática desse esporte. Tem contrato de trabalho (art. 75 da Lei n. 14.597/23). O empregador do treinador profissional de futebol é o clube de futebol.

Se o treinador profissional de futebol é considerado empregado, tanto que tem de ser anotada sua CTPS, será também beneficiário dos depósitos do FGTS, que incidirão sobre sua remuneração paga pelo empregador.

10.1.6 Empregado público

O empregado público, que é o que presta serviços à administração pública direta, também tem direito ao FGTS, pois é regido pela CLT. O § 1º do art. 15 da Lei n. 8.036 estendeu o conceito de empregador adotado pela legislação trabalhista aos entes da administração direta, indireta ou fundacional, da União, Estados, Distrito Federal e Municípios. No âmbito da União, o art. 1º da Lei n. 9.962, de 22 de fevereiro de 2000, determina que o pessoal admitido para emprego público na administração federal direta, autárquica e fundacional terá sua relação de trabalho regida pela CLT.

10.1.7 Diretor não empregado

A Lei n. 6.919/81, permitiu às empresas sujeitas ao regime da legislação trabalhista estender a seus diretores não empregados o regime do FGTS. O art. 2º considerava diretor a pessoa que exercesse cargo de administração previsto em lei, estatuto ou contrato social, independentemente da denominação do cargo. As empresas que usassem tal faculdade deveriam recolher o FGTS sobre a remuneração relativa ao mês anterior até o último dia de cada mês.

O art. 14 da lei n. 7.839 determinou que as empresas sujeitas ao regime da legislação trabalhista poderiam equiparar seus diretores não empregados aos demais trabalhadores sujeitos ao regime do FGTS. Utilizou o mesmo conceito anterior de diretor.

Serviu-se o art. 16 da Lei n. 8.036 da mesma redação da norma anterior, dispondo que as empresas poderão equiparar seus diretores não empregados aos demais trabalhadores sujeitos ao regime do FGTS. Trata-se de faculdade da empresa. No referido conceito pode ser incluído não só o diretor que não é empregado, como, também, o diretor proprietário. Tanto será diretor o que prestar serviços à empresa urbana como o que os prestar à empresa rural.

A Lei n. 8.036 considera diretor a pessoa que exerce cargo de administração previsto em lei, estatuto ou contrato social, independentemente da denominação do cargo. Poder-se-ia dizer que o diretor a que se refere a norma é apenas o diretor de uma sociedade anônima. Entretanto, a norma informa que é a pessoa que exerce cargo de administração previsto em lei. O diretor de sindicato, federação ou confederação sindical é uma pessoa que exerce a administração da agremiação, prevista na lei (arts. 522 e 538 da CLT). Logo, também pode ser equiparado a empregado para efeitos do FGTS. Não é só na sociedade anônima que existe diretor que administra a sociedade (arts. 143 e 144 da Lei n. 6.404/76).

É certo que a sociedade anônima tem estatuto, podendo o cargo ser neste previsto. Entretanto, o Decreto n. 3.708, de 10 de janeiro de 1919, estabelece em seu art. 18 que a Lei das Sociedades por Ações pode ser observada quando houver omissão no contrato social e no que não houver incompatibilidade com a citada norma. As sociedades de responsabilidade limitada é que têm contrato social. Assim, seus diretores, independentemente da denominação do cargo, como ocorre com o sócio, podem também ser equiparados a trabalhadores para efeitos dos depósitos do FGTS. Também pode ser estendida a faculdade ora em comentário aos diretores de outros tipos de sociedades. Essa equiparação pode ser observada também em relação aos diretores de entidades beneficentes, educativas ou assistenciais que não tenham fins lucrativos, pois tais entidades são sujeitas ao regime da legislação trabalhista, como se verifica do início da redação do art. 16 da Lei n. 8.036.

Não se pode dizer que os diretores das empresas públicas e de sociedades de economia mista fiquem fora dessa determinação, como menciona Eduardo Gabriel Saad[4], pois devem observar as regras da legislação do trabalho (§ 1º do art. 173 da Constituição). No que diz respeito aos diretores de associações e fundações, inclusive as instituídas ou mantidas pelo Poder Público, bem como suas autarquias em regime especial relativamente a seus diretores não empregados, não se pode dizer que os diretores de tais entidades ficam excluídos da possibilidade de terem direito ao FGTS.

Em primeiro lugar, são trabalhadores, num sentido amplo. Em segundo lugar, o fato de haver necessidade de concurso público não quer dizer que tais diretores ficam excluídos de tal determinação. Basta que prestem concurso público e terão direito de ingresso em tais instituições. É o que ocorreria com um empregado que prestou concurso público, foi admitido em tais entidades e depois guindado ao cargo de diretor, na condição de diretor não empregado.

O próprio § 1º do art. 15 da Lei n. 8.036 esclarece que empregador é a pessoa física ou jurídica de direito público, da administração pública direta, indireta ou fundacional de qualquer dos Poderes da União, dos Estados, do Distrito Federal e dos Municípios que admitir trabalhadores a seu serviço, bem assim aquele que, regido por legislação especial, estiver nessa condição. No conceito de trabalhador, contido no § 2º do art. 15, também se verifica que trabalhador é toda pessoa física que prestar serviços a empregador, excluindo apenas os funcionários públicos estatutários. Assim, é possível que o diretor não empregado de uma autarquia, de uma fundação, que pertencem à administração pública indireta, seja equiparado aos demais trabalhadores, visando aos depósitos do FGTS. A exceção vai dizer respeito aos funcionários da administração pública direta ou indireta da União, que são regidos pela Lei n. 8.112.

Teria, acaso, a Lei n. 8.036 revogado a Lei n. 6.919, que previa a possibilidade da extensão dos depósitos do FGTS aos diretores não empregados? Entendo que não, pois a Lei n. 8.036 ou a Lei n. 7.839 não regularam inteiramente a matéria, não são incompatíveis com a Lei n. 6.919, nem a revogaram expressamente (§ 1º do art. 2º da Lei de Introdução às Normas do Direito Brasileiro). Apenas foram revogados o art. 1º e seu § 1º da Lei n. 6.919, pois o art. 16 da Lei n. 8.036 faz consideração um pouco diferente, utilizando a palavra *trabalhadores* e fazendo menção a empresas sujeitas ao regime da legislação trabalhista, o que não era previsto na Lei n. 6.919. A definição de diretor passa a ser prevista na segunda

---

4. SAAD, Eduardo Gabriel. *Comentários à lei do FGTS*. 3. ed. São Paulo: LTr, 1995, p. 365.

parte do art. 16 da Lei n. 8.036, que tem o mesmo conceito do art. 2º da Lei n. 6.919. O prazo de pagamento do FGTS será até o dia 20 e não o previsto no § 1º do art. 1º da Lei n. 6.919. No mais, estão em vigor os arts. 3º e s. da Lei n. 6.919, que não têm previsão similar na Lei n. 8.036, nem são com ela incompatíveis.

10.1.8 Técnicos estrangeiros

O art. 1º do Decreto-Lei n. 691, de 18 de julho de 1969, trata dos direitos dos técnicos estrangeiros. Estabelece que os contratos de técnicos estrangeiros domiciliados ou residentes no exterior para execução, no Brasil, de serviços especializados e, em caráter provisório, com estipulação de salários em moeda estrangeira, serão obrigatoriamente celebrados por prazo determinado e prorrogáveis sempre a termo certo, ficando excluídos da aplicação da Lei n. 5.107.

Na vigência da Lei n. 5.107, o FGTS não era devido aos técnicos estrangeiros que aqui trabalhassem.

Como a regra a observar é a de direito internacional privado do trabalho, em que a lei aplicável é a *lex loci laboris*, deve-se aplicar o Decreto-Lei n. 691 aos referidos técnicos, e não a lei do local da contratação.

Entretanto, o art. 13 da Lei n. 7.839 passou a determinar que todos os empregadores ficam obrigados a depositar o FGTS, o que inclui os empregadores dos técnicos estrangeiros, derrogando-se o art. 1º do Decreto-Lei n. 691, no que diz respeito à não exigência do FGTS em relação aos referidos técnicos. O art. 30 da Lei n. 7.839 revogou inclusive a Lei n. 5.107. O art. 15 da Lei n. 8.036 repetiu a disposição da Lei n. 7.839, especificando que todos os empregadores têm de fazer depósitos do FGTS. Entende-se, assim, que o depósito mensal do FGTS passa a ser devido em relação aos técnicos estrangeiros, principalmente porque nossa legislação é mais benéfica.

10.1.9 Trabalhadores contratados no Brasil para prestar serviços no exterior

A Lei n. 7.064/82 regula a situação de trabalhadores contratados no Brasil, ou transferidos para prestar serviços no exterior. Agora, a lei não se aplica apenas a empregados de empresas de engenharia, mas a empregados de qualquer empresa. O parágrafo único do art. 3º manda aplicar a legislação do FGTS a tais empregados.

O art. 9º da Lei n. 7.064 estabelece que o período de duração da transferência será computado no tempo de serviço do empregado para todos os efeitos da legislação brasileira, ainda que a lei local de prestação do serviço considere essa prestação como resultante de um contrato autônomo e determine a liquidação dos direitos oriundos da respectiva cessação.

Na hipótese de liquidação dos direitos mencionados, a empresa empregadora fica autorizada a deduzir esse pagamento dos depósitos do FGTS em nome do empregado, existentes na conta vinculada. Se o saldo da conta não comportar a dedução aí mencionada, a diferença poderá ser novamente deduzida do saldo dessa conta quando da cessação, no Brasil, do respectivo contrato de trabalho. As deduções mencionadas, relativamente ao pagamento em moeda estrangeira, serão calculadas mediante conversão em relação ao câmbio do dia em que se operar o pagamento. O levantamento pelo empregador, decorrente da dedução anteriormente referida, dependerá de homologação judicial.

Esclarece a Orientação Jurisprudencial n. 232 da SBDI-1 do TST que o FGTS incide sobre todas as parcelas de natureza salarial pagas ao empregado em virtude de prestação de serviços no exterior.

10.1.10 Menor assistido

O menor assistido, que tinha previsão no parágrafo único do art. 13 do Decreto n. 94.338/77, não era empregado. Logo, não recebe remuneração e, portanto, não há incidência da contribuição do FGTS.

10.1.11 Autônomos e eventuais

Apesar de o autônomo ser um trabalhador, isto é, pessoa física que presta serviços a outrem mediante remuneração, a Lei n. 8.036 não prevê como extensão aos autônomos o direito ao FGTS, como o faz em relação a diretores não empregados.

O trabalhador eventual também não tem direito ao FGTS, pois não tem vínculo de emprego, nem recebe remuneração.

A parte final do § 2º do art. 15 da Lei n. 8.036 exclui expressamente do regime do FGTS os autônomos e eventuais.

10.1.12 Servidores estatutários e militares

Os servidores públicos regidos pelo sistema estatutário não fazem jus ao FGTS, pois o § 3º do art. 39 da Constituição não faz alusão ao inciso III do art. 7º da Lei Maior. O mesmo se verifica quanto aos militares, pois o inciso VIII do § 3º do art. 142 da Lei Magna não faz referência ao inciso III do art. 7º quanto aos direitos de tais servidores.

A parte final do § 2º do art. 15 da Lei n. 8.036 exclui do regime do FGTS os servidores civis e os militares. Pode-se dizer que também não há tempo de serviço a garantir a tais servidores, pois, principalmente a partir do momento em que são estáveis, não podem mais ser dispensados pela administração pública. Têm tais servidores regime jurídico próprio, que não é o da CLT, não tendo, portanto, direito ao FGTS.

10.1.13 Estagiários

É regulado o estágio pela Lei n. 11.788, de 25 de setembro de 2008. O art. 3º da referida norma explicita que o estágio não cria vínculo de emprego. Assim, o estagiário, por não ser empregado, não é beneficiário do direito ao FGTS, não se aplicando a ele as regras estabelecidas na Lei n. 8.036.

10.1.14 Empregado doméstico

O parágrafo único do art. 7º da Constituição determinou, na sua redação original, quais são os direitos do empregado doméstico, porém não arrolou o inciso III do mesmo artigo entre direitos.

Existem afirmações de que a extensão do FGTS aos empregados domésticos seria inconstitucional, em razão de que o doméstico só faz jus aos direitos especificados no parágrafo único do art. 7º da Constituição. É o pensamento de Georgenor de Sousa Franco Filho[5]. Se o FGTS fosse obrigação do empregador doméstico, poderia ser discutida a inconstitucionalidade da disposição, por não estar previsto no parágrafo único do art. 7º da Lei Magna.

Os direitos do doméstico especificados na Constituição são, porém, direitos mínimos. Sua enumeração não é taxativa (*numerus clausus*), mas exemplificativa, pois não está escrito no parágrafo único do art. 7º da Lei Maior que os direitos dos empregados domésticos são apenas ou somente os previstos em alguns dos incisos do art. 7º da mesma norma, permitindo que a lei ordinária estabeleça outros direitos ao doméstico.

O *caput* do art. 7º da Lei Magna é expresso ao usar a frase "são direitos dos trabalhadores urbanos e rurais, além de outros que visem à melhoria de sua condição social", indicando que os direitos dos trabalhadores são exemplificativos, são direitos mínimos, possibilitando que a lei ordinária disponha sobre outros direitos. O inciso I do mesmo artigo prevê que lei complementar estabelecerá a proteção da relação de emprego contra a dispensa arbitrária ou sem justa causa,

---

5. FRANCO FILHO, Georgenor de Sousa. Impossibilidade de ampliação dos direitos dos empregados domésticos. *Repertório IOB de Jurisprudência*, n. 20/96, out. de 1996, texto 2/11759, p. 349.

entre outros direitos, indicando também ser exemplificativo. O mesmo ocorre em relação ao parágrafo único do art. 7º, que é uma regra que deve harmonizar-se sistematicamente com a cabeça do mesmo comando constitucional[6].

Entender que a lei não pode prescrever direitos diversos dos previstos na Constituição para o doméstico implicaria afirmar ser inconstitucional a anotação do contrato de trabalho doméstico na CTPS do trabalhador, por não estar previsto na Lei Magna, o que seria absurdo.

O fato de o FGTS passar a ser facultativo implica dizer que poucos empregadores irão concedê-lo ao doméstico, por inexistir obrigação legal no pagamento daquela contribuição social, sendo, portanto, uma obrigação voluntária. Não há inclusive sanção ao empregador doméstico pela não concessão do FGTS ao empregado. Se for aumentado o custo do trabalho doméstico, os empregadores não irão conceder o direito. Verifica-se, na prática, que muitos empregados domésticos não são registrados. Quando o são, o empregador anota na CTPS do empregado importância inferior à de seu real salário, visando ter um custo menor no recolhimento da contribuição previdenciária. A empregada doméstica poderá passar a exigir e com razão o registro de sua remuneração integral, para que possa haver a incidência do FGTS.

O § 3º do art. 13 da Lei n. 7.839, de 12 de outubro de 1989, que tratava do FGTS e revogava a lei anterior sobre o assunto (Lei n. 5.107/66), estabeleceu que "os trabalhadores domésticos poderão ter acesso ao regime do FGTS, na forma que vier a ser prevista em lei".

O § 3º do art. 15 da Lei n. 8.036, de 11 de maio de 1990, que trata do FGTS, estabeleceu que "os trabalhadores domésticos poderão ter acesso ao regime do FGTS, na forma que vier a ser prevista em lei". Assim, o empregado doméstico poderá ter direito ao FGTS, porém, apenas quando for editada lei própria para esse fim.

Foi aprovado Projeto de lei no Senado Federal em substitutivo ao Projeto de Lei da Câmara dos Deputados n. 41, de 1991. Tal Projeto foi remetido novamente à Câmara dos Deputados para nova votação, prevendo o pagamento do FGTS ao empregado doméstico. Havendo tal norma, poder-se-á utilizar o § 1º do art. 15 da Lei n. 8.036 para verificar o conceito de empregador. Tal dispositivo declara que empregador é a pessoa física de direito privado que admitir trabalhadores a seu serviço. Mesmo os trabalhadores regidos por legislação especial, que estiverem nessa condição, como os domésticos, também terão empregadores, como menciona o mesmo § 1º. O próprio § 2º do mesmo artigo estabelece que trabalhador é toda pessoa física que preste serviços a empregador, como o empregado doméstico.

---

6. MARTINS, Sergio Pinto. *Manual do trabalhador doméstico*. 14. ed. São Paulo: Saraiva, 2018, p. 94.

A Lei n. 10.208/2001 estendeu o FGTS e o seguro-desemprego ao empregado doméstico. A referida norma acrescentou o art. 3º-A à Lei n. 5.859/72, que tratava dos direitos do empregado doméstico. O citado dispositivo facultou a inclusão do empregado doméstico no FGTS, mediante requerimento do empregador. O empregador tinha a faculdade de incluir os empregados domésticos no FGTS, inexistindo, portanto, obrigação legal, mas mera faculdade. A matéria foi regulamentada pelo Decreto n. 3.361, de 10 de fevereiro de 2000.

O parágrafo único do art. 7º da Lei Maior, na redação dada pela Emenda Constitucional n. 72/2013, se refere ao inciso III (que trata do FGTS) da mesma norma. Isso quer dizer que o empregado doméstico tem direito ao FGTS.

Era o FGTS uma das principais diferenças entre o empregado comum e o doméstico.

O empregador doméstico somente passará a ter obrigação de promover a inscrição e de efetuar os recolhimentos referentes a seu empregado após a entrada em vigor do regulamento (parágrafo único do art. 15 da Lei Complementar n. 150/2015).

Entretanto, tem o FGTS natureza tributária. Só poderá passar a ser cobrado dos empregadores domésticos no primeiro dia útil do ano seguinte à publicação da lei, pois terá de ser observada a alínea *b* do inciso III do art. 150 da Constituição, isto é, o princípio da anterioridade da lei. Assim, publicada a norma em 2015, só poderá haver a exigência a partir de 1º de janeiro de 2016. Isso se justifica para o contribuinte não ser pego de surpresa no curso do ano sobre a exigência de um novo ou de determinado tributo.

Dispõe a letra do inciso III do art. 150 da Constituição:

Art. 150. Sem prejuízo de outras garantias asseguradas ao contribuinte, é vedado à União, aos Estados, ao Distrito Federal e aos Municípios:

[...]

III – cobrar tributos:

[...]

c) antes de decorridos noventa dias da data em que haja sido publicada a lei que os instituiu ou aumentou, observado o disposto na alínea b.

A letra c do inciso III do art. 150 da Lei Maior exige que o tributo não pode ser exigido antes de decorridos 90 dias da data em que haja sido publicada a lei que os instituiu ou aumentou.

O FGTS incidirá sobre a remuneração paga ao empregado, nos termos do art. 15 da Lei n. 8.036/90.

Caso o empregador doméstico não pague a obrigação no prazo legal, haverá juros de mora e multa de mora.

Não terá direito também o doméstico à indenização do art. 477 da CLT, pois essa indenização se refere a período anterior a 5 de outubro de 1988, ao contrário da previsão da legislação argentina. O legislador constituinte, no Projeto de novembro de 1987, previa o pagamento de indenização ao empregado doméstico, que foi retirado da redação atual do parágrafo único do art. 7º da Constituição.

A alíquota do FGTS de 8% incidirá sobre a remuneração do empregado (art. 15 da Lei n. 8.036/90). O depósito deverá ser feito até o dia 20 do mês seguinte ao vencido.

As empresas têm todo um aparato para fazer a folha de pagamento do empregado, recolher o FGTS e a contribuição previdenciária. O empregador doméstico não tem essa condição, nem conhecimentos específicos de Direito do Trabalho, tendo de se socorrer de um contador ou de uma pessoa especializada no assunto, o que implica custo adicional para o recolhimento do FGTS.

Uma solução poderia ser admitir o abatimento das despesas com o empregado doméstico na declaração de imposto de renda do empregador doméstico. Isso, porém, terá de ser feito por lei.

Por ter o FGTS natureza tributária, só poderá passar a ser cobrado dos empregadores domésticos no primeiro dia útil do ano seguinte à publicação da lei, pois terá de ser observada a alínea *b* do inciso III do art. 150 da Constituição, isto é, o princípio da anterioridade da lei.

10.2 ESPÉCIE DE CONTRATO DE TRABALHO

Terão os empregados direito ao FGTS independentemente do tipo de contrato de trabalho celebrado com o empregador.

Assim, se for celebrado contrato de prazo determinado, como de obra certa, de safra, de experiência; ou de prazo indeterminado; ou de aprendizagem, terão os empregados direito aos depósitos do FGTS. Pouco importará também a forma de remuneração do empregado, pois este terá direito ao FGTS.

11
OPÇÃO

11.1 OPÇÃO

Opção vem do latim *optio*, de *optare*, tendo o significado de escolher, eleger. Opção é a possibilidade de escolha entre diversas situações.

A opção é um negócio jurídico, pois seus efeitos dependem da vontade da pessoa de constituir nova relação jurídica[1]. Origina-se de um ato de vontade, implicando a declaração expressa da vontade da pessoa, instaurando a relação entre duas ou mais pessoas[2].

No sistema anterior existia a opção entre a estabilidade, com indenização ao trabalhador dispensado, ou fundo de garantia equivalente. Aqui já se falava em equivalência e não em igualdade. Isso quer dizer que os dois sistemas não são necessariamente iguais, mas equivalentes, semelhantes. Podia, portanto, o empregado escolher ou eleger o regime que entendesse mais conveniente: ter direito à estabilidade, com indenização equivalente, ou FGTS.

A opção do FGTS era uma determinação legal, pois prevista em lei. Não se tratava de obrigação convencional, resultante de acordo entre as partes, como a existente num contrato.

O empregado optava quando ingressava na empresa. Escolhia entre o regime do FGTS ou da estabilidade. Saindo da empresa e ingressando em outra, tinha de fazer nova opção, pois esta não era referente à pessoa do empregado, mas ao contrato de trabalho. Desfeita a relação de emprego anterior, quando o trabalhador voltasse a ingressar num novo emprego, teria de fazer nova opção entre os regimes existentes.

Não se pode dizer que o direito de opção importava renúncia à estabilidade, pois, na maioria dos casos, o direito de estabilidade ainda não existia para o em-

---

1. No mesmo sentido: CHAVES, Antonio. *Tratado de direito civil*. São Paulo: Revista dos Tribunais, 1982, t. 2, p. 1.224.
2. Miguel Reale explica que o negócio jurídico é "aquela espécie de ato jurídico que, além de se originar de um ato de vontade, implica a declaração expressa da vontade, instauradora de uma relação entre dois ou mais sujeitos tendo em vista um objetivo protegido pelo ordenamento jurídico" (*Lições preliminares de direito*. 23. ed. São Paulo: Saraiva, 1996, p. 206).

pregado, não se tratava de direito adquirido, mas de mera expectativa de direito para o futuro. A renúncia pressupõe que o titular do direito abdique desse mesmo direito. Seria uma forma de abandono voluntário do direito, como indica Caio Mário da Silva Pereira[3]. Na opção, havia uma substituição de regimes jurídicos, em que o empregado escolhia o regime que queria ver utilizado na relação de emprego.

Quando o empregado fazia a opção pelo FGTS, com a relação de emprego em curso, não havia a cessação do contrato de trabalho e a formação de novo contrato. Este continuava existindo, apenas formalizava-se o interesse do empregado em fazer a opção e passar seu tempo de serviço na empresa a ser regido pela Lei n. 5.107.

O prazo para opção era de 365 dias a contar da vigência da Lei n. 5.107 para os empregados da época, e da data da admissão ao emprego quanto aos admitidos a partir da vigência da referida norma (§ 1º da Lei n. 5.107).

A opção deveria ser feita por escrito, pois tal requisito seria essencial para validade do negócio jurídico (*essentialia negotii*). Não se admitia opção tácita, pois se presumia que o empregado continuaria no regime da CLT. Deveria ser anotada a opção na CTPS do empregado e no livro ou ficha de registro de empregados (§ 2º do art. 1º da Lei n. 5.107).

Não optando o empregado no prazo de 365 dias, a opção poderia ser feita a qualquer tempo, em declaração homologada pela Justiça do Trabalho (§ 3º do art. 1º da Lei n. 5.107). O objetivo da homologação pela Justiça do Trabalho era evitar vícios de consentimento do empregado, visando à liberdade de manifestação da vontade do obreiro diante de imposições que poderiam ser feitas pelo empregador no curso do contrato de trabalho. A homologação da opção era feita pelo órgão de primeira instância da Justiça do Trabalho, porém não era feita apenas pelo juiz presidente, mas pela antiga Junta, isto é, o juiz do trabalho e os classistas.

O empregado menor de 18 anos, ao fazer a opção retroativa, tinha de ser assistido ou representado pelo responsável legal (arts. 1.634, V, do Código Civil e 793 da CLT).

O § 1º do art. 3º do Decreto n. 59.820 estabelecia que a declaração de opção do empregado que não soubesse ler nem escrever conteria sua impressão datiloscópica e seria assinada, a rogo, com duas testemunhas e com a assistência da entidade sindical da categoria profissional a que pertencesse o empregado ou, em sua falta, da autoridade local do Ministério do Trabalho.

---

3. PEREIRA, Caio Mário da Silva. *Instituições de direito civil*. Rio de Janeiro: Forense, 1966, t. 1, p. 278.

Com a Constituição de 1988 (art. 7º, III), desaparece o sistema de opção do FGTS, a faculdade do trabalhador de escolher o regime do FGTS ou a estabilidade, passando a ser o primeiro um direito do trabalhador. No sistema da Lei n. 5.107, o empregado deveria fazer uma manifestação formal para aderir ao FGTS. Agora, deixa de existir o sistema de proteção jurídica, que era a estabilidade, para haver uma reparação de natureza econômica: a liberação dos depósitos do FGTS ao empregado. O sistema anterior de indenização ou estabilidade, dependendo do tempo de serviço do empregado na empresa, só continua a existir para aqueles que tinham trabalhado antes de 5 de outubro de 1988 na empresa, sem serem optantes do FGTS, constituindo-se em direito adquirido daquelas pessoas.

Passa o FGTS a ser devido não só aos empregados urbanos, mas também aos empregados rurais.

É evidente que as pessoas que tinham direito adquirido à estabilidade, pois já contavam com mais de 10 anos no emprego em 4 de outubro de 1988, não irão perdê-la, com o direito ao FGTS a partir de 5 de outubro de 1988. O próprio art. 14 da Lei n. 8.036 ressalva essa questão, pois tal direito já se havia incorporado ao patrimônio jurídico do empregado, que só poderia ser dispensado mediante inquérito judicial para apuração de falta grave.

Dispõe o § 1º do art. 14 da Lei n. 8.036 que o tempo de serviço anterior à opção do empregado pelo FGTS ou antes de 5 de outubro de 1988 será regido pelos arts. 478 e 497 da CLT, ou seja: mediante o pagamento de indenização simples ou em dobro, dependendo se o empregado tinha mais ou menos 10 anos de empresa naquela data. Depreende-se também, *a contrario sensu*, que, a partir de 5 de outubro de 1988, por ser o FGTS um direito do trabalhador, utiliza-se a legislação reguladora do referido Fundo.

Assim, também deixa de existir a indenização prevista nos arts. 478 e 497 da CLT, a não ser para os trabalhadores que têm tempo de serviço anterior à opção do FGTS. Entretanto, o empregado que era estável e já adquiriu a estabilidade, como reconhece o art. 14 da Lei n. 8.036, tem direito adquirido. Nesse caso, se o empregado era estável, tem direito ao emprego, não sendo o caso de pagamento de indenização em dobro, pois o empregado só pode ser dispensado mediante inquérito que apure falta grave (art. 492 c/c art. 853 da CLT). Inexistindo esta, o empregado tem direito a ser reintegrado no emprego.

O tempo de serviço anterior à opção do empregado pelo FGTS poderia ser elidido desde que a empresa depositasse na conta vinculada do obreiro os valores pertinentes ao FGTS do período.

11.2 TRANSAÇÃO DO PERÍODO ANTERIOR

Transação vem do latim *transactio*, derivado do verbo *transigere*, formado por *trans* (além de) e de *gere* (conduzir).

Há a possibilidade de empregado e empregador transacionarem o período anterior à opção, porém a indenização não poderá ser inferior ao mínimo de 60% da verba devida (§ 2º do art. 14 da Lei n. 8.036). Essa mesma determinação já era prevista no § 2º do art. 12 da Lei n. 7.839.

A lei não faz distinção do período anterior à opção, se inferior ou superior a 10 anos. Nesse caso, pode-se entender que, em qualquer caso, é possível a transação do período anterior à opção, desde que o empregador pague a indenização que seria devida de, no mínimo, 60%. Não parece ser essa a interpretação mais correta, pois se o empregado é estável só pode ser dispensado mediante inquérito para apuração de falta grave (art. 492 c/c art. 853 da CLT).

Assim, tem direito ao emprego e não à indenização. Se o juiz verificar a incompatibilidade da reintegração, ou se o empregador for pessoa física, converterá a reintegração em pagamento em dobro da indenização (art. 496 da CLT). Se o empregado não tiver 10 anos de empresa, a indenização será simples, mediante o pagamento de um salário por ano ou fração igual ou superior a seis meses. A "transação" nesse caso será de no mínimo 60% da referida base de cálculo.

Na verdade, o termo *transação* não deveria ser empregado, pois a transação pressupõe a incerteza do direito para que possam ser feitas as concessões mútuas. Como assevera Washington de Barros Monteiro: "transação pressupõe necessariamente incerteza ou contestação entre os interessados acerca de determinada relação jurídica (*res dubia*)"[4]. Silvio Rodrigues leciona que é:

> indispensável a existência de dúvida sobre certa relação jurídica (*res dubia*), para que se possa falar em transação. Se tal dúvida inexiste, pelo menos no espírito das partes transigentes, a transação perde seu objetivo e o acordo entre os adversários pode se comparar a uma doação ou à remissão de dívidas, mas não ao negócio em exame[5].

Se a pessoa já tem direito à estabilidade ou à indenização do tempo anterior, o direito já existe, não se podendo falar no termo impróprio utilizado pela lei, como "transação".

De outro lado, o direito à "transação" só deveria nascer quando da rescisão do contrato de trabalho, pois aí surgiria o direito à indenização. Pela redação da lei, pode-se entender que a indenização pode ser paga a qualquer tempo, mesmo

---
4. MONTEIRO, Washington de Barros. *Curso de direito civil*. 18. ed. São Paulo: Saraiva, 1983, v. 4, p. 309.
5. RODRIGUES, Silvio. *Direito civil*: Parte geral das obrigações. São Paulo: Saraiva, 1980.

inexistindo a dispensa do empregado, ou seja, mesmo na vigência do contrato de trabalho. Não há previsão legal quanto à retratação da transação que foi feita, de modo que se pudesse voltar ao *status quo ante*.

Dispensado o empregado, não poderá haver a pretensão deste à soma dos períodos de trabalho descontínuos que teve na empresa, pois recebeu a indenização legal disciplinada pelo art. 453 da CLT.

O § 2º do art. 14 da Lei n. 8.036 não determina que a "transação" do período anterior à opção tenha de ter a assistência do sindicato da categoria profissional do empregado ou homologada em juízo para ter validade. Poderia ser feita a "transação" na presença de duas testemunhas, para que tivesse validade, devendo ser realizada por escrito, embora a lei não preveja que o instrumento deva ser escrito. É recomendável, porém, que seja feita sob a assistência do sindicato, para que o empregado não alegue futuramente que foi coagido a aceitar o pagamento da indenização do tempo anterior.

O parágrafo único do art. 6º do Decreto n. 99.684 exige que a "transação" deva ser homologada pelo sindicato da categoria profissional mesmo quando não houver extinção do contrato de trabalho. Em primeiro lugar, não se pode falar em homologação, pois a homologação é feita pelo juiz, e não pelo sindicato ou pela Delegacia Regional do Trabalho. Daí o termo mais correto ser *assistência*, e não homologação. Em segundo lugar, a determinação do Regulamento é nula, pois não está prevista na Lei n. 8.036, indo além de suas determinações.

Havendo o empregado transacionado com o empregador o direito à indenização sobre o período anterior à opção, não terá direito à opção retroativa, assim como quando a indenização do tempo anterior à opção já tiver sido depositada em sua conta vinculada (art. 4º, parágrafo único, *a* e *b*, do Decreto n. 99.684).

11.3 OPÇÃO RETROATIVA

As pessoas que não tivessem optado pelo novo regime do FGTS criado pela Lei n. 5.107 nos prazos de 365 dias a contar de sua vigência ou a partir da data de sua admissão poderiam fazê-lo a qualquer tempo, mediante declaração homologada pela Justiça do Trabalho (§ 3º do art. 1º da Lei n. 5.107).

A Lei n. 5.958 assegurou aos empregados o direito de opção com efeitos retroativos a 1º de janeiro de 1967 ou à data da admissão do empregado se posterior àquela, desde que houvesse concordância por parte do empregador (art. 1º). O mesmo direito era assegurado aos empregados que tivessem optado em data posterior à do início da vigência da Lei n. 5.107, retroagindo os efeitos da nova opção a essa data ou à data da admissão (§ 1º do art. 1º). Os efeitos da opção exercida pelo empregado que contasse 10 ou mais anos de serviço na empresa poderiam também retroagir à data em que o obreiro completasse o decênio na empresa (§ 2º do art. 1º), visando manter o direito do trabalhador à estabilidade ou à indenização em dobro, no caso de dispensa sem justa causa, que lhe era mais benéfico.

Tratava-se de opção do empregado, de modo a preservar sua estabilidade. Todavia, poderia optar em data anterior à aquisição de sua estabilidade, vindo a perdê-la se assim desejasse. O limite máximo era a data de vigência da Lei n. 5.107 e da admissão do empregado na empresa[6]. Se o empregado tivesse mais de 365 dias na empresa, tinha de fazer a opção retroativa mediante homologação da Justiça do Trabalho (art. 1º do Decreto n. 73.423).

Determina o § 4º do art. 14 da Lei n. 8.036 que os trabalhadores poderão optar a qualquer momento pelo FGTS, com efeito retroativo a 1º de janeiro de 1967 (época da vigência do FGTS com a Lei n. 5.107) ou à data de sua admissão, quando posterior àquela. Ocorre que a opção retroativa esteve sempre subordinada à vontade do empregador, que era o detentor da conta vinculada, na qual fazia os depósitos; por isso, na opção retroativa se necessitava da concordância do empregador, passando a conta, de individualizada, a vinculada.

Havia, inclusive, previsão expressa nesse sentido no art. 1º da Lei n. 5.958, que dispunha: "desde que haja concordância por parte do empregador". Assim, havia direito de propriedade do empregador sobre a conta, além de direito adquirido, que não podia ser modificado com a Lei n. 8.036, por contrariar os incisos XXII e XXXVI do art. 5º da Constituição[7]. Logo, esta só pode ser observada quanto aos depósitos retroativos que ocorrerem a partir da data de sua vigência[8].

A Orientação Jurisprudencial Transitória n. 39 da SBDI-1 do TST declarou: "FGTS. Opção retroativa. Concordância do empregador. Necessidade".

Nenhum valor terá disposição do contrato de trabalho que estipular que o empregado não poderá fazer opção retroativa do FGTS, nos termos do art. 9º da CLT.

---

6. No mesmo sentido decidiu o TST (SDI, ERR 5.827/85.6, Rel. Min. Marco Aurélio, j. 24-8-1989, *DJU* I 3-11-89, p. 16.638).
7. No mesmo sentido: TEIXEIRA FILHO, João de Lima. *Instituições de direito do trabalho*. 16. ed. São Paulo: LTr, 1996, p. 653-654.
8. No mesmo sentido a orientação da jurisprudência: Foi por coerência com o texto constitucional que a Lei n. 8.036 ignorou o "direito de opção" pelo regime do FGTS, de sorte que, para a mudança de conta individualizada de empregado não optante (titularidade do empregador) para conta vinculada (titularidade do empregado), é indispensável a concordância do empregador, até porque não havia direito adquirido dos empregados à opção retroativa, senão com a concordância daquele. Recurso provido (TST, RR 140.920/94.6, ac. 7351/96, 5ª T., Rel. Min. Thaumaturgo Cortizo, j. 11-12-1996, *LTr*, 61-08/1109).

Fazendo o empregado a opção retroativa, perde o direito à estabilidade, se já possuía 10 anos de empresa como não optante, ou perde o direito à indenização do período anterior à opção.

A opção retroativa do FGTS não se aplica ao trabalhador rural, pois este, antes de 5 de outubro de 1988, não tinha direito ao FGTS, e a partir da referida data não mais existe opção, mas direito ao FGTS. O parágrafo único do art. 4º do Decreto n. 99.684 dispõe expressamente que a opção retroativa não se aplica ao empregado rural. Na verdade, o direito do empregado rural ao FGTS surge desde o momento em que o empregador rural passou a ter de depositar o FGTS, o que só ocorreu a partir de 1º de janeiro de 1990, como já afirmei no capítulo sobre os contribuintes.

Não se observa também a opção retroativa ao trabalhador: (a) que tenha transacionado com o empregador o direito à indenização quanto ao período que foi objeto da transação, pois aí não havia tempo de serviço anterior a ser coberto pelo regime do FGTS; (b) cuja indenização pelo tempo anterior à opção já tenha sido depositada em sua conta vinculada.

O art. 5º do Decreto n. 99.684 dispõe que a opção retroativa deve ser feita mediante declaração escrita do trabalhador, com indicação do período de retroação. O valor da conta vinculada em nome do empregador e individualizada em relação ao trabalhador, relativo ao período abrangido pela retroação, será transferido pelo banco depositário para conta vinculada em nome do obreiro.

A Lei n. 8.036 não contém nenhuma disposição quanto à opção retroativa do empregado que não souber ler ou escrever. Não se poderá aplicar o § 1º do art. 3º do Decreto n. 59.820, que previa a hipótese de o empregado analfabeto ser assistido pelo sindicato ou Ministério do Trabalho, com a assinatura a rogo de duas testemunhas, pois tal preceito legal foi revogado expressamente pelo art. 3º do Decreto n. 99.684. Assim, é o caso de se observar o art. 595 do Código Civil, por força do parágrafo único do art. 8º da CLT, que determina a aplicação supletiva do referido Código. Dessa forma, deve-se fazer um instrumento por escrito, assinado a rogo, subscrevendo-o duas testemunhas.

Passa a opção retroativa a ser um ato irrevogável do empregado, pois não mais existe na Lei n. 8.036 a possibilidade da retratação, que estava contida na Lei n. 5.107.

Há entendimentos no sentido de que a homologação da opção retroativa pelo juiz não mais precisa ser feita. Não há previsão legal a esse respeito. Contudo, por se tratar de jurisdição voluntária e para maior segurança tanto da empresa como do trabalhador, a homologação da opção retroativa deve continuar a ser feita. Isso tem ocorrido quando o empregado, por exemplo, vai requerer aposentadoria e tem tempo anterior à opção do FGTS.

11.4 RETRATAÇÃO DA OPÇÃO

Retratação, do latim *retratactio*, de *retractare*, quer dizer arrependimento, reconsideração, revogação. No âmbito do direito, a retratação seria a revogação do ato jurídico anteriormente praticado. Ficaria anulada a manifestação de vontade, cessando sua eficácia e sua execução.

Tendo o empregado optado pelo FGTS e não havendo movimentado sua conta vinculada, poderia retratar-se da opção, desde que o fizesse no prazo de 365 dias a contar da opção, mediante declaração homologada pela Justiça do Trabalho, não se computando para efeito de contagem do tempo de serviço o período compreendido entre a opção e a retratação (§ 4º do art. 1º da Lei n. 5.107/66). A retratação, por conseguinte, só poderia ser feita se realizada no prazo de 365 dias a contar da data da opção.

Não poderia retratar-se da opção exercida o empregado que:

(a) tivesse movimentado a conta vinculada, pois nesse caso já não seria possível voltar ao *status quo ante*, isto é, ao sistema da indenização, visto que os depósitos do FGTS não mais poderiam ser transferidos para a conta-empresa, pois já terem sido utilizados pelo obreiro;

(b) transacionasse com o empregador o direito à indenização correspondente ao tempo de serviço anterior à opção, pois nesse caso já não seria possível retornar ao estado anterior, visto que o regime não mais existia.

A retratação consistia, portanto, no desfazimento da opção do FGTS, retornando o empregado ao regime da CLT, de estabilidade ou indenização do tempo de serviço.

Consistia o prazo em 365 dias para a retratação em hipótese de decadência, pela perda do direito da pessoa de fazer a retratação da opção, cujo exercício dependia apenas da vontade do empregado.

Os efeitos da retratação eram:

(a) retorno do empregado ao regime da CLT, quanto à indenização do tempo de serviço;

(b) se tivesse mais de 10 anos de casa quando da opção, readquiria a estabilidade, que tinha sido renunciada com a opção;

(c) o valor da conta vinculada do empregado relativo ao período da opção seria transferido para a conta vinculada da empresa e individualizado.

O § 4º do art. 1º da Lei n. 5.107 estabelecia que não se computava para efeito de contagem do tempo de serviço o período compreendido entre a opção e a retratação. O objetivo da norma legal era evitar que o empregado optasse às vésperas da estabilidade, para evitar que fosse dispensado pelo empregador, retratando-se depois para somar o tempo integral e ter direito à estabilidade. O § 1º do art. 7º do Decreto n. 59.820 declarava que o período entre a opção e a retratação seria contado para o pagamento de indenização na forma do art. 478 da CLT. Poder-se-ia dizer que o regulamento da Lei n. 5.107 teria ido além da norma legal, ao prever regra não estabelecida na lei, porém, se o depósito era transferido para a empresa, servia justamente para indenizar o empregado no momento próprio[9].

A Lei n. 8.036/90 não trata de retratação da opção, que, portanto, não poderá ser feita. A partir de 5 de outubro de 1988, já não há opção: o FGTS passa a ser um direito do empregado. Quanto à retratação do período de opção anterior a 5 de outubro de 1988, também não poderá ser feita, por falta de previsão legal nesse sentido. Parece que a lei teve por objetivo permitir ao empregado continuar no regime de opção do FGTS mesmo antes da Constituição de 1988.

---

9. No mesmo sentido: SAAD, Eduardo Gabriel. *Comentários à lei do fundo de garantia do tempo de serviço*. 3. ed. São Paulo: LTr, 1995, p. 35.

12
DEPÓSITOS

12.1 DEPÓSITOS

Contas individualizadas ou vinculadas são as abertas em nome do empregado, mediante o depósito mensal de 8% do salário do obreiro. Contas não individualizadas eram as contas abertas pelo empregador em relação aos empregados não optantes, sendo a indenização a eles devida na dispensa, que era retirada dessa conta.

Os depósitos serão feitos na conta vinculada do trabalhador, que, se não a possuir, será aberta pelo empregador. Abre-se na Caixa Econômica a conta vinculada do empregado, na qual serão feitos os depósitos.

No sistema da Lei n. 5.107, eram três os tipos de conta:

(a) conta-optante, em que o titular era o empregado que optasse pelo FGTS;

(b) conta-empresa, que tinha como titular as empresas em relação aos empregados não optantes, sendo individualizadas as contas em nome destes. Tal conta era utilizada como reserva feita pelos empregadores para fazer frente a futuras indenizações a pagar aos empregados não optantes;

(c) conta geral, em que o titular era o BNH. Nessas contas eram feitos depósitos vinculados do empregado dispensado com justa causa antes de completar um ano de serviço (parágrafo único do art. 18 da Lei n. 5.107), ou a importância da conta vinculada do empregado que falecesse, desde que não houvesse dependentes habilitados para levantar os depósitos, no prazo de dois anos (§ 2º do art. 29 do Decreto n. 59.820).

A natureza da abertura de conta na Caixa Econômica Federal não é a de um contrato de abertura de conta-corrente, pois não há acordo de vontades nesse sentido, mas determinação de lei para a sua abertura. Da mesma forma, a conta não pode ser movimentada a bel-prazer de seu titular, como ocorreria numa conta-corrente privada, mas de acordo com as hipóteses contidas na lei. Não se trata, assim, de depósito bancário clássico, em que o cliente deposita o dinheiro no banco e este posteriormente o devolve, de acordo com as condições que foram acordadas ou quando solicitado. A Caixa Econômica Federal tem por obrigação legal receber os depósitos e empregá-los no financiamento do Sistema Financeiro da Habitação, conforme a previsão da lei.

Serão os depósitos de competência exclusiva do empregador. O empregado não terá de pagar nenhuma parcela ou ter descontado de seu salário nenhum valor para o FGTS.

Se o empregado é estável, pois tinha mais de 10 anos de prestação de serviços na empresa antes de 5 de outubro de 1988, poder-se-ia dizer que não teria direito aos depósitos a partir da referida data em diante, como menciona Eduardo Gabriel Saad[1]. Entretanto, o FGTS, a partir da vigência da Constituição de 1988, passa a ser um direito do trabalhador (art. 7º, III). Pouco importa se o empregado é ou não estável, pois terá direito aos depósitos do FGTS a partir de 5 de outubro de 1988, passando a ser uma obrigação da empresa assim proceder[2].

Os valores pertinentes aos depósitos não recolhidos deverão ser pagos e creditados na conta vinculada do empregado, sendo vedado o pagamento direto ao trabalhador, inclusive os valores relativos aos depósitos referentes ao mês da rescisão e ao imediatamente anterior que ainda não houverem sido recolhidos. Mesmo em relação ao trabalhador temporário, é necessário ser feito o depósito, não podendo ser pago no próprio recibo de pagamento.

O § 3º do art. 14 da Lei n. 8.036 repete a disposição do § 2º do art. 16 da Lei n. 5.107, determinando a faculdade do empregador de se desobrigar da responsabilidade da indenização relativa ao tempo de serviço anterior à opção, depositando na conta vinculada do trabalhador, até o último dia do mês previsto em lei para o pagamento de salário, o valor correspondente à indenização, aplicando-se ao depósito, no que couber, as previsões da Lei n. 8.036. Trata-se de faculdade do empregador, que pode ou não exercê-la, pois o empregado poderia pedir a aposentadoria, e aí não teria direito à indenização do período anterior à opção.

A Súmula 295 do TST esclareceu que:

> a cessação do contrato de trabalho em razão de aposentadoria espontânea do empregado exclui o direito ao recebimento de indenização relativa ao período anterior à opção. A realização de depósito na conta do Fundo de Garantia do Tempo de Serviço, cogitada no § 2º do art. 16 da Lei n. 5.107, coloca-se no campo das faculdades atribuídas ao empregador.

Nesse caso, o empregado não estará recebendo uma reparação pecuniária pelo tempo anterior, pois somente poderá utilizar os depósitos se for dispensado.

---

1. SAAD, Eduardo Gabriel. *Comentários à lei do fundo de garantia do tempo de serviço*. 3. ed. São Paulo: LTr, 1995, p. 252.
2. A exceção quanto aos empregadores rurais já foi comentada no capítulo dos contribuintes.

Não fica também na posse do numerário, que estará depositado em sua conta vinculada. Caso venha a falecer ou a se aposentar espontaneamente, não terá direito aos depósitos do período anterior à opção, que só são devidos no caso de o empregador dispensar o obreiro.

No caso de falecimento ou aposentadoria espontânea do empregado, os depósitos reverterão ao empregador. A base de cálculo será o último salário do empregado na data em que a empresa pretender fazer o depósito. Não será o caso de se exigir juros e correção monetária, pois não há previsão legal nesse sentido, além do quê, ao se utilizar do último salário, presume-se que já houve a sua atualização.

O direito à indenização somente deveria ser devido no caso da dispensa, quando nasce o seu fato gerador. Entretanto, o § 3º do art. 14 da Lei n. 8.036 dispõe em outro sentido, facultando ao empregador efetuar o depósito do período anterior à opção do empregado pelo FGTS.

É devido o depósito do FGTS na conta vinculada do trabalhador cujo contrato de trabalho seja declarado nulo nas hipóteses previstas no § 2º do art. 37 da Constituição, isto é, quando o trabalhador não presta concurso público, desde que mantido o direito ao salário (art. 19-A da Lei n. 8.036).

A lei não estabelece se os depósitos do FGTS são devidos durante todo o contrato de trabalho ou apenas sobre o saldo de salário deferido. Dá a entender que, se mantido o salário em decorrência da nulidade do contrato, o FGTS incide sobre o salário deferido e não sobre todo o período trabalhado.

O saldo existente em conta vinculada, oriundo de contrato declarado nulo até 28 de julho de 2001, nas condições do art. 19-A da Lei n. 8.036, que não tenha sido levantado até essa data será liberado ao trabalhador a partir de agosto de 2002.

A partir de 1º de outubro de 1989, os depósitos relativos ao FGTS feitos na rede bancária são transferidos à Caixa Econômica Federal no segundo dia útil subsequente à data em que tenham sido efetuados (art. 11 da Lei n. 8.036). A Lei n. 5.107 não tratava do assunto. Na prática, acontecia de as contribuições do Fundo ficarem retidas por tempo indeterminado, nos bancos arrecadadores, sendo que tais instituições aplicavam o dinheiro e não repassavam ao Fundo. O art. 11 da Lei n. 8.036 teve por objetivo coibir tal situação.

O depósito realizado no prazo regulamentar passa a integrar o saldo da conta vinculada do trabalhador a partir do dia 10 do mês de sua ocorrência (§ 5º do art. 12 da Lei n. 8.036). O crédito não precisará ser feito necessariamente no dia 10, mas a partir do dia 10. O depósito realizado fora do prazo será contabilizado no saldo do dia 10 subsequente, após atualização monetária e capitalização dos juros.

O saldo das contas vinculadas é garantido pelo governo federal, podendo ser instituído seguro especial para esse fim. Tal determinação era prevista no § 4º do art. 11 da Lei n. 7.839 e foi repetida no § 4º do art. 13 da Lei n. 8.036. A garantia mencionada está adstrita aos saldos existentes nas contas vinculadas.

12.2 RESCISÃO DO CONTRATO DE TRABALHO

Previa a redação original do art. 18 da Lei n. 8.036 que, na hipótese de rescisão do contrato de trabalho por parte do empregador, ficará ele obrigado a pagar diretamente ao empregado os valores relativos aos depósitos referentes ao mês da rescisão e ao imediatamente anterior que ainda não houver sido recolhido, sem prejuízo das cominações legais.

A Lei n. 9.491, de 9 de setembro de 1997, deu nova redação ao art. 18 da Lei n. 8.036, estabelecendo que, se houver rescisão do contrato de trabalho, por parte do empregador, ficará este obrigado a depositar na conta vinculada do trabalhador no FGTS os valores relativos aos depósitos referentes ao mês da rescisão e ao imediatamente anterior, que ainda não houver sido recolhido, sem prejuízo das cominações legais.

Anteriormente, a empresa pagava diretamente ao empregado o FGTS não depositado do mês anterior e o do mês da rescisão contratual. Atualmente, deve haver o depósito na conta do FGTS do trabalhador, tanto do mês anterior à rescisão do contrato de trabalho, que ainda não houver sido depositado, como o do próprio mês da rescisão. Ao emitir o empregador a guia para o saque do FGTS, os citados valores já deverão estar depositados na conta vinculada do empregado. O objetivo atual da norma é que, caso os depósitos não sejam feitos no prazo legal, o sistema possa cobrar multa moratória pelo atraso no pagamento, o que não poderia ser feito na sistemática anterior, pois o pagamento era feito diretamente ao empregado.

12.3 CAPITALIZAÇÃO DOS JUROS

A capitalização dos juros é a integração de tais verbas aos valores depositados nas contas do FGTS. Era feita de forma trimestral. Com a Lei n. 7.839, passou a ser mensal (art. 11 e seus parágrafos).

O art. 4º da Lei n. 5.107 previa que a capitalização dos juros dos depósitos mencionados no art. 2º far-se-ia da seguinte forma:

(a) 3% durante os primeiros dois anos de permanência na mesma empresa;

(b) 4% do terceiro ao quinto ano de permanência na mesma empresa;

(c) 5% do sexto ao décimo ano de permanência na mesma empresa;

(d) 6% a partir do décimo primeiro ano de permanência na mesma empresa.

A Lei n. 5.705, de 21 de setembro de 1971, deu nova redação ao referido art. 4º, explicitando que a capitalização dos juros dos depósitos seria feita à taxa de 3% ao ano. O § 3º do art. 11 da Lei n. 7.839 determinou que, para as contas vinculadas dos trabalhadores optantes existentes à data de 21 de setembro de 1971, a capitalização dos juros dos depósitos continuaria a ser feita na seguinte progressão, salvo no caso de mudança de empresa, quando a capitalização dos juros passaria a ser feita à taxa de 3% ao ano:

(a) 3% durante os primeiros dois anos de permanência na mesma empresa;

(b) 4% do terceiro ao quinto ano de permanência na mesma empresa;

(c) 5% do sexto ao décimo ano de permanência na mesma empresa;

(d) 6% a partir do décimo primeiro ano de permanência na mesma empresa.

Esse mesmo critério foi repetido no § 3º do art. 13 da Lei n. 8.036. O saldo formado antes de 23 de setembro de 1971 deve continuar a ser favorecido com a taxa progressiva prevista na lei, mesmo que o empregado mude de emprego, pois já havia o obreiro adquirido tal direito[3].

Atualmente, os depósitos efetuados nas contas vinculadas serão corrigidos monetariamente com base nos parâmetros fixados para atualização dos saldos dos depósitos de poupança e capitalização juros de 3% ao ano (art. 13 da Lei n. 8.036/90).

A atualização monetária e a capitalização de juros nas contas vinculadas correrão à conta do FGTS, e a Caixa Econômica Federal efetuará o crédito respectivo no vigésimo primeiro dia de cada mês, com base no saldo existente no vigésimo primeiro dia do mês anterior, deduzidos os débitos ocorridos no período.

O depósito realizado no prazo legal será contabilizado no saldo da conta vinculada no vigésimo primeiro dia do mês de sua ocorrência.

Na hipótese de depósito realizado intempestivamente, a atualização monetária e a parcela de juros devida ao empregado comporão o saldo-base no vigésimo primeiro dia do mês imediatamente anterior, ou comporão o saldo no vigésimo primeiro dia do mês do depósito, se o depósito ocorrer nesta data

No primeiro mês em que for exigível o recolhimento do FGTS no vigésimo dia, na forma prevista no art. 15 da Lei n. 8.036, a atualização monetária e os juros correspondentes da conta vinculada serão realizados

I – no décimo dia, com base no saldo existente no décimo dia do mês anterior, deduzidos os débitos ocorridos no período; e

---

3. A Súmula 154 do STJ esclarece que "os optantes do FGTS, nos termos da Lei n. 5.958, de 1973, têm direito à taxa progressiva dos juros, na forma do art. 4º da Lei n. 5.107/66".

II – no vigésimo primeiro dia, com base no saldo existente no décimo dia do mesmo mês, atualizado na forma prevista no inciso I deste parágrafo, deduzidos os débitos ocorridos no período, com a atualização monetária **pro rata die** e os juros correspondentes.

Para as contas vinculadas dos trabalhadores optantes existentes à data de 22 de setembro de 1971, a capitalização dos juros dos depósitos continuará a ser feita na seguinte progressão, salvo no caso de mudança de empresa, quando a capitalização dos juros passará a ser feita à taxa de 3 (três) por cento ao ano:

I – 3 (três) por cento, durante os dois primeiros anos de permanência na mesma empresa;

II – 4 (quatro) por cento, do terceiro ao quinto ano de permanência na mesma empresa;

III – 5 por cento, do sexto ao décimo ano de permanência na mesma empresa;

IV – 6 por cento, a partir do décimo primeiro ano de permanência na mesma empresa.

O saldo das contas vinculadas é garantido pelo Governo Federal, podendo ser instituído seguro especial para esse fim.

§ 5º O Conselho Curador autorizará a distribuição de parte do resultado positivo auferido pelo FGTS, mediante crédito nas contas vinculadas de titularidade dos trabalhadores, observadas as seguintes condições, entre outras a seu critério:

I – a distribuição alcançará todas as contas vinculadas que apresentarem saldo positivo em 31 de dezembro do exercício-base do resultado auferido, inclusive as contas vinculadas de que trata o art. 21 da Lei n. 8.036/90;

II – a distribuição será proporcional ao saldo de cada conta vinculada em 31 de dezembro do exercício-base e deverá ocorrer até 31 de agosto do ano seguinte ao exercício de apuração do resultado; e

O valor de distribuição do resultado auferido será calculado posteriormente ao valor desembolsado com o desconto realizado no âmbito do Programa Minha Casa, Minha Vida (PMCMV), de que trata a Lei nº 11.977, de 7 de julho de 2009.

O valor creditado nas contas vinculadas a título de distribuição de resultado, acrescido de juros e atualização monetária, não integrará a base de cálculo do depósito da multa rescisória de que tratam os §§ 1º e 2º do art. 18 da Lei n. 8.036.

A Lei n. 8.036 não estipula que os juros e a correção monetária só são creditados se a conta estiver ativa. Na conta inativa também haverá o cômputo de juros e correção monetária.

A taxa progressiva de juros não se aplica às contas vinculadas ao FGTS de trabalhadores qualificados como avulsos (Súmula 571 do STJ).

12.4 IMPENHORABILIDADE

O art. 27 da Lei n. 5.107 dispunha que as contas bancárias vinculadas em nome dos empregados seriam protegidas pelo disposto no art. 942 do Código de Processo Civil de 1939. Tratava-se da impenhorabilidade da conta do Fundo. O CPC versa sobre a impenhorabilidade de bens no art. 833.

O § 2º do art. 2º da Lei n. 7.839 estabeleceu que as contas vinculadas em nome dos trabalhadores são absolutamente impenhoráveis. O § 2º do art. 2º da Lei n. 8.036 tem a mesma redação.

Com fundamento no inciso IV do art. 833 do CPC, poder-se-ia dizer que a conta do FGTS poderia ser penhorada em caso de prestação de alimentos.

Poderia também ser utilizado o argumento de que o art. 59 da Lei n. 3.807 (LOPS) autorizava os descontos no benefício previdenciário do segurado para atender à prestação alimentícia, reconhecida em sentença judicial, sendo que, no mais, o benefício seria impenhorável. A mesma orientação traz o atual art. 114 da Lei n. 8.213/91. Entretanto, não há previsão semelhante nesse sentido em nenhuma lei do FGTS, inclusive na atual Lei n. 8.036, que considera os depósitos do FGTS absolutamente impenhoráveis.

O FGTS, porém, não tem natureza salarial, mas acaba substituindo a indenização e o sistema de estabilidade contidos nos arts. 478 a 486 e 492 a 500 da CLT. Se fosse salário, não seria devido quando o empregado está gozando de benefício de acidente do trabalho ou quando está engajado no serviço militar. Nesses casos, não há prestação de serviço para o empregador.

As contas vinculadas em nome dos trabalhadores são absolutamente impenhoráveis (§2.º do art. 2.º da Lei n.º 8.036/90). Enquanto a importância estiver depositada no Fundo, será impenhorável. Se for sacada para qualquer fim, o dinheiro que estiver em poder do empregado não mais pertencerá ao Fundo. Assim, poderá ser penhorado. O mesmo raciocínio é feito por Celso Neves, dizendo que as importâncias impenhoráveis a título de salários, soldos e vencimentos, "depois de percebidas, passam a integrar o patrimônio de quem as recebe e se aí forem encontradas, como dinheiro ou convertidas em outros bens, são penhoráveis"[4].

O STJ já entendeu pela comunicabilidade do FGTS no fim do casamento (REsp 1358916/SP, 4ª T., Rel. Min. Luis Felipe Salomão, j. 16.9.2014, DJe

---

4. NEVES, Celso. *Comentários ao Código de Processo Civil*. Rio de Janeiro: Forense, s. d. v. VII, p. 20.

15.10.2014). Entretanto, é um provimento do trabalho pessoal de cada cônjuge e não poderia ser feita a comunhão, mas a exclusão (art. 1.659, VI, do Código Civil).

12.5 COMUNICAÇÃO DOS DEPÓSITOS

A Lei n. 5.107 não previa expressamente que o empregador deveria comunicar aos empregados os valores recolhidos ao FGTS. O art. 14 do Decreto n. 59.820 dispunha que aos bancos depositários cabia, por meio das empresas, fornecer aos empregados optantes extrato anual de suas contas vinculadas, devendo, ainda, atender aos pedidos de informações que lhes fossem feitos pelos empregados, por intermédio do respectivo sindicato ou, na falta deste, diretamente pelos interessados.

O art. 15 da Lei n. 7.839 passou a prever que os empregadores deveriam comunicar mensalmente aos trabalhadores os valores recolhidos ao FGTS, repassando-lhes as informações obtidas na Caixa Econômica Federal ou dos bancos depositários.

O art. 17 da Lei n. 8.036 repetiu a orientação anterior, declarando que os empregadores deverão comunicar mensalmente aos trabalhadores os valores recolhidos ao FGTS, repassando ao obreiro as informações obtidas na Caixa Econômica Federal. Os trabalhadores também terão acesso aos extratos dos depósitos fundiários, que lhes serão remetidos pela Caixa Econômica Federal (art. 7º, I, da Lei n. 8.036).

O art. 22 do RFGTS afirma que, após a centralização das contas na Caixa Econômica Federal, fica assegurado ao trabalhador o direito de receber, bimestralmente, extrato informativo da conta vinculada.

Normalmente, a forma de comunicação que o empregador utiliza para informar ao empregado o depósito do FGTS é colocando o valor que irá depositar no recibo de pagamento. Não existe disposição no sentido de que deveria a empresa afixar no quadro de aviso a guia em que foi recolhido o FGTS e a respectiva relação de empregados, além de se enviar cópia da guia à entidade sindical, como acontece em relação à contribuição previdenciária (arts. 3º e 4º da Lei n. 8.870/94), medida que seria extremamente positiva se adotada pelo legislador, visando a que o próprio empregado verifique se o FGTS vem sendo recolhido mensalmente.

A Resolução n. 49, do Conselho Curador do FGTS, de 12 de novembro de 1991, previa que, na comunicação obrigatória da empresa aos trabalhadores, além dos valores e demais informações, deveriam constar o nome do banco e o número da agência depositária da conta vinculada. Hoje, tal orientação não tem mais valor, pois houve a centralização das contas na Caixa Econômica Federal.

Faculta o art. 72 do RFGTS à entidade sindical representar os trabalhadores junto ao empregador ou à Caixa Econômica Federal para a obtenção de informações relativas ao FGTS.

A Resolução n. 48 do Conselho Curador do FGTS, de 18 de setembro de 1991, especificou que o sindicato pode participar da fiscalização do FGTS se não obtiver da empresa a informação sobre os recolhimentos, formulando denúncia à fiscalização do trabalho. Verificado que o empregador não recolheu o FGTS, o sindicato pode ajuizar ação contra aquele, para compeli-lo a fazer os depósitos.

Os depósitos serão protegidos pelo sigilo bancário. Não poderá o banco depositário ou a Caixa Econômica Federal divulgar a outras pessoas informações da conta vinculada do empregado. O atual Regulamento do FGTS não repetiu a determinação do § 2º do art. 14 do Decreto n. 59.820, que explicitava ser:

> vedado aos Bancos Depositários fornecer informações sobre a conduta profissional dos empregados, decorrentes das comunicações recebidas para os efeitos do que dispõe este Regulamento.

Apesar de não ter sido repetida tal orientação no Decreto n. 99.684, é de bom alvitre que os bancos não divulguem informações da conta vinculada do empregado a outras pessoas, salvo se houver determinação judicial para tal divulgação, pois aí se tratará de ordem do juiz.

12.6 DESPESA OPERACIONAL

Os depósitos do FGTS serão considerados despesas operacionais da empresa, dedutivas do lucro operacional para efeito da legislação do imposto de renda (art. 29 da Lei n. 8.036). Explica o art. 47 da Lei n. 4.506/64 que são operacionais as despesas não computadas nos custos, necessárias à atividade da empresa e à manutenção da respectiva fonte produtora. O § 1º do art. 47 da mesma norma declara que são necessárias as despesas pagas ou incorridas para a realização das transações ou operações exigidas pela atividade da empresa[5]. Para a empresa, o pagamento feito a título de depósito do FGTS é despesa necessária à sua atividade, pois foi incorrida no desenvolvimento de suas atividades normais.

A dedutibilidade como despesa operacional, para fins de imposto de renda, abrange os depósitos efetuados pela pessoa jurídica para garantia do tempo de serviço de seus diretores não empregados.

---

5. Lucro operacional é o resultado das atividades, principais ou acessórias, que constituam objeto da pessoa jurídica (art. 11 do Decreto-Lei n. 1.598/77).

As importâncias levantadas das contas pelos empregadores serão consideradas receita tributável (art. 29 da Lei n. 8.036). É o que ocorreria se a empresa sacasse importância depositada a título do FGTS, no caso de o empregado não mais ter direito ao tempo de serviço anterior à opção. Nesse caso, se quando faz os depósitos o pagamento é considerado despesa operacional, ao contrário, se o depósito for sacado, será considerada operacional a receita e tributada pelo imposto de renda.

12.7 REQUISITOS PARA APLICAÇÃO DO FGTS

Os requisitos para aplicação do Fundo eram:

(a) garantia real. A interpretação da expressão *garantia real* pode ser feita no sentido de que a garantia é de coisa, mas também de garantir efetivamente o empréstimo fornecido. O § 5º do art. 13 da lei n. 5.107 permitia que o BNH dispensasse a garantia real em relação a empréstimos concedidos à pessoa jurídica de direito público, à empresa pública ou à sociedade de economia mista;

(b) correção monetária igual à das contas vinculadas;

(c) rentabilidade superior ao custo do dinheiro depositado, inclusive os juros (art. 13 da Lei n. 5.107).

A Lei n. 7.839 previa como requisitos:

(a) garantia real;

(b) correção monetária igual à das contas vinculadas;

(c) taxas de juros média de, no mínimo, 3% ao ano. A partir da Lei n. 7.839, era possível a fixação de percentual maior que 3% ao ano de juros, pois a lei só fixa o percentual mínimo e não o máximo;

(d) prazo máximo de 25 anos (art. 7º).

O art. 9º da Lei n. 8.036 dispunha, inicialmente, que as operações para aplicações dos recursos do FGTS deveriam ter:

(a) garantia real;

(b) correção igual à das contas vinculadas;

(c) taxa de juros média mínima, por projeto, de 3% ao ano;

(d) prazo máximo de 30 anos.

A Lei n. 9.467, de 10 de julho de 1997, modificou a redação do inciso I do art. 9º da lei n. 8.036, prevendo como forma de aplicação dos recursos do FGTS:

I. Garantias:

(a) hipotecária;

(b) caução de créditos hipotecários próprios, relativos a financiamentos concedidos com recursos do agente financeiro;

(c) caução dos créditos hipotecários vinculados aos imóveis objeto de financiamento;

(d) hipoteca sobre outros imóveis de propriedade do agente financeiro, desde que livres e desembaraçados de quaisquer ônus;

(e) cessão de créditos do agente financeiro, derivados de financiamentos concedidos com recursos próprios, garantidos por penhor ou hipoteca;

(f) hipoteca sobre imóvel de propriedade de terceiros;

(g) seguros de crédito;

(h) garantia real ou vinculação de receitas, inclusive tarifárias, nas aplicações contratadas com pessoa jurídica de direito público ou de direito privado a ela vinculada;

(i) aval em nota promissória;

(j) fiança pessoal;

(l) alienação fiduciária de bens móveis em garantia;

(m) fiança bancária;

(n) outras, a critério do Conselho Curador do FGTS.

O objetivo da nova redação do inciso I do art. 9º da Lei n. 8.036 foi que as garantias para a concessão de empréstimos do FGTS fossem mais concretas, de modo a poder o empréstimo ser efetivamente pago e o capital emprestado pelo Fundo ser devolvido com juros e correção monetária. Os demais requisitos foram mantidos:

(a) correção monetária igual à das contas vinculadas;

(b) taxa de juros média mínima, por projeto, de 3% ao ano;

(c) prazo máximo de 30 anos.

A rentabilidade média das aplicações deverá ser suficiente à cobertura de todos os custos incorridos pelo Fundo e, ainda, à formação de reserva técnica para o atendimento de gastos eventuais não previstos, sendo da Caixa Econômica Federal o risco de crédito (§ 1º do art. 9º da Lei n. 8.036).

Anteriormente, o § 5º do art. 9º da Lei n. 8.036 previa que, nos financiamentos concedidos a pessoa jurídica de direito público, seria exigida garantia real ou vinculação de receitas. A Caixa Econômica Federal não mais poderia dispensar a garantia real. Essa exigência já não é feita de forma expressa. A atual redação do referido § 5º dispõe que as garantias nas diversas modalidades discriminadas *supra* serão admitidas singular ou supletivamente, considerada a suficiência de cobertura para os empréstimos e financiamentos concedidos.

Os recursos do FGTS deverão ser aplicados em habitação, saneamento básico e infraestrutura urbana. As disponibilidades financeiras devem ser mantidas em volume que satisfaça as condições de liquidez e remuneração mínima necessárias à preservação do poder aquisitivo da moeda (§ 2º do art. 9º da Lei n. 8.036).

O § 4º do art. 9º da Lei n. 8.036 permite que o FGTS financie projetos de saneamento básico e infraestrutura urbana, porém devem ser complementares aos programas habitacionais. No mínimo 60% das aplicações serão destinados ao financiamento de habitações populares. Isso permite que não haja aplicação apenas em determinado segmento, como de financiamento de habitações mais luxuosas, em detrimento das pessoas mais necessitadas.

Mantida a rentabilidade média de que trata o § 1º do art. 9º da Lei n. 8.036, as aplicações em habitação popular poderão contemplar sistemática de desconto, direcionada em razão da renda familiar do beneficiário, em que o valor do benefício seja concedido mediante redução no valor das prestações a serem pagas pelo mutuário ou pagamento de parte da aquisição ou construção de imóvel, entre outras, a critério do Conselho Curador do FGTS.

Os recursos necessários para a consecução da sistemática de desconto serão destacados, anualmente, do orçamento de aplicação de recursos do FGTS, constituindo reserva específica, com contabilização própria.

O recolhimento do depósito mensal é feito por meio de guia de recolhimento (GFIP). Deve haver individualização dos valores depositados para cada empregado, sendo uma relação para cada mês de competência.

12.8 FALTA DE RECOLHIMENTO DO FGTS E RESCISÃO INDIRETA

Eduardo Gabriel Saad entende que, se o empregador não deposita o FGTS, o empregado pode pedir a rescisão indireta do contrato de trabalho, dizendo que houve o descumprimento de uma das obrigações dele derivadas[6].

Penso que o fato de o empregador não vir depositando o FGTS durante o pacto laboral não constitui violação da alínea *d* do art. 483 da CLT, visto que o empregado não pode levantar o FGTS na constância da relação de emprego, nem existe prejuízo ao obreiro durante a vigência do pacto laboral. Pode-se argumentar, ainda, que a obrigação de fazer os depósitos do FGTS na constância

---

6. SAAD, Eduardo Gabriel. *Comentários à lei do Fundo de Garantia do Tempo de Serviço*. 3. ed. São Paulo: LTr, 1995, p. 330.

do pacto laboral é legal, e não contratual, até porque o empregado não é mais optante do FGTS.

A lei permite, inclusive, que o empregado ajuíze ação contra o empregador para postular o recolhimento do FGTS, mesmo na vigência do contrato de trabalho, o que também pode ser feito pelo sindicato (art. 25 da lei n. 8.036). A única hipótese que poderia acarretar prejuízo ao empregado seria a de este necessitar do FGTS para amortização ou pagamento da casa própria, sendo que, aqui, poderia estar configurada uma falta do empregador[7].

12.9 PARCELAMENTO

No caso de a empresa pedir o parcelamento dos depósitos do FGTS que estão atrasados, o empregado não pode pretender o pagamento de imediato, salvo se estiver diante de alguma hipótese de utilização da conta vinculada, quando, nesse caso, os depósitos seriam devidos de imediato. Os exemplos seriam o saque para abatimento das prestações da casa própria, a dispensa do empregado etc. O parcelamento vem a ser hipótese legal de pagamento em parcelas, que não implica o pagamento imediato dos depósitos, salvo nas situações anteriormente descritas.

O TRT da 2ª Região tem acórdão que interpreta um pouco diferente a questão:

> FGTS. Depósito. Exigência. O acordo com o Agente Operador para parcelamento, em prestações mensais, dos depósitos em atraso não obsta a exigência, pelo empregado, do cumprimento da obrigação legal, nas hipóteses previstas para movimentação. Além do interesse imediato há ainda a destinação social do pecúlio, diante do programa de habitação, saneamento básico e infraestrutura urbana. Resolução CODEFAT (n. 202, de 12-12-1995, *DOU* 18-12-1995, art. 13) (RO 0290255692, Ac. 0296042186, 6ª T., Rel. Carlos Francisco Berardo, *DJSP* II 25-9-1996, p. 54).

O parcelamento de débitos do FGTS é descrito na Resolução 287, de 30 de junho de 1998, do Conselho Curador do FGTS.

---

7. O Pleno do TST já decidiu da mesma forma: "Contrato de trabalho Resolução por culpa do empregador. Inexistência dos depósitos na conta do Fundo de Garantia do Tempo de Serviço. A legislação em vigor apenas atribui pretensão ao empregado ligada aos depósitos do Fundo em determinadas hipóteses. Se vigente o contrato de trabalho o empregado não tem demanda para pleitear condenação do empregador à feitura dos depósitos, porque não verificado um dos casos exaustivamente mencionados em lei, forçoso é concluir, *a fortiori* e mediante interpretação sistemática, que também não tem a pertinente à resolução do contrato de trabalho. Se o legislador resolveu de certa forma um caso determinado, pode-se concluir que a mesma solução se aplica a um caso mais favorável (inteligência do art. 483 da Consolidação das Leis do Trabalho e arts. 19 e 21 da Lei n. 5.107/66 e 59 e 60 do Decreto Regulamentador n. 59.820/66)" (TST, ERR 3066/81, Pleno, Rel. Designado Marco Aurelio de Farias Mello, j. 26-11-1987, *DJU* 22-4-1988, p. 9189).

O inciso IX do art. 5º da Lei n. 8.036 dá competência ao Conselho Curador do FGTS para fixar critérios para parcelamento de recolhimentos em atraso.

As Resoluções n. 466 e 467, de 14 de dezembro de 2004, do Conselho Curador do FGTS, tratam dos procedimentos para parcelamento de débitos do FGTS.

O parcelamento de débitos inseridos em Dívida Ativa do FGTS, que ainda não tenha sido ajuizada execução fiscal, obedecerá às seguintes regras:

(a) a quantidade de parcelas será igual ou inferior ao número de competências em atraso, limitada a 120;

(b) excepcionalmente, em razão da incapacidade de pagamento da empresa, havendo menos competência do que a quantidade de parcelas máximas permitida, o acordo poderá ser formalizado em até 120 meses;

(c) o valor da parcela mensal será determinado pelo resultado da divisão do montante do débito, atualizado de acordo com a Lei n. 8.036, pelo número de prestações acordadas;

(d) não caberá reparcelamento de acordo de parcelamento rescindido de débito inscrito e não ajuizado.

Em relação a débitos ajuizados, são observadas as seguintes regras:

(a) a quantidade de parcelas será igual ou inferior ao número de competências em atraso, limitada a 60;

(b) o valor da parcela mensal é determinado pela divisão do montante do débito atualizado até a data da formalização de acordo de parcelamento, pelo número de parcelas acordadas;

(c) o débito atualizado compreende: depósito, atualização monetária, juros de mora e multa, conforme a Lei n. 8.036, acrescidos dos encargos da Lei n. 9.467, ou dos honorários advocatícios arbitrados pelo juízo.

Os acordos dos Estados, do Distrito Federal e dos Municípios, as autarquias e as fundações por eles instituídas e mantidas, assim como suas sociedades de economia mista e empresas públicas, far-se-ão sempre mediante lei específica de vinculação de receita em garantia do acordo.

O encaminhamento do pedido de parcelamento não vincula o agente operador a seu deferimento e tampouco desobriga o empregador da satisfação regular ou convencional de suas obrigações perante o FGTS.

Quando se tratar de débitos ajuizados, a Procuradoria da Fazenda Nacional ou a área jurídica da CEF, conforme o caso, devem dar anuência para efetivação do acordo.

13
INCIDÊNCIA E NÃO INCIDÊNCIA DO FGTS

13.1 FATO GERADOR

Fato gerador, segundo o art. 114 do CTN, é a situação definida em lei como necessária e suficiente a sua ocorrência.

O fato gerador do FGTS é o pagamento de remuneração, ou ser esta devida ao trabalhador (art. 15 da Lei n. 8.036).

Será devido o FGTS tanto se a remuneração for paga como se não for saldada, mas for devida, podendo o empregado ajuizar ação para esse fim. Não é só o pagamento efetivo ao empregado que se constituirá no fato gerador do FGTS, mas também se a verba for devida, apesar de não ter sido paga.

13.2 BASE DE CÁLCULO

Base de cálculo, segundo Ruy Barbosa Nogueira, "é a grandeza econômica ou numérica sobre a qual se aplica a alíquota para se obter a quantia devida"[1].

A base de cálculo será, portanto, a escolha pelo legislador de um aspecto econômico ou numerário sobre o qual irá incidir a alíquota.

Rubens Gomes de Sousa afirma que o legislador pode estabelecer a base de cálculo de certo tributo de duas maneiras: "por uma referência direta ao próprio pressuposto material da incidência" ou "por uma referência a elementos que, sendo integrantes do pressuposto material da incidência, ou deles dependentes, permitam apurar o seu valor econômico"[2].

A base de cálculo do FGTS será a remuneração ou verbas equiparáveis à remuneração, conforme forem definidas em lei.

---
1. NOGUEIRA, Ruy Barbosa. *Curso de direito tributário*. 8. ed. São Paulo: Saraiva, 1987, p. 114.
2. SOUSA, Rubens Gomes de. Parecer. *Imposto de indústrias e profissões*: Razões e pareceres. Porto Alegre: Prefeitura, 1957, p. 228.

Pouco importa a forma de salário que o empregado percebe. Tanto pode ser só salário fixo, como só comissão, como fixo mais comissão ou outras verbas variáveis. Da mesma forma, se seu salário é tomado por base em relação às tarefas ou peças produzidas, sobre o resultado, ou seja, sobre a remuneração auferida no fim do mês, é que incidirá o FGTS.

O art. 15 da Lei n. 8.036 menciona que a importância do FGTS terá por base a remuneração paga ou devida, no mês anterior, a cada trabalhador. Seu fato gerador será o pagamento de remuneração aos empregados. Trata-se de uma referência direta estabelecida pelo legislador, porém há também referência a outros elementos, como a gratificação de Natal, as parcelas contidas no art. 458 da CLT.

Segundo o art. 457 da CLT, remuneração compreende o salário mais as gorjetas recebidas pelo empregado. Remuneração, portanto, é gênero, do qual salário e gorjetas são espécies. Remuneração é o conjunto de retribuições habitualmente recebidas pelo empregado pela prestação de serviços, seja em dinheiro ou em utilidades, provenientes do empregador ou de terceiros, mas decorrentes do contrato de trabalho, de modo a satisfazer suas necessidades vitais básicas e de sua família[3]. Assim, na remuneração estão inseridos tanto o pagamento direto feito ao empregado pelo empregador como o realizado por terceiros (gorjetas).

O salário é o conjunto de pagamentos feitos diretamente pelo empregador ao empregado em virtude do contrato de trabalho. Não compreende o pagamento feito por terceiros ao empregado, mas proveniente do contrato de trabalho.

Integram o salário as comissões, as percentagens, as gratificações legais (§ 1º do art. 457 da CLT). Haverá, portanto, a incidência do FGTS sobre tais verbas.

Quando o empregado é contratado no Brasil e transferido para o exterior nos termos da Lei n. 7.064, o FGTS incidirá sobre os valores do salário-base contratado, acrescido do adicional de transferência.

O período em que o empregado ferroviário estiver de sobreaviso em sua residência, conforme o § 2º do art. 244 da CLT, tem natureza salarial, tanto que as horas de "sobreaviso" serão contadas à razão de um terço da hora normal. Sobre tal valor, por ter natureza salarial, haverá a incidência do FGTS, embora o empregado não preste serviços.

O empregador ou o responsável fica obrigado a elaborar folha de pagamento e a declarar os dados relacionados aos valores do FGTS e outras informações de

---

3. Octavio Bueno Magano define remuneração como "o conjunto de vantagens habitualmente atribuídas ao empregado, de acordo com algum critério objetivo, em contraprestação de serviços prestados e em montante suficiente para satisfazer às necessidades próprias e da família" (*Manual de direito do trabalho*: Direito individual do trabalho. 4. ed. São Paulo: LTr, 1993, p. 218).

interesse do poder público por meio de sistema de escrituração digital, na forma, no prazo e nas condições estabelecidos em ato do Ministro de Estado do Trabalho e Previdência (art. 17-A da Lei n.º 8.036/90).

As informações prestadas na forma do **caput** deste artigo constituem declaração e reconhecimento dos créditos delas decorrentes, caracterizam confissão de débito e constituem instrumento hábil e suficiente para a cobrança do crédito de FGTS.

O lançamento da obrigação principal e das obrigações acessórias relativas ao FGTS será efetuado de ofício pela autoridade competente, no caso de o empregador não apresentar a declaração na forma do **caput** do artigo 17 da Lei n. 8.036/90, e será revisto de ofício, nas hipóteses de omissão, erro, fraude ou sonegação.

13.3 ALÍQUOTA DO FGTS

É de 8% a alíquota do FGTS sobre a remuneração.

A alíquota do FGTS para o aprendiz é de 2% (§ 7º do art. 15 da Lei n. 8.036/90).

Não é inconstitucional a redução da alíquota de 8% para 2% do FGTS, para o aprendiz, sob o argumento de perda de direito do trabalhador. O FGTS tem natureza de contribuição social, sendo que sua alíquota só pode ser fixada por lei (art. 97, IV, do CTN). Logo, nada impede que seja aumentada ou diminuída. A Constituição não dispõe sobre a alíquota do FGTS, apenas que este é um direito do trabalhador (art. 7º, III), havendo necessidade de a lei ordinária complementar o dispositivo constitucional. Pelo ângulo analisado, inexiste inconstitucionalidade na redução de alíquota do FGTS.

A alínea *b* do inciso III do art. 150 da Lei Maior dispõe que o tributo que for instituído ou aumentado não poderá ser exigido no mesmo exercício financeiro em que tenha sido publicada a lei. No caso, a situação é exatamente inversa, pois não houve instituição do FGTS ou aumento de tributo, mas redução. Dessa forma, é possível a exigência do FGTS, à razão de 2%, no mesmo exercício financeiro em que foi reduzida a contribuição.

Entendo que a alíquota diferenciada para o aprendiz não é inconstitucional, pois o aprendiz não é exatamente igual a um empregado comum. Ganha para aprender e poder aplicar o que aprendeu na empresa. Assim, pode haver alíquota diferenciada, tanto que ganha pelo menos um salário mínimo e pode ter jornada de trabalho diferenciada (art. 432 da CLT). É um incentivo a alíquota menor do FGTS para a contratação do aprendiz.

13.4 INCIDÊNCIA

"Incidir" quer dizer recair sobre, bater sobre, refletir. Incidência é "o fato de a situação previamente descrita na lei ser realizada e incidir no tributo, dar nascimento à obrigação"[4]. A situação está previamente definida em lei para a ocorrência do fato gerador da obrigação.

Várias são as parcelas que têm a incidência do FGTS, porém iremos examiná-las em separado.

13.4.1 Abono de férias

O abono ou gratificação de férias que exceder a 20 dias do salário, concedido em virtude de cláusula contratual, regulamento de empresa, convenção ou acordo coletivo (art. 144 da CLT), terá natureza salarial, por seu total, havendo a incidência do FGTS.

13.4.2 Adicionais

Adicional é algo que se acrescenta. Do ponto de vista trabalhista, é um acréscimo salarial decorrente da prestação de serviços do empregado em condições mais gravosas. Pode ser dividido em adicional de horas extras, noturno, de insalubridade, de periculosidade, de transferência.

O FGTS também incidirá sobre as horas extras prestadas ou sobre outros adicionais pagos ao empregado, como o adicional de transferência. A Súmula 63 do TST estabelece que a contribuição do FGTS incide sobre a remuneração mensal devida ao empregado, inclusive horas extras e adicionais eventuais.

A Súmula 593 do STF afirma que: "incide o percentual do Fundo de Garantia do Tempo de Serviço (FGTS) sobre a parcela da remuneração correspondente a horas extraordinárias de trabalho".

A jurisprudência interpreta o pagamento de adicionais num sentido bastante amplo, considerando tal pagamento como remuneração, como o salário integrado de adicionais, sejam eles de horas extras, noturno, de insalubridade, periculosidade, de transferência, ainda que eventuais, porque compõem a base de cálculo do salário. Mesmo que as horas extras ou os adicionais sejam eventuais, haverá a incidência do FGTS.

O adicional noturno pago com habitualidade integra o salário para todos os efeitos (Súmula 60 do TST). Mesmo que seja pago eventualmente, o adicional noturno terá natureza salarial e haverá a incidência do FGTS.

---

4. NOGUEIRA, Ruy Barbosa. Op. cit., p. 182.

Eduardo Gabriel Saad afirma que os adicionais de insalubridade e periculosidade não se incorporam ao salário, sendo que sobre eles não incidiria o FGTS[5]. O adicional de periculosidade e de insalubridade, se pago em caráter permanente, integra o cálculo da indenização, conforme a orientação das Súmulas 132 e 139. Não se pode negar que os referidos adicionais compõem a remuneração do trabalhador para o pagamento de outras verbas. Assim, há a incidência do FGTS sobre os dois adicionais.

A integração dos adicionais no 13º salário, férias gozadas, aviso-prévio trabalhado e descansos semanais remunerados também terá a incidência do FGTS.

O adicional por tempo de serviço também terá a incidência do FGTS, pois tal pagamento tem natureza salarial.

13.4.3 Auxílio-doença

O inciso II do art. 28 do Decreto n. 99.684 estabelece que o FGTS incide sobre a remuneração paga pela empresa na licença para tratamento de saúde de até 15 dias.

A empresa deve pagar o salário do empregado nos 15 primeiros dias do afastamento deste por motivo de doença (§ 3º do art. 60 da Lei n. 8.213). Esse pagamento tem a incidência do FGTS, pois é considerado remuneração, uma vez que a empresa fica obrigada a pagar a importância correspondente ao empregado.

13.4.4 Comissões

Comissões são pagamentos feitos pelo empregador ao empregado em razão da mediação de um negócio realizado pelo segundo em favor do primeiro.

Tal pagamento é comum para empregados balconistas, vendedores, vendedores pracistas ou viajantes.

O § 1º do art. 457 da CLT determina que integram o salário as comissões e percentagens. Assim, sobre tais pagamentos haverá a incidência do FGTS. Se no mês o empregado não fizer vendas que atinjam o salário mínimo, este será a remuneração mínima a ele devida e sobre tal pagamento incidirá o FGTS.

Havendo a cessação do contrato de trabalho, pode haver comissões pendentes. Seria o caso de as comissões de vendas que foram efetuadas no último dia do contrato de trabalho. Tais verbas posteriormente devem ser pagas pelo empregador. Terão natureza salarial e sobre elas deverá incidir o FGTS.

---

5. SAAD, Eduardo Gabriel. *Comentários à lei do Fundo de Garantia do Tempo de Serviço.* 3. ed. São Paulo: LTr, 1995, p. 302.

O *factoring* ou faturização é a transferência de créditos do comerciante para a empresa de *factoring*. Esta compra as faturas do comerciante com um desconto. Se o empregado faz vendas e recebe comissões, sobre estas comissões não pode ser descontada a cessão à empresa de *factoring* de faturas do comerciante, que iriam originar a comissão do empregado. Nesse caso, sobre tais comissões também incidirá o FGTS. A base de cálculo das comissões, portanto, não poderá ser reduzida pelo empregador, nem mesmo poderá deixar de haver a incidência do FGTS sobre tal verba.

13.4.5 Diretor não empregado

Se a empresa estender a seus diretores não empregados o FGTS, este terá de ser depositado. Trata-se de faculdade da empresa.

A Lei n. 6.404 não determina expressamente o que seja remuneração dos administradores, apenas declara, no art. 152, que a assembleia geral fixará o montante global ou individual da remuneração dos administradores, tendo em conta suas responsabilidades, o tempo dedicado a suas funções, sua competência e reputação profissional e o valor de seus serviços no mercado. Alberto Xavier explica que "remuneração dos administradores é conceito que, em sentido amplo, exprime todas as prestações patrimoniais auferidas em razão do exercício do seu cargo"[6].

O § 4º do art. 15 da Lei n. 8.036 considera remuneração as retiradas de diretores não empregados, quando haja deliberação da empresa, garantindo-lhes os direitos decorrentes do contrato de trabalho. Sobre a remuneração que o diretor não empregado estiver percebendo é que incidirá o FGTS, isto é, sobre sua retirada mensal a título de remuneração por seu trabalho de administração da empresa.

13.4.6 Décimo terceiro salário

O art. 2º da Lei n. 5.107 não previa expressamente a incidência do FGTS sobre o 13º salário. O § 1º do art. 457 da CLT determina que a gratificação ajustada é considerada salário e, portanto, tem a incidência do FGTS. O 13º salário não deixa de ser uma espécie de gratificação legal e, assim, ajustada. O art. 9º do Decreto n. 59.820 incluía no conceito de remuneração a gratificação de Natal a que se refere a Lei n. 4.090, de 13 de julho de 1962, com as modificações da Lei n. 4.749, de 12 de agosto de 1965.

O art. 13 da Lei n. 7.839 corrigiu a falha que existiu na lei anterior e adotou a orientação do regulamento da Lei n. 5.107, ao especificar que seria incluída na remuneração do trabalhador "a gratificação de Natal a que se refere a Lei n. 4.090".

---

6. XAVIER, Alberto. *Administradores de sociedades*. São Paulo: Revista dos Tribunais, 1979.

Atualmente, o art. 15 da Lei n. 8.036 dispõe que o FGTS incide sobre a gratificação de Natal a que se refere a Lei n. 4.090, de 13 de julho de 1962, com as modificações da Lei n. 4.749. Tal gratificação é chamada de 13º salário. Incidirá tanto sobre a primeira parcela do 13º salário, que pode ser paga entre 1º de fevereiro a 30 de novembro de cada ano, como sobre a segunda parcela, que deve ser saldada até 20 de dezembro de cada ano. Mesmo que o pagamento do 13º salário ocorra na rescisão do contrato de trabalho, haverá a incidência do FGTS, pois a lei não faz nenhuma ressalva quanto à incidência do 13º salário pago na vigência do contrato de trabalho e na rescisão do referido pacto. Ao contrário, o art. 15 da Lei n. 8.036 é claro no sentido de que o FGTS incide sobre a gratificação de Natal nos moldes da Lei n. 4.090, inclusive com suas modificações, portanto, na rescisão do contrato de trabalho.

A alínea *n* do § 9º do art. 37 do Decreto n. 612/92 estabelecia que não integra o salário de contribuição, para os fins da contribuição previdenciária, a parcela do 13º salário correspondente ao período de aviso-prévio indenizado, paga na rescisão do contrato de trabalho. No que diz respeito ao FGTS sobre tal pagamento, haverá sua incidência, pois o art. 15 da Lei n. 8.036 é explícito no sentido de que o FGTS incide sobre a gratificação de Natal, não fazendo distinção entre a gratificação paga na vigência do contrato de trabalho ou na rescisão do contrato de trabalho, nem mesmo sobre a projeção do aviso-prévio sobre o 13º salário. Assim, haverá a incidência normal do FGTS sobre a projeção do aviso-prévio indenizado no 13º salário.

13.4.7 Etapas

As etapas são formas de remuneração dos marítimos. Assim, há a incidência do FGTS sobre tal verba, devido à sua natureza de remuneração. A Instrução Normativa SIT n. 99/12, da Secretaria de Fiscalização do Trabalho, esclarece que as etapas dos marítimos integram a remuneração para efeito da incidência do FGTS (art. 8.º, XI).

13.4.8 Gratificações legais

Gratificação deriva do latim *gratificare*, que tem o significado de dar graças, mostrar-se reconhecido. No direito do trabalho, muitas vezes a gratificação tem o sentido de um pagamento feito por liberalidade do empregador. Será liberal a gratificação não ajustada.

O § 1º do art. 457 da CLT estabelece que integra o salário a gratificação legal.

Não é costume haver previsão legal de pagamento de gratificação.

Como a lei é clara em dizer que a gratificação legal é salário (§ 1º do art. 457 da CLT), não incide a contribuição sobre outras gratificações que não sejam as legais, por falta de previsão expressa nesse sentido na lei e de acordo com o princípio da legalidade tributária.

Se a gratificação não for ajustada e for paga apenas uma única vez, não haverá a incidência do FGTS sobre tal pagamento.

Sobre gratificação de função paga aos bancários (§ 2º do art. 224 da CLT), gratificação paga aos gerentes ou aos que exercem cargo de confiança (art. 62, II, e seu parágrafo único, da CLT), incidirá o FGTS. Essas seriam gratificações legais.

Sobre a gratificação de balanço paga periodicamente também não haverá a incidência do FGTS, por não ser gratificação legal. Essa gratificação vem a ser uma liberalidade do empregador e não se confunde com a participação nos lucros ou resultados, que depende da existência de lucros ou resultados estabelecidos pelo empregador.

A gratificação por tempo de serviço não é gratificação legal e não integra o salário para a incidência do FGTS.

13.4.9 Gorjetas

As gorjetas são consideradas remuneração (art. 457 da CLT). Consistem na importância espontaneamente dada pelo cliente ao empregado, como também na que for cobrada pela empresa ao cliente, como adicional nas contas, a qualquer título, e destinada à distribuição aos empregados (§ 3º do art. 457 da CLT e Súmula 354 do TST). São os pagamentos feitos por terceiros aos empregados, mas em virtude do contrato de trabalho. Tanto serão gorjetas as dadas espontaneamente pelo cliente como as cobradas pelo empregador do cliente na nota fiscal, visando à distribuição aos empregados. Haverá, portanto, a incidência do FGTS sobre tais pagamentos.

Quando as gorjetas são dadas espontaneamente pelo cliente, muitas vezes não há como se saber quanto foi pago. Assim, toma-se uma estimativa de gorjetas estabelecida pelo sindicato ou o que for estabelecido em convenção ou acordo coletivo. Sobre tal valor, se não for possível calcular efetivamente quanto foi recebido de gorjetas, incidirá o FGTS.

13.4.10 Interrupção do contrato de trabalho

Quando houver interrupção do contrato de trabalho do empregado, em que o empregador tem obrigação de pagar salários e contar o tempo de serviço, haverá a incidência do FGTS.

A Lei n. 8.036 não é clara sobre essas situações, assim como não eram as anteriores normas legais.

O art. 28 do Decreto n. 99.684 explicita que o depósito do FGTS é obrigatório nos casos de interrupção do contrato de trabalho, indicando quais seriam as hipóteses.

A primeira é a contida no inciso I, em que o FGTS é devido quando o empregado está prestando serviço militar. O fundamento para essa orientação é o de que o parágrafo único do art. 4º da CLT determina que se computam como tempo de serviço para efeito de indenização e estabilidade os períodos em que o empregado estiver afastado do trabalho, prestando serviço militar. Como o sistema de indenização e estabilidade foi substituído pelo FGTS, entende-se que este passaria a incidir sobre os salários do empregado que está prestando serviço militar, como forma de garantir seu tempo de serviço. O salário, no caso, não é devido, mas o tempo de serviço seria computado para indenização e estabilidade. Assim, haveria a incidência do FGTS. O § 5º do art. 15 da Lei n. 8.036 prevê, expressamente, que o FGTS deve ser depositado nos casos de afastamento para prestação de serviço militar obrigatório.

A segunda hipótese é descrita no inciso III, quando o empregado estiver em licença por acidente do trabalho. Nesse caso, o fundamento é o de que o parágrafo único do art. 4º da CLT dispõe sobre o cômputo do tempo de serviço para efeito de indenização e estabilidade, nos períodos em que o empregado estiver afastado do trabalho por motivo de acidente do trabalho. Sendo o sistema de indenização e estabilidade substituído pelo FGTS, entende-se que este passaria a incidir sobre os salários do empregado que está afastado por motivo de acidente do trabalho, como forma de garantir seu tempo de serviço. O salário, no caso, não é devido, mas o tempo de serviço seria computado para indenização e estabilidade. Assim, haveria a incidência do FGTS sobre o salário que o empregado estaria percebendo caso estivesse trabalhando, com os reajustes legais ou normativos.

Estabelece o § 5º do art. 15 da Lei n. 8.036 que o depósito do FGTS é obrigatório nos casos de afastamento por motivo de acidente do trabalho. Se for concedida aposentadoria por invalidez decorrente de acidente do trabalho, o empregador deixará de ter de depositar o FGTS, pois nesse caso o Fundo pode até mesmo ser sacado, como se verifica do inciso III do art. 2º da Lei n. 8.036. Tal inciso menciona que a aposentadoria concedida pela Previdência Social é causa de movimentação do FGTS. Não dispõe a referida norma que é apenas em relação à aposentadoria por idade ou por tempo de serviço, mas usa a expressão genérica "aposentadoria". Logo, também ocorre com a aposentadoria por invalidez decorrente de acidente do trabalho, que não deixa de ser uma modalidade de aposentadoria.

O próprio art. 475 da CLT determina que o empregado aposentado por invalidez tem seu contrato de trabalho suspenso. Se o contrato de trabalho está suspenso, não há contagem do tempo de serviço, nem obrigação legal do depósito do FGTS, pois do contrário o pacto laboral estaria interrompido e não suspenso. Assim, não há que se falar em depósitos do FGTS se a aposentadoria por invalidez decorrente de acidente do trabalho for provisória. Se for definitiva, menos ainda, pois, aí, haverá a cessação do contrato de trabalho.

No período em que o empregado estiver afastado para desempenho de mandato sindical, estará em licença não remunerada (§ 2º do art. 543 da CLT). Nesse caso, o depósito do FGTS será indevido, salvo se for ajustado o pagamento de remuneração ao dirigente. Na hipótese de o pagamento da remuneração ser feito pelo sindicato ao dirigente sindical, o depósito ficará a cargo da agremiação.

Dispõe o inciso IV do art. 28 do Regulamento do FGTS que o depósito do fundo será feito em caso de licença à gestante. Determina o § 5º do art. 15 da Lei n. 8.036 que o depósito do FGTS deve ser feito em casos de afastamento para prestação de serviço militar obrigatório e licença por acidente do trabalho, porém não menciona expressamente que o FGTS deve ser depositado no caso de licença à gestante. Reza o parágrafo único do art. 4º da CLT que considera-se como tempo de serviço, para efeito de indenização e estabilidade, o período de prestação de serviço militar e acidente do trabalho. A licença à gestante não representa remuneração, pois não é paga pelo empregador, mas benefício previdenciário.

Não deve existir a incidência do FGTS sobre o pagamento feito pelo INSS à segurada a título de salário-maternidade, ainda mais pelo fato de que agora é somente o INSS que faz o pagamento, inexistindo adiantamento por parte da empresa (art. 71 da Lei n. 8.213). O fato de o art. 72 da Lei n. 8.213 mencionar que o salário-maternidade consiste numa renda mensal igual à remuneração integral da segurada empregada e trabalhadora avulsa não quer dizer que o salário-maternidade tem natureza de remuneração, mas que o valor do benefício a ser pago é igual ao da remuneração da empregada, porém continua a ser um benefício previdenciário.

O FGTS é uma contribuição dependente de fato gerador e base de cálculo previsto em lei (art. 97, III e IV, do CTN). Se a lei não é expressa no sentido de que o FGTS incide sobre o salário-maternidade, não pode o regulamento exceder da previsão legal, criando contribuição não prevista em lei.

Sei que a fiscalização do FGTS entenderá que incide a contribuição sobre o pagamento do salário-maternidade, aplicando o regulamento, porém tal entendimento é ilegal.

Nas hipóteses de interrupção do contrato de trabalho, em que não haja prestação de serviço, mas seja devido o depósito do FGTS, a base de cálculo será revista sempre que ocorrer aumento geral na empresa ou na categoria profissional a que pertencer o empregado (parágrafo único do art. 28 do Decreto n. 99.684). O objetivo da observância da correção salarial é evitar que os depósitos do FGTS incidam sobre valores ínfimos, que não iriam assegurar o tempo de serviço do empregado, perdendo seu valor.

Percebendo o empregado salário misto, sendo fixo e comissões, somam-se os pagamentos, porém em relação às comissões deve-se observar a média dos 12 meses anteriores ao do afastamento, devidamente corrigidos, para que não haja perda e preserve o valor do salário, aplicando-se por analogia o § 3º do art. 142 e o § 4º do art. 478 da CLT. Se o empregado perceber apenas comissões, observa-se a média dos últimos 12 meses, devidamente corrigida, aplicando-se a alíquota do FGTS. Se a média for inferior ao salário mínimo, a alíquota incide sobre este. Percebendo o empregado salário fixo e gorjetas, sobre estas toma-se a média dos últimos 12 meses corrigidos e soma-se com o salário fixo, aplicando-se a alíquota de 8%. Percebendo o empregado apenas salário à base de peça ou tarefa, aplicam-se por analogia o § 5º do art. 478 e o § 2º do art. 142 da CLT, apurando-se a média mensal dos últimos 12 meses anteriores ao afastamento do empregado de peças ou tarefas produzidas, aplicando-se a tarifa vigente no mês que seria devido o salário.

O Regulamento da Lei n. 5.107 mencionava que, em outras hipóteses em que houvesse a interrupção do contrato de trabalho, haveria a incidência do FGTS. O atual Regulamento não faz referência a tal situação. Entretanto, será possível sua admissão, pois nas hipóteses consideradas pela lei como faltas justificadas, como as do art. 473 da CLT, haverá o pagamento do salário e a incidência do FGTS.

Assim, nos dois dias, caso de falecimento de ascendente ou descendente; nos três dias consecutivos, em caso de casamento; por um dia, em cada 12 meses de trabalho, para doação voluntária de sangue; até dois dias consecutivos ou não, para o fim de alistamento eleitoral; no período em que tiver de cumprir as exigências do serviço militar; nos dias em que estiver o empregado comprovadamente realizando provas de exame vestibular para ingresso em estabelecimento de ensino superior; no tempo que o empregado necessitar para comparecer como parte à justiça; na greve lícita; no comparecimento na Justiça do Trabalho como testemunha (art. 822 da CLT) ou no processo civil (parágrafo único do art. 463 do CPC); nas faltas justificadas pela empresa; suspensão do empregado durante inquérito para apuração de falta grave, se rejeitado o pedido; na suspensão por imputação de ato atentatório à segurança nacional, caso em que o empregado continuará recebendo o salário durante os primeiros 90 dias e receberá pelo tempo do afastamento, caso rejeitado o pedido de inquérito (art. 472, §§ 3º e 4º, da CLT), havendo a incidência do FGTS.

13.4.11 Plantação subsidiária

A plantação subsidiária ou intercalar parece ter natureza de salário. O parágrafo único do art. 12 da Lei n. 5.889/73 dá a entender que não poderá compor o salário mínimo e deve integrar o resultado anual a que tiver direito o empregado rural. Trata-se de espécie de salário-utilidade, pois o empregado tem um rendimento com isso. Não é algo para a prestação do trabalho, mas pode ser entendido como pela prestação do trabalho. Daí por que tem natureza salarial. Incide, portanto, o FGTS.

13.4.12 Repouso semanal remunerado

Quando o empregado tem seu salário calculado com base em quinzena ou por mês, o repouso semanal remunerado já está nele incluído (§ 2º do art. 7º da Lei n. 605/49).

Sobre seu salário, já incluído o repouso semanal remunerado, irá incidir o FGTS.

A remuneração do repouso semanal remunerado consistirá:

(a) para os que trabalham por dia ou semana, a de um dia de salário, computadas as horas extraordinárias habitualmente prestadas;

(b) para os que trabalham por hora, à de sua jornada normal de trabalho, computadas as horas extraordinárias habitualmente prestadas;

(c) para os que trabalham por tarefa ou peça, o equivalente ao salário correspondente às tarefas ou peças feitas durante a semana, no horário normal de trabalho, dividido pelos dias de serviço efetivamente prestados ao empregador;

(d) para o empregado em domicílio, o equivalente ao quociente da divisão por seis da importância total de sua produção na semana.

Verifica-se que nesses casos, assim como quando há pagamento de comissões, o repouso semanal é pago em apartado ao salário. Sobre o referido pagamento incide o FGTS, pois o art. 7º da Lei n. 605 prevê que se trata de remuneração.

Em relação aos pagamentos de feriados civis e religiosos, ainda que de forma dobrada, haverá a incidência do FGTS, pois tal pagamento tem natureza de remuneração.

13.4.13 Salário-utilidade

O art. 2º da Lei n. 5.107 estabelecia que o FGTS incidia sobre a remuneração paga ou devida ao empregado, "excluídas as parcelas não mencionadas nos arts. 457 e 458 da Consolidação das Leis do Trabalho". Não era uma redação muito boa a prevista na referida norma legal. É lógico que se as parcelas não estivessem previstas nos arts. 457 e 458 da CLT não haveria a incidência do FGTS sobre tais prestações.

O art. 14 da Lei n. 7.839 corrigiu o defeito anterior, mencionando: "incluídas na remuneração as parcelas de que tratam os arts. 457 e 458 da CLT". Logo, se não estivessem as parcelas previstas nos arts. 457 e 458 da CLT não haveria a incidência da contribuição do FGTS.

Atualmente, o art. 15 da Lei n. 8.036 determina também que se deve incluir "na remuneração as parcelas de que tratam os arts. 457 e 458 da CLT".

Incidirá, assim, o FGTS sobre as parcelas *in natura* pagas ao empregado com habitualidade, como habitação, alimentação, vestuário, transporte, higiene etc., pois o art. 15 da Lei n. 8.036 faz expressa referência ao art. 458 da CLT, que trata do salário-utilidade. Haverá, porém, necessidade de se apurar o real valor da utilidade para que possa haver a incidência do FGTS. Na maioria das vezes o empregador recolhe o FGTS apenas sobre o salário fixo e não sobre as parcelas *in natura*, porém poderá ser condenado a fazê-lo se o empregado ajuizar ação nesse sentido ou se a fiscalização o autuar.

Para efeito de apuração do percentual do salário *in natura*, aplica-se a orientação da Súmula 258 do TST, que dispõe que "os percentuais fixados em lei relativos ao salário *in natura* apenas dizem respeito às hipóteses em que o empregado percebe salário mínimo, apurando-se, nas demais, o real valor da utilidade".

O § 3º do art. 458 da CLT estabelece que a habitação e a alimentação fornecidas como salário-utilidade deverão atender aos fins a que se destinam e não poderão exceder, respectivamente, a 25% e 20% do salário contratual. O § 4º do art. 458 reza que, tratando-se de habitação coletiva, o valor do salário-utilidade a ela correspondente será obtido mediante a divisão do justo valor da habitação pelo número de coocupantes, vedada, em qualquer hipótese, a utilização da mesma unidade residencial por mais de uma família.

O FGTS incide sobre a rubrica "ganhos habituais do trabalhador" (§ 11). Incidirá sobre o fornecimento de salário-utilidade.

Não são considerados salário-utilidade:

(a) vestuários, equipamentos e outros acessórios fornecidos aos empregados e utilizados no local de trabalho, para a prestação de serviços;

(b) educação, em estabelecimento de ensino próprio ou de terceiros, compreendendo os valores relativos a matrícula, mensalidade, anuidade, livros e material didático;

(c) transporte destinado ao deslocamento para o trabalho e retorno, em percurso servido ou não por transporte público;

(d) assistência médica, hospitalar e odontológica, prestada diretamente ou mediante seguro-saúde;

(e) seguro de vida e de acidentes pessoais;

(f) previdência privada (§ 2º do art. 458 da CLT).

13.5 NÃO INCIDÊNCIA

A não incidência consiste no fato de determinada situação, que poderia ser tributada, ter ficado fora dos limites da ocorrência do fato gerador. A lei não descreve a hipótese de incidência do tributo para determinada e específica situação.

Dispõe o § 6º do art. 15 da Lei n. 8.036 que não se incluem na remuneração, para fins de incidência do FGTS, as parcelas elencadas no § 9º do art. 28 da Lei n. 8.212/91.

É irrelevante a natureza da verba trabalhista para fins de incidência da contribuição ao FGTS, visto que apenas as verbas elencadas em lei (art. 28, § 9º, da Lei n. 8.212/1991), em rol taxativo, estão excluídas da sua base de cálculo, por força do disposto no art. 15, § 6º, da Lei n. 8.036/1990 (S. 646 do STJ).

Serão indicadas as verbas em que não há a incidência do FGTS, em ordem alfabética dos títulos.

13.5.1 Abonos

Consiste o abono num adiantamento em dinheiro, numa antecipação salarial ou num valor a mais que é concedido ao empregado. O empregador não exige do empregado nenhuma condição para seu pagamento.

A Lei n. 8.178, de 1º de março de 1991, estabeleceu no art. 9º abonos nos meses de abril, maio, julho e agosto de 1991, porém o § 7º do citado artigo determinava que os referidos abonos não tinham natureza salarial, não se incorporando ao salário, nem sofriam incidência do FGTS.

Instituiu a Lei n. 8.276, de 19 de dezembro de 1991, um abono no mês de dezembro de 1991. O § 5º do art. 1º estabelecia que o referido abono e a parcela respectiva do 13º salário dele decorrente não seriam incorporados aos salários a qualquer título, nem teriam qualquer incidência de caráter tributário, trabalhista ou previdenciário. Assim, também não havia a incidência do FGTS sobre tal pagamento.

O § 2º do art. 457 da CLT estabelece que o abono não tem natureza salarial. Não incide sobre ele qualquer encargo trabalhista, o que inclui o FGTS, ou previdenciário. Não há distinção na lei sobre qualquer abono, seja por motivo de sua finalidade ou valor. Pouco importa que o abono não tenha relação com o trabalho executado. Não havendo disposição em sentido contrário, os abonos pagos pelo empregador não terão a incidência do FGTS, pois não serão considerados espécie de remuneração.

Na atual redação do § 2º do art. 457 da CLT não se exige que o abono seja desvinculado do salário. A alínea *z* do § 9º do art. 28 da Lei n. 8.212/91 é clara no sentido de que não incide a contribuição previdenciária sobre o abono, não fazendo distinção em relação a qualquer abono.

13.5.2 Abono de férias

O abono de férias consiste na possibilidade de o empregado converter um terço de suas férias em abono pecuniário. O art. 144 da CLT esclarece que o abono, concedido por força do contrato de trabalho, do regulamento de empresa ou de convenção ou acordo coletivo, não integra a remuneração para os efeitos da legislação do trabalho, desde que não exceda de 20 dias do salário. Sobre tal pagamento também não incide o FGTS.

13.5.3 Aeronauta

O parágrafo único do art. 40 da Lei n. 7.183, de 5 de abril de 1984, que regula o exercício da profissão de aeronauta, determina que não se consideram integrantes da remuneração as importâncias pagas pela empresa a título de ajudas de custo, assim como as diárias de hospedagem, alimentação e transporte. Não tendo natureza de remuneração, inexiste a incidência do FGTS sobre tais pagamentos.

A alínea *b* do § 9º do art. 28 da Lei n. 8.212 c/c o § 6º do art. 15 da Lei n. 8.036 estabelecem que o FGTS não incide sobre a ajuda de custo e o adicional mensal recebidos pelo aeronauta, nos termos da Lei n. 5.929, de 30 de outubro de 1973. A ajuda de custo tem natureza de indenização de despesas de mudança e instalação na nova base (§ 3º do art. 27 do Decreto-Lei n. 18/66). São verbas que, portanto, não têm natureza salarial.

13.5.4 Ajuda de custo

Determina a alínea *g* do § 9º do art. 28 da Lei n. 8.212 que não incide a contribuição sobre a ajuda de custo, em parcela única, recebida exclusivamente em decorrência de mudança de local de trabalho do empregado, na forma do art. 470 da CLT.

Tem a ajuda de custo origem no direito administrativo, sendo a importância paga ao funcionário pelos cofres públicos visando cobrir as despesas de sua transferência para outra localidade. Verifica-se do conceito que a natureza do pagamento dessa verba é indenizatória, a fim de compensar as despesas havidas pelo funcionário em razão de sua mudança de um local para outro e as despesas de viagem. Era o que se observava no Código de Contabilidade Pública (art. 364 e s.) e no antigo Estatuto dos Funcionários Públicos (art. 137).

O art. 53 da Lei n. 8.112, que trata do regime único dos servidores civis da União, esclarece que a ajuda de custo se destina a compensar as despesas de instalação do servidor que é transferido com mudança de domicílio em caráter permanente. O § 1º do mesmo artigo mostra que a ajuda de custo se destina a pagar as despesas de transporte do servidor e de sua família, inclusive as de bagagem e as pessoais. O art. 54 declara que a ajuda de custo é calculada sobre a remuneração do servidor, sendo devida mesmo quando há a nomeação em cargo em comissão, porém decorrente de mudança de domicílio (art. 56).

É a ajuda de custo um pagamento destinado a que o empregado possa executar seus serviços. Não serve para custear despesas de viagens, nem tem natureza contraprestacional, mas visa compensar despesas do empregado para prestar serviços.

Muitas vezes, a ajuda de custo pode ser eventual ou decorrente de um único pagamento (seriam despesas imprevistas e ocasionais), enquanto a diária normalmente é repetitiva. A diferença que se pode estabelecer entre as diárias e as ajudas de custo é que as primeiras são para as viagens e as segundas não.

Nas diárias existem muitas vezes sobras do numerário recebido, o que geralmente não ocorre na ajuda de custo, que também não tem por objetivo compensar o incômodo da viagem.

Em um primeiro momento, a ideia da natureza da ajuda de custo era a de indenizar as despesas do empregado transferido para local diverso daquele que era seu domicílio, que poderia se enquadrar nas despesas resultantes da transferência do empregado, que ficam a cargo do empregador (art. 470 da CLT), assim como as despesas de viagem e transporte dos empregados de empresas teatrais, como mencionava o art. 509 da CLT, que foi revogado pela Lei n. 6.533, de 24 de maio de 1978, norma essa que regula as profissões de artista e de técnico em espetáculos de diversões. Verifica-se, entretanto, no § 2º do art. 239, que o pessoal da equipagem de trens tem direito à ajuda de custo destinada a atender às despesas com alimentação, viagem e hospedagem no destino, desde que a empresa não conceda tais vantagens.

Nessa hipótese, a ajuda de custo visa ressarcir as despesas do empregado com aquelas contingências e não as despesas de transferência do empregado, como no caso anteriormente mencionado. Parece que o sentido da expressão "ajuda de custo" deve ser o mais abrangente possível, incluindo as despesas de alimentação e de locomoção do empregado, como em relação aos empregados que prestam serviços externos (vendedores, motoristas, cobradores, propagandistas). Assim, poder-se-ia dizer que se trata de uma importância paga pelo empregador ao empregado, com o objetivo de proporcionar condições para a execução do serviço, não se tratando, porém, de valores pagos pela contraprestação dos serviços.

O § 1º do art. 457 da CLT informa que integram o salário as comissões e a gratificação legal, porém não se refere expressamente às ajudas de custo. Já se poderia concluir por aí que as ajudas de custo não integram o salário em hipótese alguma.

Pouco importa também se a ajuda de custo é igual ou superior a 50% do salário. Não haverá a incidência da contribuição do FGTS.

Não há como se distinguir entre as ajudas de custo próprias e impróprias, pois as ajudas de custo não integram o salário, correspondendo sempre a reembolso para cobrir as despesas do empregado com viagens, transporte ou alimentação.

É claro que, se o empregador rotular falsamente o salário como ajuda de custo, considerar-se-á de natureza salarial a verba paga, principalmente se sua natureza não for indenizatória, mas retributiva, ou se o pagamento for feito a título de reembolso de despesas que o empregado não tem ou por trabalhar internamente, como de se rotular impropriamente de ajuda de custo as despesas de transporte do obreiro de sua residência para o trabalho, ou vice-versa, ou de suposta ajuda de custo de aluguel, sendo tais pagamentos, na verdade, salário-utilidade, se houver habitualidade no referido pagamento, por corresponderem a um *plus* salarial e não a reembolso de despesas ou indenização.

É comum o empregador pagar ao empregado verbas de natureza indenizatória que realmente têm natureza de ajuda de custo, de indenizar as despesas feitas pelo empregado, como ajuda para transporte, ajuda-quilometragem, ajuda-alimentação.

Se a empresa provar que o pagamento é feito a título de reembolso de despesas ou de indenização, não haverá a incidência da contribuição. A letra *g* do § 9º do art. 28 da Lei n. 8.212 informa que a ajuda de custo recebida exclusivamente em decorrência de mudança de local de trabalho do empregado (art. 470 da CLT) não tem incidência do FGTS, o que dá margem a entender que outras ajudas de custo terão incidência da contribuição.

Para que houvesse a incidência da contribuição sobre as ajudas de custo, era preciso haver lei dispondo expressamente nesse sentido, diante do princípio da reserva legal (art. 97, III e IV, do CTN). Como não há previsão expressa na lei quanto à incidência da contribuição sobre ajuda de custo e não tendo esta natureza salarial, não incide o FGTS sobre pagamento feito sob esse título.

As despesas de transferência (art. 470 da CLT) do empregado também não têm incidência da contribuição, por não terem natureza salarial. A alínea *g* do § 9º do art. 28 da Lei n. 8.213 dispõe expressamente que não integra o salário a ajuda de custo recebida exclusivamente em decorrência de mudança de local de trabalho do empregado. Esse pagamento realmente é feito em parcela única, pois é decorrente da mudança de local de trabalho do empregado. Tem natureza de indenização, inexistindo incidência da contribuição sobre a referida verba.

Se o empregado incorre em certas despesas, comprova tais despesas com nota fiscal e as apresenta ao empregador, que as reembolsa ao obreiro, estaremos diante de reembolso de despesas e não de ajuda de custo. Sobre tal verba não incide o FGTS, por não se tratar de remuneração.

Dispõe o §2.º do art. 457 da CLT que a ajuda de custo não tem natureza salarial e sobre ela não incide contribuição.

13.5.5 Assistência médica ou odontológica paga pela empresa

Não incide a contribuição do FGTS sobre o valor relativo à assistência prestada por serviço médico ou odontológico, próprio da empresa ou por ela conveniado, inclusive o reembolso de despesas com medicamentos, óculos, aparelhos ortopédicos, próteses, órteses, despesas médico-hospitalares e outras similares, mesmo quando concedido em diferentes modalidades de planos e coberturas (§ 5º do art. 458 da CLT). Nesse item, a lei ainda menciona que deve abranger a totalidade dos dirigentes da empresa ou dos seus empregados.

13.5.6 Auxílio-doença

A partir do 16º dia de afastamento, não há mais obrigação da empresa de pagar o salário do empregado (art. 60 da Lei n. 8.213). Trata-se de pagamento feito pela Previdência Social, isto é, de benefício previdenciário. Sobre o benefício previdenciário não incide o FGTS.

A complementação de benefício previdenciário por intermédio da empresa de previdência privada não terá a incidência do FGTS, mormente se for decorrente de complementação de aposentadoria, pois nesse caso cessa o contrato de trabalho, deixando de existir a necessidade de se proceder aos depósitos do FGTS.

13.5.7 Aviso-prévio indenizado

Há entendimentos de que o FGTS incide sobre o aviso-prévio indenizado. O aviso-prévio indenizado integra o tempo de serviço do empregado. Tem natureza salarial, porque se fala em salários do período no § 1º do art. 487 da CLT.

Não há dúvida, porém, de que o FGTS incide sobre o aviso-prévio trabalhado, pois este é pago sob a forma de salário.

A Súmula 79 do TFR previa que "não incide a contribuição previdenciária sobre a quantia paga a título de indenização de aviso-prévio". A alínea *e* do § 9º do art. 28 da Lei n. 8.212 previa que o aviso-prévio indenizado não tinha a incidência da contribuição previdenciária, seja a do empregado ou a do empregador, entendendo que não se trata de salário, mas de pagamento indenizatório. O mesmo raciocínio pode ser utilizado em relação ao FGTS.

O STF já havia decidido que sobre o aviso-prévio indenizado não incide o FGTS:

> A contribuição para o FGTS não incide sobre o *quantum* pago a título de aviso-prévio, por seu caráter indenizatório. Precedentes: RE 76.700, 75.289, 73.720 e 72.092 (STF, RE 89.328/8/SP, 2ª T., Rel. Min. Cordeiro Guerra, j. 9-5-1978, *LTr* 42/1.111).

Mesmo no TST a orientação já havia sido a da não incidência do FGTS sobre o aviso-prévio indenizado:

> Por não se tratar de parcela de caráter salarial, mas sim indenizatória, não há incidência do percentual alusivo ao FGTS (TST, RR 915/94, Ac. 3.392/85, 1ª T., Rel. Min. Marco Aurélio Mendes de Farias Mello, j. 5-2-1985, *LTr* 49-7/825).

O TST editou a Súmula 305, que tem a seguinte redação: "O pagamento relativo ao período de aviso-prévio, seja trabalhado ou não, está sujeito à contribuição do FGTS".

O citado verbete teve os seguintes precedentes: ERR 4.037/88.4 (Ac. SDI 408/90.1, Rel. Min. Hélio Regato); ERR 1.849/88.1 (Ac. SDI 148/90, Rel. Min. Barata Silva). O outro precedente foi o seguinte:

> O aviso-prévio pago em pecúnia é de natureza salarial, *ex vi* do disposto no § 1º do art. 487, da CLT, sobre ele incidindo a contribuição para o FGTS. Embargos rejeitados (TST, ERR 0444/89.5, Ac. SDI 1.308/90.1, Rel. Min. José Ajuricaba da Costa e Silva, *DJU* 22-2-1991, p. 1.382).

Não concordo com a orientação de que o FGTS incide sobre o aviso-prévio indenizado. Se não há trabalho, não se pode falar em salário ou remuneração. Logo, o aviso-prévio indenizado não é considerado remuneração. O fato de o aviso-prévio indenizado importar projeção do tempo de serviço para todos os fins não quer dizer que tal pagamento tenha natureza salarial, mas de indenização, pois não há prestação de serviços.

O § 1º do art. 487 da CLT usa a expressão "salários correspondentes". Isso indica que tais pagamentos não têm natureza salarial, pois, do contrário, não se iria usar a expressão de algo que "corresponde a salário", mas que na verdade é indenização, justamente porque inexiste prestação de serviços.

Se fosse o caso de haver a incidência do FGTS sobre o aviso-prévio indenizado, seria necessário mudar a redação do art. 15 da Lei n. 8.036, para constar a incidência da contribuição sobre o aviso-prévio indenizado, como ocorre com a inclusão expressa da gratificação de Natal; seja esta indenizada na rescisão contratual ou paga no decorrer da relação contratual, há a incidência da contribuição.

Em matéria de direito tributário não pode haver a interpretação extensiva ou exigir-se tributo sobre verba não prevista na lei, pois viola o princípio da legalidade. Somente a lei pode prever a definição do fato gerador, da base de cálculo (art. 97, I e II, do CTN). Se inexiste previsão na lei para a exigência do FGTS sobre o aviso-prévio indenizado, a referida contribuição não pode ser exigida, sob pena de afronta ao princípio da reserva legal tributária contido no inciso I do art. 150 da Constituição. A analogia não pode ser também utilizada para a exigência de tributo não previsto em lei (§ 1º do art. 108 do CTN).

Serve o aviso-prévio indenizado para indenizar o empregado pelo término abrupto do contrato de trabalho, sem que haja trabalho nos 30 dias subsequentes. O empregado não está à disposição do empregador no período de aviso-prévio indenizado, pois o contrato de trabalho já foi rescindido. Logo, não se pode considerá-lo salário. Entretanto, a orientação da Súmula 305 do TST é que tem prevalecido.

Em Portugal, foi acolhida a natureza indenizatória do aviso-prévio:

> Se alguma das partes de um contrato sem prazo puser termo a este sem justa causa e sem o devido aviso-prévio, pagará à outra parte, a título de *indenização*, o valor da retribuição correspondente ao período de aviso-prévio em falta (art. 109 do Decreto-Lei n. 49.408/69).

Note-se que também é usada a expressão "o valor da retribuição correspondente", como no Brasil, mostrando a natureza indenizatória e não salarial do aviso-prévio. Na Argentina, ocorre o mesmo:

> A parte que omitir o pré-aviso, ou o outorgar de modo insuficiente, deverá abonar à outra uma *indenização* substitutiva equivalente à remuneração que corresponderia ao trabalhador durante os prazos assinalados no art. 252 (art. 253 da Lei n. 20.744).

Aqui se usa a expressão "equivalente à remuneração", mostrando que não há natureza salarial em tal pagamento.

O Tema 478 do STJ afirma que não incide contribuição previdenciária sobre os valores pagos a título de aviso prévio indenizado, por não se tratar de verba salarial.

13.5.8 Benefícios da Previdência Social

Não incide o FGTS sobre benefícios da previdência social, nos termos e limites legais. O item *a* do § 9º do art. 28 da Lei n. 8.212 tratava anteriormente apenas do salário-família. Com a redação determinada pela Lei n. 9.528, temos concepção mais ampla. Agora, o FGTS não incide apenas sobre o salário-família, mas sobre qualquer benefício da previdência social. Benefícios previdenciários são pagos pelo INSS, não tendo natureza de remuneração. Logo, não pode haver a incidência do FGTS.

13.5.9 Bolsa de aprendizagem

A importância recebida a título de bolsa de aprendizagem garantida ao adolescente até 14 anos de idade, de acordo com o disposto no art. 64 da Lei n. 8.069/90, não tem incidência do FGTS.

O art. 64 do Estatuto da Criança e do Adolescente prevê o pagamento de bolsa de aprendizagem ao adolescente até 14 anos. Trata-se de uma espécie de incentivo a tal aprendizagem. Não sendo salário, não terá a incidência da contribuição.

13.5.10 Bolsa de estudos dos estagiários

O estágio não cria vínculo de emprego entre quem o concede e o estagiário, de acordo com os arts. 3º e 15 da Lei n. 11.788/2008. Não há previsão para a incidência do FGTS sobre tal pagamento. Se o estagiário não é empregado, não recebe remuneração, mas, como menciona o art. 12 da referida lei, recebe bolsa. Sobre a bolsa, portanto, não incide o FGTS.

É preciso, porém, que a pessoa seja realmente estagiária e não empregada. Para ser estagiário, é necessário que a pessoa frequente curso público ou particular, de nível superior, de educação profissional, de ensino médio, da educação especial e dos anos finais do ensino fundamental, na modalidade profissional da educação de jovens e adultos.

Normalmente, o requisito não observado é a interveniência obrigatória da instituição de ensino (art. 7º da Lei n. 11.788/2008). Se esse requisito não estiver presente, o pagamento feito ao suposto estagiário será tido por salário e sua relação com a empresa será de emprego e não de estágio. Descaracterizando o estágio, haverá a incidência da contribuição do FGTS sobre o pagamento efetuado à pessoa.

A alínea *b* do parágrafo único do art. 27 do Decreto n. 99.684 estabelece que não integram a base de cálculo para incidência do FGTS os gastos efetuados com bolsas de aprendizagem.

13.5.11 Cessão de direitos autorais

Não incide a contribuição sobre os valores recebidos em decorrência de cessão de direitos autorais. Tais valores não são considerados salário, inexistindo, portanto, a incidência do FGTS. Geralmente, não são pagos a empregados.

13.5.12 Complementação de auxílio-doença

Não incide a contribuição do FGTS sobre a importância paga ao empregado em complementação ao auxílio-doença, desde que esse direito seja extensivo à totalidade dos empregados da empresa. Caso o pagamento de complementação do auxílio-doença não seja extensível à totalidade dos empregados da empresa, haverá a incidência da contribuição. O objetivo aqui é que não haja discriminação de alguns empregados.

13.5.13 Despesas com veículo

O ressarcimento de despesas pelo uso do veículo do empregado não sofre a incidência do FGTS. Em se tratando de reembolso de despesas com veículo, não há que se falar em salário, inexistindo a incidência do FGTS.

13.5.14 Despesas de transferência

As despesas de transferência são pagas pelo empregador, conforme o art. 470 da CLT. Não terão natureza salarial tais pagamentos, pois constituem verbas para reembolsar as despesas feitas pelo empregado com a transferência. Assim, também não sofrerão a incidência do FGTS.

13.5.15 Diárias

O nome correto do instituto em estudo é "diárias para viagem", como se observa dos §§ 1º e 2º do art. 457 da CLT, mas também se emprega como sinônimo a palavra "viáticos", com o significado do pagamento feito pelo preponente aos caixeiros-viajantes ou "cometas", que têm origem no direito comercial.

As diárias são pagamentos feitos pelo empregador para compensar despesas de deslocamento do empregado, como de hospedagem ou pousada, alimentação e sua manutenção quando precisa viajar para executar as determinações do empregador.

São, portanto, pagamentos ligados diretamente à viagem feita pelo empregado para a prestação dos serviços ao empregador, decorrentes da mobilidade do primeiro. Se não existe viagem, não há diária, incidindo sobre o pagamento o FGTS.

Não se faz mais distinção entre diárias acima ou abaixo de 50% do salário. Assim, em nenhum hipótese incide o FGTS sobre as diárias, porque elas têm natureza de compensar as despesas do empregado com a viagem.

Se o empregador comprovar que o pagamento é feito a título de reembolso de despesas, não incidirá o FGTS, por não se tratar de salário.

13.5.16 Dirigente sindical

A empresa não está obrigada a pagar remuneração ao dirigente sindical que está desempenhando seu mandato, salvo se houver determinação contratual ou de norma coletiva, pois se trata de licença não remunerada (§ 2º do art. 543 da CLT). Nesse caso, não há incidência do FGTS. Se a empresa concede licença remunerada haverá a incidência do FGTS sobre o valor pago.

O item 1.4 da Instrução Normativa n. 3 da SFT estabelece que, se o empregado estiver licenciado do emprego sem remuneração para desempenhar mandato sindical, passando a ser remunerado pela entidade sindical, o depósito passará à responsabilidade da entidade sindical, e o FGTS incidirá sobre o valor da remuneração que o empregado estaria percebendo na empresa caso não estivesse licenciado. Tal orientação não é prevista em lei, não podendo haver incidência do FGTS, pois não há remuneração.

A entidade sindical deverá ser informada pelo empregador das variações salariais que forem ocorrendo no curso da licença para exercício do mandato, critério esse também não previsto em lei. Não é tempo de serviço o período em que o empregado está afastado para cumprir mandato sindical, razão pela qual também não poderia haver incidência da contribuição. O empregado que estiver afastado da empresa para desempenhar mandato sindical tem seu contrato de trabalho suspenso, pois trata-se de licença não remunerada, como menciona o § 2º do art. 543 da CLT.

O período em que o empregado estiver desempenhando seu mandato sindical, caso não haja pagamento de salário pela empresa, não será considerado tempo de serviço para os fins trabalhistas, tanto que o parágrafo único do art. 4º da CLT não faz referência a tal situação.

O sindicato, a federação e a confederação sindical poderão recolher o FGTS sobre a importância paga a seus diretores a título de remuneração. O diretor do sindicato é um trabalhador, que não tem vínculo empregatício com o sindicato e exerce encargo de administração previsto em lei.

13.5.17 Falência e recuperação judicial

Se o contrato de trabalho do empregado é mantido a despeito da existência de falência e recuperação judicial, o FGTS tem incidência sobre os salários pagos. Entretanto, se houver a rescisão do contrato de trabalho em decorrência da falência, e havendo falência na recuperação judicial, o § 2º do art. 449 da CLT dispõe que é facultado aos contratantes tornar sem efeito a rescisão do contrato de trabalho e consequente indenização, desde que o empregador pague, no mínimo, a metade dos salários que seriam devidos ao empregado durante o interregno.

Os depósitos do FGTS já levantados pelo empregado, em virtude da rescisão do contrato de trabalho, não precisarão ser devolvidos, pois houve a dispensa por parte do empregador. Entretanto, se for tornada sem efeito a rescisão contratual, o empregador deve pagar, no mínimo, metade dos salários que seriam devidos ao empregado entre a data da rescisão e a de retorno ao trabalho.

Sobre tais valores entendo que não deverá haver a incidência do FGTS, pois não têm natureza salarial, mas de indenização, porque inexistiu trabalho nesse período, nem é computado para tempo de serviço do empregado, uma vez que o parágrafo único do art. 4º da CLT não se refere a tal situação.

13.5.18 Férias indenizadas

Quando as férias são pagas na rescisão do contrato de trabalho, sejam as proporcionais ou as vencidas, não há a incidência do FGTS. Não são férias gozadas, mas indenizadas. Nas férias indenizadas não há contagem de tempo de serviço e o FGTS mostra que tem por objetivo a garantia do tempo de serviço. Se não há nada a garantir, pois as férias indenizadas não se inserem no tempo de serviço, inexiste incidência do FGTS. Não há, portanto, natureza salarial em tal pagamento, e sim de indenização. Não se trata, por conseguinte, de remuneração.

A Orientação Jurisprudencial n. 195 da SBDI-1 do TST entende que o FGTS não incide sobre as férias indenizadas.

O Parecer Normativo n. 71/67 do Conselho Curador afirma que não incide o FGTS sobre férias indenizadas.

Quando o empregado não goza as férias no período concessivo, há uma penalidade ao empregador, que é o pagamento em dobro. Assim, se o empregado goza as férias recebendo $ 200,00 e a empresa ainda tem de pagar mais $ 200,00 pela dobra, sobre o primeiro pagamento incide o FGTS, pois se trata de remuneração. Sobre o segundo não incide o FGTS, porque não se trata de remuneração, e sim de penalidade. Se o pagamento da dobra é feito na rescisão do contrato de trabalho, todo esse valor terá natureza indenizatória, uma vez que não há gozo das férias, não incidindo o FGTS.

O terço constitucional de férias seguirá a sorte do pagamento do principal. Se as férias forem indenizadas, inexistirá incidência do FGTS sobre o terço. No exemplo anteriormente mencionado, há incidência do FGTS sobre $ 200,00 de férias gozadas, havendo também sobre o terço calculado sobre tal valor. Sobre o terço derivado da dobra inexistirá a incidência do FGTS, pois tal pagamento tem natureza indenizatória.

13.5.19 Ganhos eventuais

Sobre ganhos eventuais, que são pagos uma vez ou outra, esporadicamente, não incide o FGTS.

13.5.20 Gestante

O valor pago à empregada gestante, inclusive à doméstica, em razão da dispensa arbitrária ou sem justa causa, quando resultado da conversão em indenização de sua garantia de emprego, não tem incidência do FGTS. Entretanto, a doméstica não goza de garantia de emprego, pois não se lhe aplica o inciso I do art. 7º da Constituição.

A conversão tem natureza de indenização, pois não há trabalho prestado pelo empregado, tanto que foi rescindido o contrato de trabalho.

13.5.21 Greve ilegal

Se a greve for legal e houver obrigação do empregador de pagar salários, haverá a incidência do FGTS sobre tais verbas.

Se, porém, a greve for declarada ilegal, o empregador não terá obrigação de pagar salários ao empregado, e não haverá também obrigação de depositar o FGTS referente aos dias não trabalhados pelo empregado.

13.5.22 Incentivo à demissão

A verba paga a título de incentivo à demissão tem natureza de indenização, não incidindo o FGTS, pois o empregado recebe um valor a título de indenização de seu trabalho para efeito do término do contrato de trabalho mantido entre as partes.

13.5.23 Indenização

Para o empregado receber remuneração, deverá ter trabalhado, pois inexiste salário sem trabalho. Por esse motivo, entendo que o FGTS não incide sobre indenização paga ao empregado. Não é tal pagamento remuneração, pois não decorre da prestação de serviços.

Se o empregado era detentor de garantia de emprego, como no caso do cipeiro, do dirigente sindical, do acidentado (art. 118 da Lei n. 8.213), e não mais é possível a reintegração, em razão de o período de estabilidade ter terminado, há entendimento no sentido de que o FGTS é devido sobre os salários e demais consectários do referido período. Penso de forma contrária, pois tais verbas têm natureza de indenização, por não haver trabalho nesse período, inexistindo natureza salarial em tais pagamentos. Logo, o FGTS não incide sobre indenização compensatória de garantia de emprego[7].

13.5.24 Indenização do art. 9º da Lei n. 7.238, de 29 de outubro de 1984

A indenização do art. 9º da lei n. 7.238 é denominada de "indenização adicional". É paga quando o empregador dispensa o empregado nos 30 dias anteriores ao reajuste salarial na data-base. Tem por objetivo evitar que o empregador dispense o empregado para contratar outro trabalhador por salário inferior e não pagar o reajuste salarial na data-base.

A indenização adicional não tem natureza salarial, de contraprestação do trabalho, mas de indenizar o trabalhador por ter sido dispensado nos 30 dias anteriores à data-base de sua categoria.

13.5.25 Indenização do art. 14 da Lei n. 5.889, de 8 de junho de 1973

A indenização mencionada é pelo término do contrato do safrista. Por ser indenização, não há a incidência da contribuição.

É a indenização de 1/12 do salário mensal do empregado, por mês de serviço ou fração superior a 14 dias.

13.5.26 Indenização do art. 479 da CLT

É a indenização paga ao empregado em razão da rescisão antecipada do contrato de trabalho de prazo determinado, à razão de metade do salário do empregado até o término do pacto.

Se é indenização, não é salário e não tem a incidência da contribuição.

---

7. No mesmo sentido o acórdão do TRT da 3ª Região (1ª T., RO 1.176/90, Rel. Juiz Aguinaldo Paoliello, j. 12-11-1990, *Minas Gerais* II 7-12-90, p. 113).

13.5.27 Indenização de 20 ou 40% sobre os depósitos do FGTS

Quando o empregado é dispensado, a empresa paga a indenização de 20% ou 40% sobre os depósitos existentes na conta do FGTS do empregado.

A indenização mencionada não tem natureza salarial, mas, como o próprio nome diz, de indenização. Sobre indenização não incide o FGTS.

13.5.28 Indenização do tempo de serviço

Há certos empregados que não optaram pelo FGTS antes de 5 de outubro de 1988. Quando dispensados, fazem jus à indenização dos arts. 477, 478 e 496 da CLT. Sobre os referidos valores não incide o FGTS, por se tratar da indenização pelo tempo do serviço.

13.5.29 Licença-paternidade

O inciso V do art. 28 do Decreto n. 99.684 estabelece que há a incidência do FGTS sobre a licença-paternidade. É necessário um melhor exame da questão para verificar se existe essa incidência.

O inciso XIX do art. 7º da Constituição estabelece "licença-paternidade, nos termos fixados em lei". O § 1º do art. 10 do ADCT determinou, porém, que, "até que a lei venha a disciplinar o disposto no art. 7º, XIX, da Constituição, o prazo da licença-paternidade a que se refere o inciso é de 5 dias".

Arnaldo Süssekind leciona que a licença-paternidade tem natureza salarial[8] e que, se não fosse remunerada, "seria castigo, e não benefício, ao pai"[9].

A Instrução Normativa n. 1, do Ministério do Trabalho, de 12 de outubro de 1988, entende que a licença-paternidade vem a ser uma ampliação do direito de faltar no emprego de um dia para cinco dias (item II, 5). Depreende-se dessa orientação que a licença é remunerada, como se vê na nova redação do inciso III do art. 473 da CLT. O caput do artigo 473 da CLT dispõe que a falta é justificada, sem prejuízo do pagamento do salário. Se apenas o prazo foi aumentado, a licença-paternidade prevista na Constituição também deve ser remunerada.

Na jurisprudência, há acórdão que entendeu dever a licença-paternidade ser remunerada:

---

8. SÜSSEKIND, Arnaldo. *Comentários à Constituição de 1988*. Rio de Janeiro: Freitas Bastos, 1990, v. 1, p. 429.
9. Id., ibid., p. 430.

Licença-paternidade. Criada com a promulgação da Carta Política de 1988, constitui-se mais uma conquista obreira, considerando-se como licença remunerada (Ac. da 3ª T. do TRT 3ª R., RO nº 5.722/90, j. 11-9-91, Rel. Juiz Michel Francisco Melin Abujerli, *Minas Gerais* II 27-9-91, p. 52).

O inciso XIX do art. 7º da Constituição apenas usa a expressão "licença-paternidade, nos termos fixados em lei", mas não versa sobre pagamento. O § 1º do art. 10 do ADCT menciona apenas que o *prazo* da licença-paternidade é de cinco dias, mas também não determina que deve haver pagamento.

O inciso III do art. 473 da CLT reza que o empregado pode deixar de comparecer ao serviço por cinco dias consecutivos, "sem prejuízo do salário", mostrando que essa falta é remunerada. Logo, incide o FGTS.

Fica prorrogada por 15 dias a licença-paternidade, além dos cinco dias previstos na Constituição. O empregado deve requerer dois dias úteis após o parto e comprovar participação em programa ou atividade de orientação sobre paternidade responsável. O empregado terá direito ao salário integral do respectivo período. Trata-se de hipótese de interrupção do contrato de trabalho. O empregado não pode exercer atividade remunerada no período e a criança deve permanecer sob os seus cuidados (art. 4º da Lei n. 11.770/2008).

13.5.30 Licença-prêmio indenizada

Tendo a licença-prêmio natureza de indenização, por não ter sido gozada no tempo próprio, não pode sofrer a incidência do FGTS. Não se trata de salário, mas de indenização.

13.5.31 Multas

As multas pagas pelo empregador, sejam legais ou pelo descumprimento de normas coletivas, não terão a incidência do FGTS, por se tratar de penalidades. Inexiste prestação de serviços para a multa ser considerada salário.

13.5.32 Multa do § 8º do art. 477 da CLT

É a multa devida ao empregado pelo atraso no pagamento das verbas rescisórias, no valor de um salário, devidamente atualizado (§ 8º do art. 477 da CLT). O prazo para pagamento das verbas rescisórias é de 10 dias a contar do término do contrato (§ 6º do art. 477 da CLT).

Tratando-se de multa, que não tem natureza salarial, não incide o FGTS.

13.5.33 Participação nos lucros ou resultados

Apesar da falta de previsão legal, algumas empresas vinham pagando a participação nos lucros a seus empregados, todos os anos, adquirindo, portanto, habitualidade esse tipo de pagamento. Tal fato importa considerar o referido pagamento como remuneração, pois seria um pagamento feito sob forma de percentagem ou uma forma imprópria de gratificação (§ 1º do art. 457 da CLT).

Foi observando essa situação que a Súmula 251 do TST veio a informar que "a participação nos lucros da empresa, habitualmente paga, tem natureza salarial, para todos os efeitos legais". Observa-se aqui que o requisito para considerar a participação nos lucros como de natureza salarial era a habitualidade em seu pagamento. Não havendo habitualidade, mas pagamento esporádico da participação nos lucros, não se poderia considerá-la salário.

O STF também entendeu que as gratificações de balanço pagas com habitualidade integram a remuneração do empregado, havendo incidência do FGTS (Ac. da 1ª T., v.u., RE 100.086/PE, Rel. Min. Soares Munhoz, j. 18-6-1984, *RTJ* 110/1144) e da contribuição previdenciária (Ac. 2ª T., v.u., RE 77.036-4/SP, Rel. Min. Aldir Passarinho, j. 19-11-82, *LTr* 47-6/669).

Por fim, o inciso XI do art. 7º da Constituição de 1988 estabelece: "participação nos lucros, ou resultados, desvinculada da remuneração, e, excepcionalmente, na gestão da empresa, conforme definido em lei". Nota-se que o citado inciso não é uma norma constitucional de eficácia imediata, mas continua dependendo da lei para que possa ser instituída a referida participação.

A Atual Norma Ápice suprimiu a referência à integração do empregado na vida e no desenvolvimento da empresa, que vinha sendo feita nas constituições anteriores. O § 4º do art. 218 da Lei magna assegura também que:

> a lei apoiará e estimulará as empresas [...] que pratiquem sistemas de remuneração que assegurem ao empregado, desvinculada do salário, participação nos ganhos econômicos resultantes da produtividade de seu trabalho.

A Medida Provisória n. 794, de 29 de dezembro de 1994, tratou da participação nos lucros da empresa, que seria feita mediante negociação coletiva. Atualmente, a Lei n. 10.101/2000 trata do tema.

Lucros. O conceito de lucro diz respeito ao resultado da atividade econômica da empresa, abstraídas as despesas do empreendimento. O lucro a que se refere a Constituição é o lucro líquido[10], ou seja, o lucro existente após deduzidas todas as

---
10. MARTINS, Sergio Pinto. *Participação dos empregados nos lucros das empresas*. 5. ed. São Paulo: Saraiva, 2021, p. 65.

despesas da receita obtida pela empresa. Não se trata de lucro bruto, que pode ser considerado a diferença entre o valor da compra da mercadoria ou do preço do custo do serviço e a importância apurada na venda da mercadoria ou do serviço sem a dedução das despesas operacionais da empresa.

Resultados. A Norma Ápice declara, ainda, que não se trata de participação apenas nos lucros, mas nos resultados.

O resultado, em sentido genérico, pode ser entendido como o produto de uma operação. De um ponto de vista secundário, pode ser compreendido como lucro, provento, aquilo que resultou ou resulta de alguma coisa, ou seja, sua consequência, derivação, produto, efetivo. Na acepção contábil, podemos dizer que se trata da conclusão a que se chegou no final do exercício da empresa. Assim, o resultado pode ser positivo ou negativo, ou seja: a empresa pode ter tanto lucro, como prejuízo.

Não se confunde o resultado com o lucro bruto. Antes, há necessidade de se verificar o que vem a ser a receita bruta, que consiste no produto da venda de bens nas operações de conta própria, o preço dos serviços prestados e o resultado auferido nas operações de conta alheia (art. 208 do RIR).

A receita líquida compreende a receita bruta diminuída das vendas canceladas, dos descontos concedidos incondicionalmente e dos tributos incidentes sobre vendas (§ 1.º do art. 208 do RIR). Já o lucro bruto consiste na diferença entre a receita líquida das vendas e serviços e o custo dos bens e serviços vendidos (parágrafo único do art. 290 do RIR). O lucro líquido é a soma algébrica do lucro operacional, das demais receitas e despesas, e das participações (art. 259 do RIR).

Da forma como o inciso XI do art. 7º da Lei Maior está redigido, depreende-se que o trabalhador terá direito de participar inclusive no resultado negativo da empresa, o que é absurdo, pois, pela definição de empregador, este é quem assume os riscos da atividade econômica, que não podem ser transferidos para o empregado, pessoa hipossuficiente, que depende de seus salários para sobreviver. Logo, a interpretação do referido mandamento legal não pode levar a uma concepção absurda, havendo necessidade de se chegar a outra conclusão.

Resultado não se confunde, porém, com faturamento ou com receita operacional. O faturamento ocorre em primeiro lugar. É todo o montante recebido pela empresa a título de venda de bens, serviços ou da combinação de ambos. Já o resultado, entretanto, só acontece ao final, quando são verificadas as receitas e as despesas, ou seja, a diferença entre o que se arrecadou e o que se gastou na empresa. A receita operacional pode ser entendida como o somatório das receitas que dão origem ao lucro operacional (§ 2º do art. 1º do Decreto-Lei n. 2.445/88), em que este último vem a ser o resultado das atividades, principais ou acessórias, que constituem objeto da pessoa jurídica (art. 11 do Decreto-Lei n. 1.598/77).

Pode-se entender, também, que o uso da expressão *resultados* seja decorrente de estabelecer uma forma de participação do trabalhador no resultado positivo obtido por empresas que não tenham por objeto o lucro, como instituições de beneficência, associações recreativas, sindicatos etc., de maneira que o trabalhador tenha uma participação financeira sobre a produtividade que alcançou para a referida empresa.

Desvinculação da remuneração.

A Constituição de 1988 eliminou, portanto, o caráter salarial da participação nos lucros, determinando que tal prestação vem a ser totalmente desvinculada da remuneração. O objetivo foi realmente este: o de possibilitar que o empregador concedesse a participação nos lucros a seus empregados, mas em contrapartida não tivesse nenhum encargo a mais com tal ato. O empregador não tinha interesse em conceder um benefício gratuitamente e ainda suportar os encargos sociais sobre tal valor.

Foi uma forma de estimular o empregador a conceder a participação nos lucros, pois, se utilizássemos a orientação da antiga Súmula 251 do TST, que considerava de natureza salarial a referida participação, o empregador não a iria conceder, porque haveria de pagar outros encargos sobre ela, como FGTS, contribuição previdenciária, etc. Assim, o constituinte entendeu por bem continuar a conferir a participação nos lucros aos empregados, porém desvinculada da remuneração, como forma de estimular o empregador a concedê-la, já que não mais teria nenhum encargo incidente sobre tal parcela, ou seja, não haveria incidência de FGTS, nem da contribuição previdenciária. É a interpretação teleológica da norma e também histórica dos debates constituintes, pois a viabilidade da concessão da participação nos lucros dependeria de sua desvinculação da remuneração.

Autoaplicabilidade.

Mesmo na jurisprudência, há acórdão entendendo que a participação não tem natureza salarial:

> O valor recebido a título de participação nos lucros da empresa não se traduz em verba salarial e, por consequência, não reflete, obrigatoriamente, em outras verbas contratuais (art. 7º, XI, da Constituição Federal de 1988) (TRT 2ª R., Ac. 02910163436, 4ª T., Rel. Juiz Francisco Antônio de Oliveira, *DJSP* 20-9-1991, p. 127).

É preciso fazer, portanto, a interpretação do inciso XI do art. 7º da Lei Maior, sendo desaconselhável sua interpretação literal, pois poderá conduzir o intérprete a erros.

Deve-se fazer, portanto, a interpretação até mesmo sistemática da Constituição.

Nota-se, assim, que a Constituição deve ser interpretada na íntegra, devendo ser analisada em seu conjunto. É mister contemplar o dispositivo constitucional em análise com outros semelhantes, que formam o mesmo instituto, ou estão dentro do mesmo título ou capítulo, examinando também a matéria em relação aos princípios gerais. Em suma: todo o sistema em vigor.

É necessário lembrar que ninguém é obrigado a fazer ou deixar de fazer algo a não ser em virtude de lei: o consagrado princípio da legalidade (art. 5º, II, da Lei Fundamental). Não se pode dizer que o dispositivo atinente à participação nos lucros é autoaplicável, pois depende de lei que virá a fixar a forma dessa participação nos lucros. Inexistindo lei ordinária, não há como se falar que a desvinculação da remuneração já possa ser aplicada.

Quando a lei instituir a forma da participação nos lucros, aí, sim, esta será desvinculada da remuneração, de maneira a não atribuir mais encargos ao empregador. Como esclarece Pinto Ferreira, o inciso XI do art. 7º da Lei Maior "é um princípio programático, dependente de lei"[11].

Ensina Celso Ribeiro Bastos que a participação nos lucros "continua, sem dúvida, na dependência de lei regulamentadora, inclusive por expressa remissão que a ela faz o inciso ora comentado"[12].

José Afonso da Silva leciona que o inciso XI do art. 7º da Lei Fundamental continua a depender de lei quanto a sua eficácia e aplicabilidade, tratando-se, portanto, de promessa constitucional, ou seja, de norma de caráter programático[13].

A única lei que no momento trata da participação nos lucros para os trabalhadores é a Lei n. 2.004/53, que versa sobre a participação nos lucros dos empregados da Petrobras.

A alínea *j* do § 9º do art. 28 da lei n. 8.212 (Lei de custeio da Seguridade Social) determina que "a participação nos lucros ou resultados da empresa, quando paga ou creditada de acordo com lei específica", não integra o salário de contribuição. A lei específica é a n. 10.101/2000. Tal norma interpreta corretamente o dispositivo constitucional, no sentido de que há necessidade de lei ordinária para regulamentar o inciso XI do art. 7º da Lei Maior. Trata-se de interpretação autêntica feita pelo legislador ordinário em relação ao preceito constitucional contido no inciso XI do art. 7º.

---

11. FERREIRA, Pinto. *Comentários à constituição brasileira*. São Paulo: Saraiva, 1992, v. 1, p. 233.
12. BASTOS, Celso; MARTINS, Ives Gandra da Silva. *Comentários à Constituição do Brasil*. São Paulo: Saraiva, 1989, v. 2, p. 444.
13. SILVA, José Afonso da. *Curso de direito constitucional positivo*. 3. ed. São Paulo: Malheiros, 1997, p. 288.

Assim, somente a partir da vigência da Medida Provisória n. 794/2004 sobre participação nos lucros é que não haverá a incidência da contribuição previdenciária ou do FGTS sobre a citada participação. Antes da referida norma, se houver habitualidade do pagamento da participação nos lucros, haverá incidência do FGTS.

Não se pode, portanto, dizer que a letra *j*, do § 9º do art. 28 da Lei n. 8.212 seja inconstitucional, pois apenas interpreta fielmente o que está disposto no inciso XI do art. 7º, da Norma Ápice, ou seja, que o referido dispositivo não é autoaplicável, dependendo de lei ordinária para torná-lo de eficácia plena.

A participação nos lucros somente passa a não ter a incidência do FGTS a partir da vigência da Medida Provisória n. 794, de 29 de dezembro de 1994, e Lei n. 10.101, que, no art. 3º, estabelece não ter natureza salarial a participação nos lucros ou resultados, por se tratar da lei específica mencionada pela Constituição.

13.5.34 Plano educacional

Não incide o FGTS sobre o valor relativo a plano educacional que vise à educação básica, nos termos do art. 21 da Lei n. 9.394, de 20 de dezembro de 1996, e a cursos de capacitação e qualificação profissionais vinculados às atividades desenvolvidas pela empresa, desde que não seja utilizado em substituição de parcela salarial e a que todos os empregados e dirigentes tenham acesso.

A Lei n. 9.394 versa sobre as diretrizes e bases da educação nacional. Seu art. 21 menciona que a educação básica é formada pela educação infantil, ensino fundamental e ensino médio.

O pagamento feito a título de plano educacional para educação superior será considerado salário e terá a incidência da contribuição previdenciária.

Caso o curso de capacitação e qualificação profissional, vinculado à atividade da empresa, não seja estendido a todos os empregados e dirigentes, terá a incidência da contribuição previdenciária.

13.5.35 Prêmio

O prêmio é um pagamento que depende de fatores de ordem pessoal do empregado, como produção, assiduidade, zelo. É um pagamento vinculado a certa condição. Logo, se não for verificada a condição que dá ensejo ao pagamento, não será devido o prêmio.

Dispõe o § 4º do art. 457 da CLT que

Consideram-se prêmios as liberalidades concedidas pelo empregador em forma de bens, serviços ou valor em dinheiro a empregado ou a grupo de empregados, em razão de desempenho superior ao ordinariamente esperado no exercício de suas atividades.

O prêmio não terá, portanto, a incidência da contribuição do FGTS, como se vê do parágrafo 2.º do art. 457 da CLT.

13.5.36 Previdência complementar

O FGTS não incide sobre o valor das contribuições, efetivamente pagas pela pessoa jurídica relativo a programa de previdência complementar, aberto ou fechado, desde que disponível à totalidade de seus empregados e dirigentes.

No caso, tanto faz se o regime de previdência complementar é aberto ou fechado. O importante é que seja estendido à totalidade dos empregados e dirigentes. Não pode, portanto, haver discriminação.

13.5.37 Prestação de vestuários, equipamentos e outros acessórios fornecidos ao empregado e utilizados no local de trabalho para a prestação dos respectivos serviços

Se a prestação puder ser utilizada fora do local de trabalho, será considerada um ganho do empregado, desde que fornecida habitualmente, havendo, assim, a incidência da contribuição.

A empresa é obrigada a fornecer aos empregados, gratuitamente, EPIs, que não são considerados salário, nem há incidência da contribuição previdenciária, desde que sejam utilizados no local de trabalho.

13.5.38 Programa de Alimentação do Trabalhador (PAT)

O Programa de Alimentação do Trabalhador (PAT) foi instituído pela Lei n. 6.321, de 14 de abril de 1976. Atualmente, está regulamentado pelo Decreto n. 5, de 14 de janeiro de 1991. Depreende-se do art. 3º da Lei n. 6.321 que o fornecimento de alimentação de acordo com o PAT não tem natureza salarial. Trata-se de espécie de incentivo fiscal às empresas para a concessão de alimentação ao trabalhador. O art. 6º do Decreto n. 5 explicita que a parcela paga a título de alimentação não tem natureza salarial, nem há a incidência do FGTS.

Não atendidos os requisitos da Lei n. 6.321, a prestação proporcionada ao empregado terá natureza de salário-utilidade, aplicando-se por analogia a orientação da Súmula 241 do TST: "o vale para refeição, fornecido por força do contrato de trabalho, tem caráter salarial, integrando a remuneração do empregado, para todos os efeitos legais". Nesse caso, haverá a incidência do FGTS.

O § 2º do art. 457 da CLT dispõe que o auxílio-alimentação, desde que não pago em dinheiro, não tem natureza salarial. Logo, sobre o auxílio não incide o FGTS. Se o pagamento for feito em dinheiro, terá natureza salarial e incidirá o FGTS.

13.5.39 Plano de demissão voluntária

A importância recebida a título de incentivo à demissão tem natureza de indenização, não incidindo a contribuição previdenciária, pois o empregado recebe um valor a título de indenização pelo término do contrato de trabalho entre as partes. Seria um ganho eventual. É o pagamento feito para o empregado que adere ao plano de demissão voluntária da empresa ou plano de incentivo à demissão.

13.5.40 PIS

O PIS (Programa de Integração Social) é um fundo destinado a promover a integração do empregado na vida e no desenvolvimento das empresas, regulado pela Lei Complementar n. 7, de 7 de setembro de 1970. É calculado sobre a receita bruta operacional das pessoas jurídicas. Aos empregados que percebam de empregadores que contribuem para o Programa de Integração Social ou para o Programa de Formação do Patrimônio do Servidor Público remuneração mensal de até duas vezes o salário mínimo do ano-base para pagamento em 2025, corrigida, a partir de 2026, pela variação anual do Índice Nacional de Preços ao Consumidor (INPC), calculado e divulgado pelo IBGE, ou de outro índice que vier a substituí-lo, acumulada no segundo exercício anterior ao de pagamento do benefício, é assegurado o pagamento de um salário mínimo anual, computado nesse valor o rendimento das contas individuais, no caso daqueles que já participavam dos referidos Programas, até a data de promulgação desta Constituição (§3.º do art. 239 da Constituição). Trata-se de pagamento feito pelo próprio fundo.

O art. 10 da Lei Complementar n. 7 esclarece que o PIS não gera direitos de natureza trabalhista. Seu parágrafo único dispõe que as importâncias incorporadas ao fundo não se classificam como rendimento do trabalho para qualquer efeito da legislação trabalhista, da previdência social ou fiscal e não se incorporam aos salários ou gratificações. Não tem o PIS, portanto, natureza de remuneração, até mesmo porque quem paga o abono é o fundo, e não o empregador. Assim, não há incidência do FGTS sobre o abono ou rendimento recebido pelo empregado a título de PIS.

13.5.41 Quebra de caixa

A quebra de caixa é o pagamento feito aos funcionários que fazem recebimentos pelo empregador no local de trabalho, como os que trabalham no caixa da empresa.

O pagamento feito a título de quebra de caixa tem natureza compensatória dos descontos feitos no salário do obreiro em virtude de erro de caixa, por ter recebido numerário a menor do que deveria receber. Assim, sua natureza é de verba compensatória, de indenização e não de contraprestação pelos serviços prestados pelo empregado. Não há, assim, incidência do FGTS sobre tal verba, que não tem natureza salarial, mas indenizatória ou compensatória.

Se, porém, o valor é pago mensalmente sem que haja dano causado pelo empregado ou nexo de causalidade, ou ainda pelo fato de o valor pago a título de quebra de caixa ser maior que a perda, tem caráter salarial. Assim, haverá a incidência do FGTS. A Súmula 247 do TST mostra que "a parcela paga aos bancários sob a denominação quebra de caixa possui natureza salarial, integrando o salário do prestador dos serviços, para todos os efeitos legais".

Se a verba quebra de caixa for paga apenas quando houver perda, terá, então, caráter de ressarcimento e não de salário.

13.5.42 Reembolso-creche

O FGTS não incide sobre o reembolso-creche pago em conformidade com a legislação trabalhista, observado o limite máximo de cinco anos de idade, quando devidamente comprovadas as despesas realizadas.

Sobre o ressarcimento de despesas a título de reembolso-creche para filhos de funcionários acima de seis anos de idade haverá a incidência da contribuição, pois se trata de espécie de remuneração, e não está na exceção da alínea *s*, do § 9º do art. 28 da Lei n. 8.212.

O inciso XXV do art. 7º da Constituição dispõe sobre a assistência gratuita aos filhos e dependentes desde o nascimento até cinco anos de idade em creches e pré-escolas.

13.5.43 Salário-família

Apesar de o nome ser "salário-família", sua natureza não é de salário. Trata-se de benefício previdenciário, previsto nos arts. 65 a 70 da Lei n. 8.213. Não sofre, assim, o salário-família a incidência do FGTS, pois não é salário, mas benefício previdenciário.

Certas empresas, porém, concedem a seus empregados, a título de salário--família, importância superior à prevista em lei. Esse valor não tem caráter salarial, não incidindo sobre ele o FGTS.

13.5.44 Suspensão do contrato de trabalho

A suspensão do contrato de trabalho consiste na cessação provisória, mas total, de sua execução[14]. Na suspensão do contrato de trabalho, não é contado o tempo de serviço na empresa, nem há pagamento de salário. Assim, não há que se falar em incidência do FGTS.

O art. 472 da CLT estabelece que o afastamento do empregado em virtude de encargo público não constitui motivo para alteração ou rescisão do contrato de trabalho por parte do empregador. Seria o caso de o empregado ser eleito prefeito, vereador, deputado federal ou estadual, governador, senador etc. Nesses casos, o contrato de trabalho não poderia ser alterado ou rescindido.

Estaria suspenso o pacto laboral, pois o empregador não teria obrigação de pagar salários, nem o parágrafo único do art. 4º da CLT prevê que tal hipótese constitui contagem de tempo de serviço. Assim, não haverá obrigatoriedade de a empresa fazer os depósitos do FGTS nesse período.

Durante o período em que o empregado estiver afastado por ter sido concedida aposentadoria por invalidez, não haverá depósitos do FGTS, pois, nesse período, o contrato de trabalho está suspenso (art. 475 da CLT). Se o contrato de trabalho está suspenso, não há contagem do tempo de serviço, nem obrigação legal do depósito do FGTS, porque, do contrário, o pacto laboral estaria interrompido e não suspenso.

Concedida aposentadoria por invalidez, o empregador deixará de ter de depositar o FGTS, pois, nesse caso, o Fundo pode até mesmo ser levantado, como se verifica do inciso III do art. 20 da Lei n. 8.036. Tal inciso menciona que a aposentadoria concedida pela Previdência Social é causa de movimentação do FGTS.

Não dispõe a referida norma que é apenas a aposentadoria por idade ou tempo de serviço, mas usa a expressão genérica *aposentadoria*. Logo, também ocorre com a aposentadoria por invalidez, que não deixa de ser uma modalidade de aposentadoria. Assim, não há que se falar em depósitos do FGTS se a aposentadoria por invalidez for provisória, pois o contrato de trabalho está suspenso. Se

---

14. MAGANO, Octavio Bueno. *Manual de direito do trabalho*: Direito individual do trabalho. São Paulo: LTr, 1993, v. 2, p. 310.

a aposentadoria por invalidez for definitiva, menos ainda, pois aí haverá cessação do contrato de trabalho.

O § 1º do art. 483 da CLT dispõe que o empregado poderá suspender a prestação dos serviços ou rescindir o contrato quando tiver que desempenhar obrigações legais incompatíveis com a continuação do serviço. Suspendendo o empregado a prestação dos serviços, não haverá obrigação da empresa de depositar o FGTS, pois também inexistirá a obrigação de pagar salários e contar o tempo de serviço, tratando-se, assim, de hipótese de suspensão do contrato de trabalho.

13.5.45 Trabalhadores da agroindústria

O FGTS não incide sobre as parcelas destinadas à assistência aos trabalhadores da agroindústria canavieira, de que trata o art. 36 da Lei n. 4.870, de 1º de dezembro de 1965 (§9.º do art. 214 do Decreto n. 3.048/99).

13.5.46 Treinamento profissional

Treinamento profissional não é salário, mas um serviço prestado pelo empregador para melhorar as qualificações do trabalhador. Este, ao recebê-lo, adquirirá conhecimentos que o habilitarão a trabalhar para qualquer outra empresa e a subir na escala profissional. Tem finalidade diversa da objetivada pelo salário.

Não incide, portanto, o FGTS.

13.5.47 Utilidades

Não são consideradas salários as seguintes hipóteses:

1) vestuários, equipamentos e outros acessórios fornecidos aos empregados e utilizados no local de trabalho, para a prestação de serviços (§ 2º do art. 458 da CLT). Nessa situação incluem-se os equipamentos de proteção individual fornecidos ao empregado para serem utilizados no local de trabalho, para a prestação de serviços;

2) educação, em estabelecimento de ensino próprio ou de terceiros, compreendendo os valores relativos a matrícula, mensalidade, anuidade, livros e material didático;

3) transporte destinado ao deslocamento para o trabalho e retorno, em percurso servido ou não por transporte público;

4) assistência médica, hospitalar e odontológica, prestada diretamente ou mediante seguro-saúde;

5) seguros de vida e de acidentes pessoais;
6) previdência privada.

As referidas verbas não têm natureza de salário. Logo, sobre elas não incide a contribuição do FGTS.

Esclarece o inciso I da Súmula 367 do TST que a habitação, a energia elétrica e o vínculo fornecidos pelo empregador ao empregado, quando indispensáveis para a realização do trabalho, não têm natureza salarial, ainda que, no caso de veículo, seja ele utilizado pelo empregado também em atividades particulares.

O cigarro não se considera salário-utilidade em razão da sua nocividade à saúde (Súmula 367, II, do TST).

Sobre as referidas verbas também não incidirá o FGTS.

Se a utilidade for fornecida pela prestação de serviço, terá natureza salarial e incidirá o FGTS.

13.5.48 Vale-transporte

O vale-transporte não tem natureza salarial (art. 2º, *a*, da Lei n. 7.418/85).

Trata-se de um benefício fiscal para o empregador, pois, se este fornecer tal prestação ao empregado, terá direito de computar o valor do vale como despesa operacional. A alínea *b* do art. 2º da Lei n. 7.418 é clara no sentido de que o vale--transporte não constitui base de incidência do FGTS.

Fornecido o vale-transporte em desacordo com as determinações da Lei n. 7.418, haverá natureza salarial da prestação, que será considerada salário *in natura*, incidindo sobre ela o FGTS.

13.5.49 Valores correspondentes a transporte, alimentação e habitação fornecidos pela empresa ao empregado contratado para trabalhar em localidade distante de sua residência, em canteiro de obras ou local que, por força da atividade, exija deslocamento e estada, observadas as normas de proteção estabelecidas pelo Ministério do Trabalho

Observa-se aqui que o transporte, alimentação e habitação devem ser fornecidos pelo empregador ao empregado contratado para trabalhar em localidade distante de sua residência, em canteiro de obras ou local que exija deslocamento e estada. Caso aquelas parcelas não sejam fornecidas em razão de o obreiro não ser contratado para trabalhar em localidade distante de sua residência, em canteiro de obras ou local que exija deslocamento e estada, haverá a incidência da contribuição.

A exceção da lei prende-se ao fato de que, se o empregador tiver de fornecer condução, alimentação ou moradia ao empregado que trabalha em canteiro de obras, contratado para trabalhar em localidade distante de sua residência, e ainda houver a incidência da contribuição, provavelmente não fornecerá as utilidades, além de inviabilizar a prestação do serviço. Assim, o legislador entendeu de estabelecer que não haverá a incidência da contribuição, proporcionando, também, um incentivo ao empregador.

13.5.50 Verba de quilometragem

Havendo pagamento da "verba de quilometragem" como ajuda de custo ou como diária até 50% do salário, sua natureza não será salarial, não havendo incidência do FGTS. Se o pagamento for feito para indenizar efetivamente o empregado com despesas de combustível ou outras relacionadas com a manutenção do veículo, como no caso de vendedores, não terá natureza salarial esse pagamento. Do contrário, não comprovado pelo empregador que o pagamento é feito como indenização para tais despesas, terá natureza salarial e incidirá sobre ele o FGTS.

13.5.51 Verba de representação

Há empregados que, para representar o empregador perante o cliente, recebem "verba de representação". Essa verba tem por objetivo a indenização de despesas com restaurantes, hotéis, viagens, roupas do empregado etc. Trata-se de pagamento com natureza indenizatória, que não tem incidência do FGTS. Não demonstrada pelo empregador a natureza indenizatória do pagamento, terá natureza salarial, tendo incidência do FGTS.

13.6 Conclusão

Seria melhor a unificação dos critérios de incidência da contribuição previdenciária e do FGTS, como preconiza Amauri Mascaro Nascimento[15], de modo a não haver divergências quanto às incidências no que diz respeito a se considerar determinada verba como remuneração para uma contribuição e para a outra não.

Quanto ao aviso-prévio indenizado, incide o FGTS sobre tal verba, conforme a orientação da Súmula 305 do TST, enquanto não incide a contribuição previdenciária (art. 28, § 9º, da Lei n. 8.212/91).

Em relação ao pagamento do 13º salário, a contribuição previdenciária incide, por exemplo, apenas no segundo pagamento, pelo valor total do 13º devido

---

15. NASCIMENTO, Amauri Mascaro. *Teoria jurídica do salário*. São Paulo: LTr, 1994, p. 314.

no mês de dezembro de cada ano. Ao contrário, o FGTS incide sobre o 13º salário tanto no pagamento da primeira parcela como no crédito da segunda parcela.

O conceito de remuneração ou salário adotado pela legislação para incidência de contribuições deveria ser realmente apenas um, deixando claro o que constitui e o que não representa remuneração.

Se se estendesse tal critério para hipóteses não abrangidas hoje pela legislação do FGTS, haveria aumento de tal encargo social, porém maior certeza nas relações sobre a interpretação do que vem a ser remuneração e se eliminaria realmente a incerteza a respeito da verba sobre a qual incidiriam ou não as citadas contribuições.

14
PRAZO DE RECOLHIMENTO

14.1 PRAZO

O prazo para pagamento do FGTS era até o dia 30 de cada mês, quanto à remuneração paga ao empregado no mês anterior (art. 2º da Lei n. 5.107). O art. 9º do Decreto n. 59.820/66 especificava que o depósito deveria ser feito até o último dia útil de cada mês em relação à remuneração paga ao trabalhador no mês anterior. O decreto não poderia ir além do que dispunha a lei, determinando data diferente da especificada no art. 2º da Lei n. 5.107.

Assim, nos meses de 30 dias, o prazo para pagamento do FGTS era no dia 30. Nos meses de 31 dias, o prazo para pagamento do FGTS era até o dia 30, como determinava a lei e não como dispunha o Regulamento, que, nesse ponto, era ilegal. No mês de fevereiro, o FGTS deveria ser depositado até o dia 28 ou 29, dependendo do ano, pois, sabidamente, esse mês não tem 30 dias.

O art. 13 da Lei n. 7.839 determinava que o prazo para pagamento do FGTS era até o último dia previsto em lei para o pagamento de salários. De 13 de outubro de 1989, data da vigência da Lei n. 7.839, até 24 de outubro de 1989, a data do pagamento do FGTS era o décimo dia do mês subsequente ao vencido. Isso porque o prazo para pagamento de salários era até o décimo dia do mês subsequente ao vencido (art. 459 da CLT).

A partir de 25 de outubro de 1989, data da publicação da Lei n. 7.855, que deu nova redação ao parágrafo único do art. 459 da CLT, o prazo de pagamento de salários passou a ser o quinto dia útil do mês subsequente ao vencido. Esse era, também, o prazo máximo para o recolhimento do FGTS.

Com a edição da Lei n. 8.036, o prazo do recolhimento do FGTS passou a ser até o dia 7 de cada mês subsequente ao vencido. Não se menciona, portanto, o 7 dia útil do mês subsequente ao vencido, mas o dia 7 (art. 15 da Lei n. 8.036). Deixou-se, também, de utilizar o critério que vinha sendo empregado anteriormente, no sentido de que o FGTS deveria ser depositado até o último dia para pagamento de salários.

A partir da vigência da Lei n. 14.438/22, que deu nova redação ao artigo 15 da Lei n.º 8.036, o prazo de pagamento do FGTS passou a ser até o dia 20 de cada mês.

E se o dia 20 for sábado, domingo, feriado ou nele não houver expediente bancário? Parece que o prazo passa a ser o dia útil imediatamente subsequente. Não há previsão legal no sentido de que o pagamento deva ser antecipado. Logo, se ninguém está obrigado a fazer ou deixar de fazer algo a não ser em virtude de lei, o prazo para pagamento só pode ser no primeiro dia útil subsequente. De outro lado, há impossibilidade de fazer o pagamento, pois os bancos estão fechados e não se pode dizer que o atraso seja culpa do contribuinte.

O próprio § 1º do art. 132 do Código Civil determina que, se o prazo de vencimento cair em feriado, considerar-se-á prorrogado até o seguinte dia útil. Recomenda-se, porém, para evitar atritos com a fiscalização, ou até para que o contribuinte não fique sujeito a multa pelo atraso no pagamento, que o depósito seja feito no dia imediatamente anterior a sábados, domingos, feriados ou dias em que não haja expediente bancário.

Todos os empregadores ficam obrigados a depositar, até o vigésimo dia de cada mês, em conta vinculada, a importância correspondente a 8% da remuneração paga ou devida, no mês anterior, a cada trabalhador, incluídas na remuneração as parcelas de que tratam os arts. 457 e 458 da CLT, e a Gratificação de Natal de que trata a Lei nº 4.090/62 (art. 20 da Lei n.º 8.036/90).

A indenização de 40 ou de 20% sobre os depósitos do FGTS será depositada nos prazos previstos no § 6º do art. 477 da CLT. No caso do término do contrato de trabalho, o prazo será até o primeiro dia útil imediato à cessação do pacto laboral. Observa-se o décimo dia, contado da data da notificação da demissão, quando da ausência do aviso-prévio, sua indenização ou dispensa de seu cumprimento.

14.2 ATUALIZAÇÃO MONETÁRIA

14.2.1 Correção monetária do FGTS

A primeira lei do FGTS foi a Lei n. 5.107/66. Dispunha o art. 3º:

Art. 3º Os depósitos efetuados na forma do art. 2º são sujeitos a correção monetária, de acordo com a legislação específica, e capitalizarão juros, segundo o disposto no art. 4º.

§ 1º A correção monetária e a capitalização dos juros correrão a conta do fundo a que se refere o Art. 11.

Determinava o art. 11:

Criado o "Fundo de Garantia do Tempo de Serviço" (FGTS), constituído pelo conjunto das contas vinculadas a que se refere esta Lei, ou cujos recursos serão aplicados com correção monetária e juros, de modo a assegurar cobertura de suas obrigações, cabendo sua gestão ao Banco Nacional da Habilitação.

A segunda lei do FGTS foi a Lei n. 7.839/89. Prescrevia o art. 11:

Os depósitos efetuados nas contas vinculadas serão corrigidos monetariamente, com base nos parâmetros fixados para atualização dos saldos dos depósitos de poupança, e capitalizarão juros de 3% a.a. (três por cento ao ano).

Dispõe o art. 13 da Lei n. 8.036/90 que:

os depósitos efetuados nas contas vinculadas serão corrigidos monetariamente com base nos parâmetros fixados para atualização dos saldos dos depósitos de poupança e capitalizarão juros de 3 (três) por cento ao ano.

Determina o art. 15 da Lei n. 8.177/91 que:

a partir de fevereiro de 1991, os saldos das contas do Fundo de Garantia por Tempo de Serviço (FGTS) passam a ser remunerados pela taxa aplicável à remuneração básica dos depósitos da poupança com data de aniversário no dia primeiro, mantida a periodicidade atual para remuneração.

O art. 12 da mesma norma prevê que:

em cada período de rendimento, os depósitos de poupança serão remunerados: I – como remuneração básica, por taxa correspondente à aplicação das TRD, no período transcorrido entre o dia do último crédito de rendimento, inclusive, e o dia do crédito de rendimento, exclusive.

Reza o art. 17 da mesma norma:

A partir de fevereiro de 1991, os saldos das contas do Fundo de Garantia por Tempo de Serviço (FGTS) passam a ser remunerados pela taxa aplicável à remuneração básica dos depósitos de poupança com data de aniversário no dia 1º, observada a periodicidade mensal para remuneração.

O art. 2º da Lei n. 8.660/93 extinguiu, a partir de 1º de maio de 1993, a Taxa Referencial Diária (TRD) de que trata o art. 2º da Lei n. 8.177/91. O art. 7º da Lei n. 8.660 determina que os depósitos de poupança têm como remuneração básica a Taxa Referencial, relativa à respectiva data de aniversário.

Afirma a Súmula 450 do STJ que: "a Taxa Referencial (TR) é o índice aplicável, a título de correção monetária, aos débitos com o FGTS recolhidos pelo empregador mas não repassados ao fundo".

Bernardo Ribeiro de Moraes critica a expressão correção monetária, sob o fundamento de que a correção da moeda só poderia ser feita com a mudança do valor nominal da moeda, alterando-se a unidade monetária[1].

O art. 1º da Lei n. 8.177/91 mostrava que a TRD era taxa de remuneração, isto é, média aritmética de taxas de juros. No mesmo sentido o art. 12, ao fazer referência a remuneração de depósitos de poupança.

O cálculo da TR era feito com base na taxa média dos CDBs prefixados, de 30 a 35 dias, oferecidos pelos 30 maiores bancos.

Correção monetária tem por função atualizar o valor da moeda em razão da inflação. Juro é remuneração do capital e não critério de correção monetária. São diferentes as funções dos referidos institutos. Trata-se, portanto, de índice inadequado para a atualização monetária do FGTS. Não é possível que a correção monetária pelo índice da TR seja inferior à inflação do período.

Leciona Alcides Jorge Costa que: "se a TR, segundo a lei, utiliza-se como taxa de juro, que na verdade é, e como índice de correção do valor nominal de obrigações pecuniárias, tem duas funções que não se coadunam"[2].

Afirma Keyler de Carvalho que a:

> TR e a TRD não são boas *proxis* da taxa inflacionária e que sua utilização como indexador tributário, trabalhista, e falimentar, como determina a Lei n. 8.177/91, é totalmente imprópria e inadequada.
>
> Com efeito, o que se pretende ao utilizar um indexador para corrigir o valor monetário é que se restabeleça o valor aquisitivo da moeda, perdido com a inflação ocorrida no período. Não se pode usar a TR ou a TRD pois haverá o risco de excesso, já que incorporam, como demonstrado, parte das taxas de juros e riscos não excluídos, e refletem a política monetária praticada pelo Banco Central do Brasil[3].

A TRD foi extinta a partir de 1º de maio de 1993 pelo art. 2º da Lei n. 8.660/93. O art. 7º da Lei n. 8.660 dispõe que os depósitos de poupança têm como remuneração básica a Taxa Referencial.

A comparação entre o INPC e a TR mostra que a segunda não acompanhou a inflação entre 1999 e 2013:

---

1. MORAES, Bernardo Ribeiro. *Correção monetária de débitos fiscais*. São Paulo: Max Limonad, 1966.
2. COSTA, Alcides Jorge. TR e princípio da anterioridade. *Repertório IOB de Jurisprudência*, n. 12/91, 2ª quinzena de junho de 1991, texto 1/4261, p. 216.
3. ROCHA, Keyler de Carvalho. *Revista dos Tribunais*, n. 667, São Paulo, maio 1991.

TR:

1999	0,5163	0,8298	1,1614	0,6092	0,5761	0,3108	0,2933	0,2945	0,2715	0,2265	0,1998	0,2998	**5,7295**
2000	0,2149	0,2328	0,2242	0,1301	0,2492	0,2140	0,1547	0,2025	0,1038	0,1316	0,1197	0,0991	**2,0962**
2001	0,1369	0,0368	0,1724	0,1546	0,1827	0,1458	0,2441	0,3436	0,1627	0,2913	0,1928	0,1983	**2,2852**
2002	0,2591	0,1171	0,1758	0,2357	0,2102	0,1582	0,2656	0,2481	0,1955	0,2768	0,2644	0,3609	**2,8023**
2003	0,4878	0,4116	0,3782	0,4184	0,4650	0,4166	0,5465	0,4038	0,3364	0,3213	0,1776	0,1899	**4,6485**
2004	0,1280	0,0458	0,1778	0,0874	0,1546	0,1761	0,1952	0,2005	0,1728	0,1108	0,1146	0,2400	**1,8184**
2005	0,1880	0,0962	0,2635	0,2003	0,2527	0,2993	0,2575	0,3466	0,2637	0,2100	0,1929	0,2269	**2,8335**
2006	0,2326	0,0725	0,2073	0,0855	0,1888	0,1937	0,1751	0,2436	0,1521	0,1875	0,1282	0,1522	**2,0377**
2007	0,2189	0,0721	0,1876	0,1272	0,1689	0,0954	0,1469	0,1466	0,0352	0,1142	0,0590	0,0640	**1,4452**
2008	0,1010	0,0243	0,0409	0,0955	0,0736	0,1146	0,1914	0,1574	0,1970	0,2506	0,1618	0,2149	**1,6348**
2009	0,1840	0,0451	0,1438	0,0454	0,0449	0,0656	0,1051	0,0197	0,0000	0,0000	0,0000	0,0533	**0,7090**
2010	0,0000	0,0000	0,0792	0,0000	0,0510	0,0589	0,1151	0,0909	0,0702	0,0472	0,0336	0,1406	**0,6887**
2011	0,0715	0,0524	0,1212	0,0369	0,1570	0,1114	0,1229	0,2076	0,1003	0,0620	0,0645	0,0937	**1,2079**
2012	0,0864	0,0000	0,1068	0,0227	0,0468	0,0000	0,0144	0,0123	0,0000	0,0000	0,0000	0,0000	**0,2897**
2013	0,0000	0,0000	0,0000	0,0000	0,0000	0,0000	0,0209	0,0000	0,0079	0,0920	0,0207	0,0494	**0,1910**

INPC:

1999	0,65	1,29	1,28	0,47	0,058	0,07	0,74	0,55	0,39	0,96	0,94	0,74	8,43%
2000	0,61	0,05	0,13	0,09	-0,05	0,30	1,39	1,21	0,43	0,16	0,29	0,55	5,27%
2001	0,77	0,49	0,48	0,84	0,57	0,60	1,11	0,79	0,44	0,94	1,29	0,74	9,44%
2002	1,07	0,31	0,62	0,68	0,09	0,61	1,15	0,86	0,83	1,57	3,39	2,70	14,74%
2003	2,47	1,46	1,37	1,38	0,99	-0,06	0,04	0,18	0,82	0,39	0,37	0,54	10,38%
2004	0,83	0,39	0,57	0,41	0,40	0,50	0,73	0,50	0,17	0,17	0,44	0,86	6,13%
2005	0,57	0,44	0,73	0,91	0,70	-0,11	0,03	0,00	0,15	0,58	0,54	0,40	5,05%
2006	0,38	0,23	0,27	0,12	0,13	-0,07	0,11	-0,02	0,16	0,43	0,42	0,62	2,81%
2007	0,49	0,42	0,44	0,26	0,26	0,31	0,32	0,59	0,25	0,30	0,43	0,97	5,15%
2008	0,69	0,48	0,51	0,64	0,96	0,91	0,58	0,21	0,15	0,50	0,38	0,29	6,48%
2009	0,64	0,31	020	0,55	0,60	0,42	0,23	0,08	0,16	0,24	0,37	0,24	4,11%
2010	0,88	0,70	0,71	0,73	0,43	-0,11	-0,07	-0,07	0,54	0,92	1,03	0,60	6,46%
2011	0,94	0,54	0,66	0,72	0,57	0,22	0,00	0,42	0,45	0,32	0,57	0,51	6,07%
2012	0,51	0,39	0,18	0,64	0,55	0,26	0,43	0,45	0,63	0,71	0,54	0,74	6,19%
2013	0,92	0,52	0,60	0,59	0,35	0,28	-0,13	0,16	0,27	0,61	0,54	0,72	5,56%

Entre os meses de setembro de 2012 a junho de 2013, a TR foi fixada em 0,00%. Isso significa que em junho de 2013 a correção monetária do FGTS será feita com base em valor de setembro de 2012, sem nenhuma atualização monetária. A inflação medida pelo IPCA foi de 5,84, em 2012, e 5,91, em 2013. Evidente, portanto, o prejuízo na correção dos créditos trabalhistas.

Reza o art. 233 do Código Civil que "a obrigação de dar coisa certa abrange os acessórios dela", que são a correção monetária e os juros.

Por se tratar o FGTS de um depósito bancário, "o depositário é obrigado a ter na guarda e conservação da coisa depositada o cuidado e diligência que costuma com o que lhe pertence, bem como a restituí-la com todos os frutos e acrescidos" (art. 629 do Código Civil), que são os juros e a correção monetária.

Os juros de 3% ao ano (art. 9.º, III, da Lei n.º 8.036/90) servem para remunerar o capital, mas são insuficientes para repor o poder de compra perdido pela inflação acumulada.

O STF concedeu liminar para suspender a eficácia dos arts. 18, 21, 23 e 24 da Lei n. 8.177/91:

> AÇÃO DIRETA DE INCONSTITUCIONALIDADE. IMPUGNAÇÃO DOS ARTIGOS 18, *CAPUT* E PARÁGRAFOS 1. E 4.; 20; 21 E PARÁGRAFO ÚNICO; 23 E PARÁGRAFOS; E 24 E PARÁGRAFOS, TODOS DA LEI N. 8.177, DE 1º DE MARÇO DE 1991. ALEGAÇÃO DE OFENSA AO PRINCÍPIO CONSTITUCIONAL DO RESPEITO AO ATO JURÍDICO PERFEITO E AO DIREITO ADQUIRIDO. RELEVÂNCIA JURÍDICA DA ARGUIÇÃO E CONVENIÊNCIA DA CONCESSÃO DA MEDIDA CAUTELAR REQUERIDA. PEDIDO DE LIMINAR DEFERIDO, PARA SUSPENDER, *EX NUNC*, A VIGÊNCIA DOS DISPOSITIVOS IMPUGNADOS DA LEI N. 8.177, DE 1º DE MARÇO DE 1991 (ADIn 493 MC, Tribunal Pleno, Rel. Min. Moreira Alves, j. 8-5-1991, *DJ* 4-9-1992, p. 14.089, *RTJ* 142-01, p. 52).

O Ministro Moreira Alves, no julgamento da ADIn 493/DF, afirmou que:

> a taxa referencial (TR) não é índice de correção monetária, pois, refletindo as variações do custo primário da captação dos depósitos a prazo fixo, não constitui índice que reflita a variação do poder aquisitivo da moeda. [...] Por isso, não há necessidade de se examinar a questão de saber se as normas que alteram índice de correção monetária se aplicam imediatamente, alcançando, pois, as prestações futuras de contratos celebrados no passado, sem violarem o disposto no artigo 5º, XXXVI, da Carta Magna. Também ofendem o ato jurídico perfeito os dispositivos impugnados que alteram o critério de reajuste das prestações nos contratos já celebrados pelo sistema do Plano de Equivalência Salarial por Categoria Profissional (PES/CP). Ação direta de inconstitucionalidade julgada procedente, para declarar a inconstitucionalidade dos artigos 18, *caput* e parágrafos 1 e 4; 20; 21 e parágrafo único; 23 e parágrafos; e 24 e parágrafos, todos da Lei n. 8.177, de 1º de maio de 1991, que a TR não reflete a perda de poder aquisitivo da moeda (Rel. Min. Moreira Alves, j. 25-6-1992, *DJ* 4-9-1992, p. 14.089, *RTJ* 143, p. 724).

Declarou o STF na ADIn 4425/DF a inconstitucionalidade do § 12 do art. 100 da Constituição, ao estabelecer a correção dos precatórios pelos mesmos índices de remuneração da poupança, que era a TR utilizada para correção trabalhista.

Afirmou o Ministro Ayres Britto:

> a correção monetária é instrumento de preservação do valor real de um determinado bem, constitucionalmente protegido e redutível à pecúnia. Valor real a preservar que é sinônimo de poder de compra ou poder aquisitivo, tal como se vê na redação do inciso IV do art. 7º da CF, atinente ao instituto do salário mínimo.

Discorreu, ainda, o Ministro Ayres Brito:

> Na medida em que a fixação da remuneração básica da caderneta de poupança como índice de correção monetária dos valores inscritos em precatório implica indevida e intolerável constrição à eficácia da atividade jurisdicional. Uma afronta à garantia da coisa julgada e, por reverberação, ao protoprincípio da separação dos Poderes. [...]. Se há um direito subjetivo à correção monetária de determinado crédito, direito que, como visto, não difere do crédito originário, fica evidente que o reajuste há de corresponder ao preciso índice de desvalorização da moeda, ao cabo de um certo período; quer dizer, conhecido que seja o índice de depreciação do valor real da moeda – a cada período legalmente estabelecido para a respectiva medição –, é ele que por inteiro vai recair sobre a expressão financeira do instituto jurídico protegido com a cláusula de permanente atualização monetária. É o mesmo que dizer: medido que seja o tamanho da inflação num dado período, tem-se, naturalmente, o percentual de defasagem ou de efetiva perda de poder aquisitivo da moeda que vai servir de critério matemático para a necessária preservação do valor real do bem ou direito constitucionalmente protegido.

No mesmo julgamento em conjunto com a ADIn 4.357/DF, em 14 de março de 2013, declarou o STF a inconstitucionalidade das expressões "independentemente de sua natureza" (para efeito de correção monetária) e "índices oficiais de remuneração básica", contidos no art. 1º-F da Lei n. 9.494/97, com a redação da Lei n. 11.960/2009 (*DJe* 19-12-2013).

O Ministro Luiz Fux, redator da ADIn 4.425, afirmou:

> 5. A atualização monetária dos débitos fazendários inscritos em precatórios segundo o índice oficial de remuneração da caderneta de poupança viola o direito fundamental de propriedade (CF, art. 5º, XXII) na medida em que é manifestamente incapaz de preservar o valor real do crédito de que é titular o cidadão. A inflação, fenômeno tipicamente econômico-monetário, mostra-se insuscetível de captação apriorística (*ex ante*), de modo que o meio escolhido pelo legislador constituinte (remuneração da caderneta de poupança) é inidôneo a promover o fim a que se destina (traduzir a inflação do período).
>
> 6. A quantificação dos juros moratórios relativos a débitos fazendários inscritos em precatórios segundo o índice de remuneração da caderneta de poupança vulnera o princípio constitucional da isonomia (CF, art. 5º, *caput*) ao incidir sobre débitos estatais de natureza tributária, pela discriminação em detrimento da parte processual privada que, salvo expressa determinação em contrário, responde pelos juros da mora tributária à taxa de 1% ao mês em favor do Estado (*ex vi* do art. 161, § 1º, CTN). Declaração de inconstitucionalidade parcial sem redução da expressão "independentemente de sua natureza", contida no art. 100, § 12, da CF, incluído pela EC n. 62/09, para determinar que, quanto aos precatórios de natureza tributária, sejam aplicados os mesmos juros de mora incidentes sobre todo e qualquer crédito tributário.
>
> 7. O art. 1º-F da Lei n. 9.494/97, com redação dada pela Lei n. 11.960/09, ao reproduzir as regras da EC n. 62/09 quanto à atualização monetária e à fixação de juros moratórios de créditos inscritos em precatórios incorre nos mesmos vícios de juridicidade que inquinam o art. 100, § 12, da CF, razão pela qual se revela inconstitucional por arrastamento, na mesma extensão dos itens 5 e 6 *supra*.

8. O regime "especial" de pagamento de precatórios para Estados e Municípios criado pela EC n. 62/09, ao veicular nova moratória na quitação dos débitos judiciais da Fazenda Pública e ao impor o contingenciamento de recursos para esse fim, viola a cláusula constitucional do Estado de Direito (CF, art. 1º, *caput*), o princípio da Separação de Poderes (CF, art. 2º), o postulado da isonomia (CF, art. 5º), a garantia do acesso à justiça e a efetividade da tutela jurisdicional (CF, art. 5º, XXXV), o direito adquirido e à coisa julgada (CF, art. 5º, XXXVI).

9. Pedido de declaração de inconstitucionalidade julgado procedente em parte (STF, ADIn 4.425/DF, j. 14-3-2013).

Se os dispositivos mencionados da Lei n. 8.177/91 foram considerados inconstitucionais pelo STF, também é inconstitucional o art. 17 da mesma norma e o art. 7º da Lei n. 8.660, que utiliza índice de remuneração de capital e não de atualização monetária, além do que não reflete o valor da inflação.

Ao justificar a aplicação do rito previsto no art. 12 da Lei n. 9.868/99 (Lei das ADIns), o relator argumentou que a questão interessa a milhões de trabalhadores celetistas brasileiros com depósitos nas contas do FGTS remunerados segundo a legislação questionada.

O Ministro também destacou o prejuízo aos trabalhadores alegado pelo partido, que superaria anualmente dezenas de bilhões de reais. O relator solicitou informações ao Congresso Nacional e à Presidência da República, responsáveis pela edição das normas questionadas. Após o prazo de dez dias para as informações, ele determinou que se dê vista dos autos, no prazo sucessivo de cinco dias, ao advogado-geral da União e ao procurador-geral da República para que se manifestem sobre a matéria.

O Ministro Barroso admitiu o ingresso do Banco Central no processo na qualidade de *amicus curiae* (amigo da corte). Segundo ele, a relevância do tema e a representatividade da instituição justificam a participação:

> Ademais, em se tratando da instituição competente para calcular a TR (Lei n. 8.177/91, art. 1º), não há dúvida de que sua participação trará subsídios importantes para o exame da questão constitucional.

Parece que existe inconstitucionalidade não pelo fato de haver violação ao direito de propriedade plena, mas pelo fato de ferir dispositivos da Constituição que tratam de atualização monetária: reajustes periódicos para preservar o poder aquisitivo do salário mínimo (art. 7º, IV), atualização de valores de requisitórios (§ 12 do art. 100), irredutibilidade do valor dos benefícios (art. 194, parágrafo único, IV), atualização do salário de contribuição (§ 3º do art. 201), reajustamento do benefício para preservar o seu valor real (§ 4º do art. 201). A Constituição de 1988 consagra a necessidade da atualização monetária para preservar o poder de compra em virtude da inflação.

O Ministro Benedito Gonçalves, do STJ, no exame do REsp 1.381.683, em 26 de fevereiro de 2014, interposto pela CEF, suspendeu todas as ações coletivas e individuais, em tramitação em todos os graus de jurisdição da Justiça brasileira até que a Primeira Seção aprecie a matéria como controvérsia repetitiva. A CEF estima 50.000 ações pedindo a revisão da correção dos depósitos do FGTS.

O Partido Solidariedade ajuizou ação direta de inconstitucionalidade contra o art. 13, *caput*, da Lei n. 8.036/90 e do art. 17 da Lei n. 8.177/91, pedindo a utilização de outro índice de correção monetária diverso da TR, por violar o direito de propriedade (art. 5º, XXII, da Lei Maior), o direito do FGTS e a moralidade administrativa (art. 37 da Constituição) O Ministro Roberto Barroso, do STF, determinou a adoção do rito abreviado no trâmite da, em que o Partido Solidariedade questiona a inconstitucionalidade do art. 13 da Lei n. 8.036/90 e do art. 17 da Lei n. 8.177/91, que estabelecem a aplicação da Taxa Referencial (TR) na correção dos depósitos nas contas vinculadas do Fundo de Garantia do Tempo de Serviço (FGTS) (ADIn 5.090).

Leciona Noberto Bobbio que "o fato de uma norma ser universalmente seguida não demonstra sua justiça"[4]. Uma norma pode estar em vigor, por não ter sido revogada expressa ou tacitamente por outra norma, mas não quer dizer que seja justa. É exatamente o caso do artigo da Lei n. 8.177/91, ao estabelecer o critério de correção monetária do FGTS, que não mais reflete a variação da inflação.

Nenhum ordenamento jurídico é perfeito. Ele contém lacunas. Entre o direito e a realidade pode existir uma grande distância.

Lacuna axiológica, segundo Maria Helena Diniz, é quando "existe a norma, mas ela se revela injusta, isto é, existe um preceito normativo, mas se for aplicado, a solução do caso será insatisfatória ou injusta"[5]. É justamente o que ocorre na aplicação da TR para o cálculo da correção monetária do FGTS. A norma existe, mas é injusta.

O art. 41-A da Lei n. 8.213 prevê a utilização do INPC, apurado pelo IBGE, para efeito do cálculo do reajuste dos benefícios previdenciários. Os reajustes para a preservação do poder aquisitivo do salário mínimo a vigorar entre 2012 a 2015 corresponderão à variação do INPC (§ 1º do art. 2º da Lei n. 12.382/2011). O mesmo índice poderia ser utilizado para efeito do cálculo da correção monetária do FGTS.

---

4. BOBBIO, Norberto. *Teoria da norma jurídica*. Bauru: Edipro, 2001, p. 50.
5. DINIZ, Maria Helena. *Compêndio de introdução à ciência do direito*. 14. ed. São Paulo: Saraiva, 2001, p. 437.

O salário mínimo tem sido corrigido pela variação do INPC, acumulada nos 12 meses anteriores ao mês do reajuste (§ 1º do art. 2º da Lei n. 12.382/2011), que tem sido o mês de janeiro de cada ano.

A Lei n. 12.919, de 24 de dezembro de 2013, aprovou as diretrizes orçamentárias para o exercício de 2014. O art. 27 dispõe que:

> a atualização monetária dos precatórios, determinada no § 12 do art. 100 da Constituição Federal, inclusive em relação às causas trabalhistas, previdenciárias e de acidente do trabalho, observará, no exercício de 2014, a variação do Índice Nacional de Preços ao Consumidor Amplo Especial IPCA-E do IBGE.

A Caixa Econômica Federal será a ré no processo para postulação das diferenças de correção monetária, pois é o agente operador do FGTS (art. 4º da Lei n. 8.177/91). Tem legitimidade passiva a Caixa Econômica Federal para integrar o processo em que se discute correção monetária do FGTS (Súmula 249 do STJ).

Não há necessidade de a União e o Banco Central do Brasil serem litisconsortes passivos no processo, pois o órgão responsável por remunerar as contas do FGTS é a CEF e não a União ou o Banco Central do Brasil. No mesmo sentido a jurisprudência do STJ:

> ADMINISTRATIVO. FGTS. SALDO DAS CONTAS VINCULADAS. CORREÇÃO MONETÁRIA. ILEGITIMIDADE DO BANCO CENTRAL DO BRASIL. EXCLUSÃO. HONORÁRIOS ADVOCATÍCIOS.
>
> 1. A União, o Banco Central do Brasil e os Bancos Depositários são partes ilegítimas para figurarem no polo passivo das ações que intentam o reajuste do saldo das contas vinculadas do FGTS. A CEF, por ostentar a condição de gestora do Fundo, é parte legítima para figurar no polo passivo. 2. Excluído da relação processual o BACEN, compete ao autor arcar com o pagamento dos honorários advocatícios. Fixação em 10% (dez por cento) sobre o valor atualizado da causa, face à simplicidade da demanda. 3. Precedentes. 4. Recurso provido (REsp 173.952/PE, 1ª T., Rel. Min. José Delgado, j. 18-8-1998, *DJ* 21-9-1998, p. 95).

A TR não serve, portanto, para a atualização monetária do FGTS, pois não reflete a inflação e a perda do poder aquisitivo da moeda[6].

É urgente que seja editada lei ou medida provisória para determinar que a correção monetária do FGTS seja feita de acordo com índices que reflitam a inflação. Há casos em que o prejuízo do trabalhador foi de até 88,3% no período de 1999 a 2013.

O Ministro Dias Toffoli suspendeu em liminar decisão do TST, em 14 de outubro de 2015, na Medida Cautelar na Reclamação 22.012/RS, em relação à

---

6. No mesmo sentido: FRANCO FILHO, Georgenor de Sousa. Revisão de FGTS: Correção de uma injustiça. *Suplemento Trabalhista LTr*, 037/14, p. 17-174.

correção monetária de débitos trabalhistas não ser feita pela TR. Logo, no caso do FGTS, a orientação deve ser a mesma até ser julgada definitivamente pelo STF.

O STF entendeu que:

> "I – É inconstitucional a utilização da Taxa Referencial (TR) como índice de atualização dos débitos trabalhistas, devendo ser aplicados, até que sobrevenha solução legislativa, os mesmos índices de correção monetária e de juros vigentes para as condenações cíveis em geral, quais sejam a incidência do IPCA-E na fase pré-judicial e, a partir do ajuizamento da ação, a incidência da taxa Selic (artigo 406 do Código Civil), à exceção das dívidas da Fazenda Pública, que possuem regramento específico. A incidência de juros moratórios com base na variação da taxa Selic não pode ser cumulada com a aplicação de outros índices de atualização monetária, cumulação que representaria *bis in idem*.
>
> II – A fim de garantir segurança jurídica e isonomia na aplicação desta tese, devem ser observados os marcos para modulação dos efeitos da decisão fixados no julgamento conjunto da ADI 5.867, ADI 6.021, ADC 58 e ADC 59, como segue:
>
> (i) são reputados válidos e não ensejarão qualquer rediscussão, em ação em curso ou em nova demanda, incluindo ação rescisória, todos os pagamentos realizados utilizando a TR (IPCA-E ou qualquer outro índice), no tempo e modo oportunos (de forma extrajudicial ou judicial, inclusive depósitos judiciais) e os juros de mora de 1% ao mês, assim como devem ser mantidas e executadas as sentenças transitadas em julgado que expressamente adotaram, na sua fundamentação ou no dispositivo, a TR (ou o IPCA-E) e os juros de mora de 1% ao mês;
>
> (ii) os processos em curso que estejam sobrestados na fase de conhecimento, independentemente de estarem com ou sem sentença, inclusive na fase recursal, devem ter aplicação, de forma retroativa, da taxa Selic (juros e correção monetária), sob pena de alegação futura de inexigibilidade de título judicial fundado em interpretação contrária ao posicionamento do STF (artigo 525, §§ 12 e 14, ou artigo 535, §§ 5º e 7º, do CPC; e
>
> (iii) os parâmetros fixados neste julgamento aplicam-se aos processos, ainda que transitados em julgado, em que a sentença não tenha consignado manifestação expressa quanto aos índices de correção monetária e taxa de juros (omissão expressa ou simples consideração de seguir os critérios legais)." *(*RE 1.269.353).

14.2.2 Correção monetária no atraso no recolhimento

Dispunha o art. 19 da Lei n. 5.107 que a empresa que não recolhesse o FGTS no prazo legal ficaria responsável pela correção monetária e pela capitalização dos juros de 3% ao ano.

Estabelecia o art. 20 da Lei n. 7.839 que o empregador que não realizasse os depósitos do FGTS no prazo legal ficava sujeito à atualização monetária. Esta seria cobrada por dia de atraso, tomando-se por base os índices de variação do Bônus do Tesouro Nacional (BTN) ou, na falta deste, do título que vier a sucedê-lo, ou, ainda, a critério do Conselho Curador, por outro indicador da inflação diária.

Determinava a redação original do art. 22 da Lei n. 8.036 que, se o empregador não pagasse o FGTS no prazo legal, ficava sujeito à atualização monetária. A atualização monetária seria cobrada por dia de atraso com base na variação do BTN fiscal ou, na falta deste, do título que vier a sucedê-lo, ou, ainda, a critério do Conselho Curador, por outro indicador da inflação diária.

O empregador que não realizar os depósitos do FGTS no prazo legal responderá pela incidência da Taxa Referencial (TR) sobre a importância correspondente (art. 22 da Lei n.º 8.036/90). Essa é a forma de correção monetária do FGTS não recolhido no prazo legal. A incidência da TR será cobrada por dia de atraso, tomando-se por base o índice de atualização das contas vinculadas do FGTS (§ 2º do art. 22 da Lei n. 8.036).

Ocorre que a taxa referencial é a taxa de juros praticada no mercado bancário. Não se trata, portanto, de índice de correção monetária, mas de taxa de juros bancários. O STF já reconheceu, julgando caso de indexação da TR das prestações e do saldo devedor da correção monetária, que "é difícil compreender que uma taxa de referência, que varia com a inflação do mercado financeiro, seja atualização monetária e, não, taxa remuneratória de capital" (STF, TP, liminar n. 00000493/600, j. 8-5-1991). Não se trata, portanto, de correção monetária, mas de uma taxa bancária que representa valor muito superior ao da inflação verificada no período.

A Lei n. 8.218, de 30 de agosto de 1991, reconheceu a TR como índice remuneratório do capital, sendo aplicável apenas como juros de mora e não como correção monetária.

Para efeito do levantamento de débito para com o FGTS, o percentual de 8% incidirá sobre o valor acrescido da TR até a data da respectiva operação.

14.3 JUROS

Previa o art. 20 da Lei n. 7.839 que o empregador que não fizesse os depósitos do FGTS no prazo legal ficava sujeito a juros de mora de 1% ao mês sobre o valor atualizado dos depósitos.

Estipulava a redação original do art. 22 da Lei n. 8.036 que o não pagamento do depósito no prazo legal implicava a incidência de juros de mora de 1% ao mês sobre o valor atualizado dos depósitos.

A Lei n. 9.964 deu nova redação ao § 1º do art. 22 da Lei n. 8.036, estabelecendo que os juros de mora são de 0,5% ao mês ou fração de mês. Não são juros capitalizados, mas juros simples.

14.4 MULTA DE MORA

Sob a égide da Lei n. 5.107, as multas pelo não recolhimento do FGTS no prazo legal eram as previstas na legislação do Imposto de Renda, conforme o art. 59 do Regulamento, determinado pelo Decreto n. 59.820:

(a) 5% sobre o valor do depósito, quando efetuado com atraso não superior a 30 dias;

(b) 10% sobre o valor do depósito, quando efetuado com atraso superior a 30 dias e não superior a 180 dias;

(c) 10% por semestre ou fração sobre o valor do depósito, quando efetuado com atraso superior a 180 dias, limitado a 30%. A multa era calculada sobre o valor atualizado e acrescido de juros.

Previa o art. 20 da Lei n. 7.839 que a multa pelo atraso no pagamento era de 20%. Se o débito fosse pago até o último dia do mês de seu vencimento, a multa seria reduzida para 10% (§ 1º do art. 20).

Determinava a redação original do art. 22 da Lei n. 8.036 que o empregador que não realizasse o depósito do FGTS até o dia 7 do mês seguinte ao vencido ficaria sujeito a multa de 20%. Se o recolhimento em atraso fosse realizado no próprio mês do vencimento, a multa seria reduzida para 10% (§ 1º do art. 22).

A Lei n. 9.964 deu nova redação ao art. 22 da Lei n. 8.036 e a seu § 1º, estabelecendo que o não recolhimento do FGTS até o dia 20 do mês subsequente ao vencido sujeita o empregador a multa, calculada sobre o valor corrigido, de:

(a) 5%, caso o pagamento seja feito no próprio mês do vencimento da obrigação;

(b) 10%, a partir do mês seguinte ao do vencimento da obrigação.

A citada multa de 10 ou 5% não pode ser reivindicada pelo trabalhador ou pelo sindicato, pois não reverte ao obreiro, mas ao sistema do FGTS, tratando-se, portanto, de multa de natureza administrativa, num sentido amplo.

A letra *d* do art. 2º da Lei n. 8.036/90 mostra que a multa pertence ao fundo.

Incorreta a afirmação de que a multa de 10 ou 5% esteja equiparada a cláusula penal, pois esta é prevista nos contratos, em razão da violação de suas cláusulas. A multa mencionada é prevista em lei. Logo, não pode ter natureza de cláusula penal, mas de penalidade pela não observância do preceito legal, de sanção contida na norma. Tem a referida penalidade natureza de multa de mora, pelo não pagamento da contribuição do FGTS no prazo legal. É o mesmo tipo de multa imposta pela legislação pelo não pagamento no prazo legal de impostos e contribuições, que reverte evidentemente ao fisco e não a outra pessoa.

O beneficiário da multa em comentário não é o trabalhador, mas o Fundo de Garantia do Tempo de Serviço.

Não está escrito no art. 22 da Lei n. 8.036 que a multa é destinada ao obreiro, para que fosse um direito do trabalhador. É, portanto, uma multa de mora, pelo não recolhimento da referida contribuição no prazo, tendo uma sanção pelo descumprimento do preceito legal. Vem a ser uma indenização ao Fundo de Garantia pelo atraso no pagamento da referida contribuição. O contribuinte cometeu uma infração fiscal, ficando punido com o pagamento da multa de mora de 10 ou 5%, dependendo do caso.

Os juros previstos no art. 22 da Lei n. 8.036 também são juros que revertem ao sistema. Os juros devidos a título de remuneração dos depósitos são de 3% ao ano, como indica o art. 13 da Lei n. 8.036. Isso também evidencia que a multa de 10 ou 20% é administrativa e não reverte ao trabalhador.

As multas administrativas estabelecidas pela fiscalização trabalhista pelo descumprimento da Lei n. 8.036 estão previstas no § 2º do art. 23 da mesma norma. Essas multas são arbitradas pela fiscalização, estando sujeitas a limites mínimos e máximos, enquanto a multa de 10 ou 5% é fixada nesses percentuais. Não deixam, porém, aquelas multas de ser administrativas, pois revertem à administração do FGTS.

14.5 GENERALIDADES

Para efeito de levantamento de débito para com o FGTS, o percentual de 8% incidirá sobre o valor acrescido da TR até a data da respectiva operação (§ 4º do art. 22 da Lei n. 8.036).

O empregador que não recolher o FGTS no prazo legal fica também sujeito às obrigações e sanções previstas no Decreto-Lei n. 368, de 19 de dezembro de 1968. Não poderá a empresa:

(a) pagar honorário, gratificação, *pro labore* ou qualquer outro tipo de retribuição ou retirada a seus diretores, sócios, gerentes ou titulares de firma individual;

(b) distribuir quaisquer lucros, bonificações, dividendos ou interesses a seus sócios, titulares, acionistas ou membros de órgãos dirigentes, fiscais ou consultivos;

(c) ser dissolvida. Os diretores, sócios, gerentes, membros do conselho fiscal ou consultivo, titulares de firma individual ou quaisquer outros dirigentes de empresa responsável por infração das letras *a* e *b* estarão sujeitos a pena de detenção de um mês a um ano.

Caso seja proposta ação pelo empregado para postular o FGTS não recolhido, os juros de mora não são os especificados na legislação do FGTS, mas sim os juros de 1% ao mês, de maneira simples, a contar do ajuizamento da ação e aplicados *pro rata die*, conforme o § 1º do art. 39 da Lei n. 8.177/91. Proposta a ação pelo empregado para obter os depósitos não efetuados do FGTS, a correção monetária será a dos débitos trabalhistas (art. 39 da Lei n. 8.177/91).

O STJ admite a hipótese de a empresa abater o que pagou diretamente a título de FGTS ao empregado, sob pena de a empresa pagar duas vezes (REsp 396743/PR, 2ª T., Rel. Min. Castro Meira, *DJ* 6-9-2004, p. 198). No caso, seriam devidos juros, correção monetária e multa de mora em favor do fundo.

Não há previsão de responsabilidade solidária na Lei n. 8.036 em relação aos depósitos do FGTS, como existe na Lei n. 8.212, quanto à contribuição previdenciária.

15
SAQUES

15.1 SAQUES

O direito de saque do FGTS é um direito condicional, pois somente poderá ser exercitado de acordo com as hipóteses contidas na lei. Fica, em certos casos, sujeito a termo, como, por exemplo, quando o empregado requer aposentadoria, que depende de alguns fatores para sua implementação, como tempo de serviço, ou em caso de morte, requerido pelos dependentes ou sucessores.

15.1.1 Na Lei n. 5.107

Na vigência da Lei n. 5.107, o FGTS poderia ser sacado nas hipóteses contidas no art. 8º:

(a) rescindido o contrato de trabalho, seja sem justa causa, provada esta pelo pagamento dos valores constantes do termo de rescisão ou por declaração da empresa, ou ainda por decisão da Justiça do Trabalho, seja por rescisão indireta, seja por cessação da atividade da empresa ou pelo término de contrato de trabalho por prazo estipulado, ou, ainda, no caso de aposentadoria concedida pela Previdência Social;

(b) no caso de rescisão pelo empregado, sem justa causa, ou pela empresa, com justa causa, parcial ou totalmente, com a assistência do Sindicato da categoria do empregado, ou, na falta deste, com a do representante do Ministério do Trabalho, nas seguintes situações, devidamente comprovadas:

(1) aplicação do capital em atividade comercial, industrial ou agropecuária, em que se haja estabelecido individualmente ou em sociedade;

(2) aquisição de morada própria e pagamento das respectivas prestações;

(3) necessidade grave e premente, pessoal ou familiar;

(4) aquisição de equipamento destinado à atividade de natureza autônoma (havia necessidade da apresentação das faturas);

(5) por motivo de casamento do empregado do sexo feminino, que era comprovado com a certidão de casamento;

(c) durante a vigência do contrato de trabalho, a conta somente poderia ser utilizada na ocorrência das hipóteses previstas nos itens 2 e 3 da letra *b*.

O empregado dispensado com justa causa perdia o direito à correção monetária e aos juros capitalizados do contrato de trabalho em que tal fato tivesse ocorrido.

15.1.2 Na Lei n. 7.839

A Lei n. 7.839 dispunha como hipóteses de saque as seguintes:

(a) despedida sem justa causa, inclusive a indireta, de culpa recíproca e de força maior, comprovados com o pagamento da multa de 20 ou 40%;

(b) extinção total da empresa, fechamento de quaisquer de seus estabelecimentos, filiais ou agências, supressão de parte de suas atividades, ou ainda falecimento do empregador individual, sempre que qualquer dessas ocorrências implicasse rescisão de contrato de trabalho, comprovada por declaração escrita da empresa, suprida, quando fosse o caso, por decisão judicial transitada em julgado;

(c) aposentadoria concedida pela Previdência Social;

(d) falecimento do trabalhador, sendo o saldo pago a seus dependentes, para esse fim habilitados perante a Previdência Social, segundo o critério adotado para a concessão de pensões por morte. Na falta de dependentes, fariam jus ao recebimento do saldo da conta vinculada os sucessores previstos na lei civil, indicados em alvará judicial, expedido a requerimento do interessado, independentemente de inventário ou arrolamento;

(e) pagamento de parte das prestações decorrentes de financiamento habitacional concedido no âmbito do Sistema Financeiro da Habitação (SFH), desde que:

(1) o saldo da conta vinculada correspondesse a, no mínimo, cinco vezes a renda mensal do mutuário;

(2) o valor bloqueado fosse utilizado, no mínimo, durante o prazo de 12 meses;

(3) o valor do abatimento atingisse, no máximo, 80% do montante da prestação;

(f) liquidação ou amortização extraordinária de saldo devedor de financiamento imobiliário, observadas as condições estabelecidas pelo Conselho Curador, entre elas a de que o financiamento fosse concedido no âmbito do SFH e houvesse interstício mínimo de dois anos para cada movimentação;

(g) pagamento total ou parcial do preço da aquisição de moradia própria, observadas as seguintes condições:

(1) o saldo da conta vinculada do adquirente deveria ser igual ou superior a cinco vezes o valor de sua renda mensal;

(2) fosse a operação financiável nas condições vigentes para o SFH;

(h) quando permanecesse a conta por três anos ininterruptos, a partir da vigência da Lei n. 7.839, sem crédito de depósitos.

15.1.3 Na Lei n. 8.036

O art. 20 da Lei n. 8.036 determina as hipóteses de saque do FGTS. São hipóteses taxativas, e não meramente exemplificativas. A lei não usa a expressão "tais como". Fora dessas hipóteses não poderá haver outras.[1] O STJ tem entendido que as hipóteses de saque contidas no art. 20 da Lei n. 8.036 não são taxativas, admitindo excepcionalmente outras. São as seguintes:

(a) despedida sem justa causa, inclusive a indireta, de culpa recíproca e de força maior.

Na Lei n. 7.839, mencionava-se o pagamento da indenização de 40% ou 20%, que era desnecessário, pois a indenização deve ser paga pelo empregador no caso da dispensa.

O STJ entende que, mesmo havendo rescisão contratual sem justa causa, o levantamento do FGTS é devido, ainda que a sentença tenha natureza arbitral (REsp 742.369/BA, 1ª T., Rel. Min. José Delgado, j. 24-5-2005, *DJU* 1 27-6-2005, p. 296);

(b) extinção do contrato de trabalho prevista no art. 484-A da CLT.

O contrato de trabalho poderá ser extinto por acordo entre empregado e empregador, caso em que serão devidas as seguintes verbas trabalhistas: I – por metade: o aviso prévio, se indenizado, e a indenização sobre o saldo do Fundo de Garantia do Tempo de Serviço, prevista no § 1º do art. 18 da Lei n. 8.036, de 11 de maio de 1990; II – na integralidade, as demais verbas trabalhistas (art. 484-A da CLT). A extinção do contrato prevista no referido artigo da CLT permite a movimentação da conta vinculada do trabalhador no FGTS, limitada a até 80% do valor dos depósitos.

---

1. STJ, REsp. 108.306.1/RS, 2008/0187911-5, 3ª T., Rel. Min. Massumi Uyeda, DJ 2.3.2010, DJe 7.4.2010.

(c) extinção total da empresa, fechamento de quaisquer de seus estabelecimentos, filiais ou agências, supressão de parte de suas atividades, declaração de nulidade do contrato de trabalho nos casos do art. 19-A da Lei n. 8.036 ou, ainda, falecimento do empregador pessoa física, sempre que qualquer dessas ocorrências implique rescisão do contrato de trabalho, comprovada por declaração escrita da empresa, suprida, quando for o caso, por decisão judicial transitada em julgado;

(d) aposentadoria concedida pela Previdência Social. Não dispõe a lei que o saque poderá ser feito apenas em caso de aposentadoria por idade ou tempo de serviço. Usa a expressão genérica *aposentadoria*. Logo, o FGTS poderá ser sacado em qualquer hipótese de aposentadoria concedida pela Previdência Social: por invalidez, por idade, por tempo de contribuição, especial, excepcional do anistiado e as decorrentes de acidentes do trabalho.

O aposentado deve apresentar os documentos da concessão da aposentadoria. O código de saque é o 05;

(e) pagamento de parte das prestações decorrentes de financiamento habitacional concedido no âmbito do Sistema Financeiro da Habitação, desde que:

(1) o mutuário conte com o mínimo de três anos de trabalho sob o regime do FGTS na mesma empresa ou em empresas diferentes. Na Lei n. 7.839, exigia-se que o saldo da conta vinculada correspondesse a, no mínimo, cinco vezes a renda mensal do mutuário. O critério agora previsto na Lei n. 8.036 não era estabelecido na Lei n. 7.839;

(2) o valor bloqueado seja utilizado, no mínimo, durante o prazo de 12 meses;

(3) o valor do abatimento atinja, no máximo, 80% do montante da prestação;

(f) liquidação ou amortização extraordinária de saldo devedor de financiamento imobiliário, observadas as condições estabelecidas pelo Conselho Curador, entre elas a de que o financiamento seja concedido no âmbito do SFH e haja interstício mínimo de dois anos para cada movimentação.

A critério do titular da conta vinculada do FGTS, em ato formalizado no momento da contratação do financiamento habitacional, os direitos aos saques de que trata o **caput** do artigo 20 da Lei n.º 8.036/90 poderão ser objeto de alienação ou cessão fiduciária para liquidação, amortização ou pagamento de parte das prestações decorrentes de financiamento habitacional concedido no âmbito do SFH, dispensados os prazos mencionados na alínea "b" do inciso V e o interstício mínimo de dois anos do inciso VI, do artigo 20 da Lei n.º 8.036/90, observadas as condições estabelecidas pelo Conselho Curador, mediante caucionamento dos depósitos a serem realizados na conta vinculada do trabalhador, exceto os previstos nos § 1º e § 2º do art. 18 da Lei n.º 8.036/90 (§27 do art. 20 da Lei n.º 8.036/90).

A vedação da impenhorabilidade do FGTS (§ 2º do art. 2º da Lei n.º 8.036/90) não se aplica ao que dispõe o § 27 do art. 20 da Lei n.º 8.036/90 (§28 do art. 20 da Lei n.º 8.036/90);

(g) pagamento total ou parcial do preço de aquisição de moradia própria, ou lote urbanizado de interesse social não construído, observadas as seguintes condições:

(1) o mutuário deverá contar com o mínimo de três anos de trabalho sob o regime do FGTS, na mesma empresa ou em empresas diferentes. Na Lei n. 7.839, exigia-se que o saldo da conta vinculada do adquirente fosse igual ou superior a cinco vezes o valor de sua renda mensal. Tal critério não foi repetido na Lei n. 8.036, que passou a prever o número de anos trabalhados na mesma empresa ou em empresas diferentes;

(2) seja a operação financiável nas condições vigentes para o SFH.

O art. 20 da Lei n. 8.036 não prevê saque para construção de casa própria. Logo, o FGTS não pode ser sacado para esse fim, por falta de previsão legal. Há decisões, porém, concedendo o levantamento na referida hipótese. Aquisição de moradia quer dizer compra e não construção.

A jurisprudência vem entendendo a expressão *aquisição de moradia própria* de forma ampla, incluindo moradia construída em terreno próprio (TRF 4ª R., AC 0433913-1, 5ª T., Rel. Juíza Luiza Dias Cassales, *DJ* 16-10-1996, p. 78727).

(h) permanência do trabalhador por três anos ininterruptos, a partir de 1º de junho de 1990, fora do regime do FGTS, podendo o saque, nesse caso, ser efetuado a partir do mês de aniversário do titular. A redação do inciso VIII do art. 20 da Lei n. 8.036 foi determinada pela Lei n. 8.678, de 13 de junho de 1993, pois a redação anterior previa o caso da inexistência de depósitos na conta vinculada do empregado pelo prazo de três anos ininterruptos.

Agora, temos uma situação mais clara, quando se menciona a hipótese em que o trabalhador deixa de ser empregado, a partir de 1º de junho de 1990, permanecendo sem vínculo de emprego por três anos ininterruptos, autorizando a lei o saque a partir do mês de aniversário do titular. É a hipótese em que o trabalhador passa a ser, por exemplo, autônomo. O valor do saque será total. Se o empregado, porém, sai de uma empresa e vai para outra, não sendo dispensado, não é hipótese de saque do FGTS, pois não está fora do sistema.

Os saldos das contas não individualizadas e das contas vinculadas que se conservem ininterruptamente sem créditos de depósitos por mais de cinco anos, a partir de 1º de junho de 1990, em razão de seu titular ter estado fora do regime do FGTS, serão incorporados ao patrimônio do Fundo, resguardado o direito do beneficiário de reclamar, a qualquer tempo, a reposição do valor transferido. O valor, quando reclamado, será pago ao trabalhador acrescido de atualização monetária e juros.

O art. 1º da Lei n. 8.678 instituiu, a título de bonificação, taxa adicional de juros de 3% à remuneração dos valores disponíveis nas contas vinculadas do FGTS que hajam permanecido sem crédito de depósito por três anos ininterruptos, a vigorar no período de 17 de maio de 1993 até 30 dias após o término do cronograma de pagamento, instituído pelo Conselho Curador do FGTS para essas contas;

(i) extinção normal do contrato a termo, inclusive dos trabalhadores temporários regidos pela Lei n. 6.019. Agora, a lei é explícita quanto ao levantamento em relação aos trabalhadores temporários. Essa hipótese não era prevista na Lei n. 5.107, muito menos na Lei n. 7.839. Ocorre que, com a extinção normal do contrato por prazo determinado ou do contrato de trabalho temporário, o FGTS deve ser levantado, pois se trata de rescisão do contrato de trabalho à qual o empregado não deu causa, pois não pediu demissão, nem foi dispensado por justa causa.

Por extinção normal entende-se a cessação no prazo final do contrato de trabalho de prazo determinado. Ao contrário, na extinção "anormal" do contrato de trabalho por prazo determinado, isto é, na cessação do contrato de trabalho a prazo certo antes do tempo, não se aplica a alínea em comentário. Se for o empregador que rescindir antes do tempo, estaremos diante de dispensa injustificada, aplicando-se a hipótese da alínea *a*. Se for o empregado que rescindir o contrato antes do tempo, equipara-se à hipótese de pedido de demissão e não é possível o levantamento do FGTS.

Se houver justa causa praticada pelo empregado para a rescisão "anormal" do contrato de trabalho de prazo determinado, não terá ele direito ao levantamento do FGTS. Se existir rescisão indireta na mesma situação, poderá o empregado levantar o FGTS;

(j) suspensão total do trabalho do avulso por período igual ou superior a 90 dias, comprovada mediante declaração do sindicato da categoria. Essa hipótese também inexistia na legislação anterior, mas é justa, pois o trabalhador avulso que fica sem conseguir colocação deve poder levantar o FGTS para suprir suas necessidades. O levantamento será apenas do período em que o trabalhador avulso prestou serviços nessa condição e não de contratos de trabalho anteriores. A transferência de gestão do trabalho portuário para o órgão Gestor de Mão de Obra não se enquadra na hipótese de levantamento do FGTS;

(k) falecimento do trabalhador, sendo o saldo pago a seus dependentes, para esse fim habilitados perante a Previdência Social, segundo critério adotado para a concessão de pensões por morte. Na falta de dependentes, farão jus ao recebimento do saldo da conta vinculada seus sucessores previstos na lei civil, indicados em alvará judicial, expedido a requerimento do interessado, independentemente de inventário ou arrolamento. Tal hipótese era contemplada no inciso IV do art. 18 da Lei n. 7.839.

A Lei n. 6.858 estabelece que os valores devidos pelos empregadores aos empregados e os montantes das contas vinculadas do FGTS não recebidos em vida pelos respectivos titulares serão pagos, em quotas iguais, aos dependentes habilitados perante a Previdência Social ou na forma da legislação específica dos servidores civis e militares, e, em sua falta, aos sucessores previstos na lei civil, indicados em alvará judicial, independentemente de inventário ou arrolamento.

Havendo dependentes habilitados perante a Previdência Social, o critério de divisão será o da pensão por morte (art. 77 da Lei n. 8.213), isto é, será rateada entre todos em partes iguais. Os dependentes serão os indicados no art. 16 da Lei n. 8.213:

(a) o cônjuge, companheira ou companheiro e o filho de qualquer condição, menor de 21 anos ou inválido;

(b) os pais;

(c) o irmão de qualquer condição, menor de 21 anos ou inválido.

Na falta de dependentes, haverá necessidade da indicação dos sucessores por meio de alvará judicial, o que provavelmente será feito em inventário ou arrolamento. Somente quando não houver bens a inventariar é que também será feito alvará judicial, quando não será necessária a existência de inventário ou arrolamento. As quotas atribuídas a menores ficarão depositadas em caderneta de poupança, rendendo juros e correção monetária, e só serão disponíveis após o menor completar 18 anos, salvo autorização do juiz para aquisição de imóvel destinado à residência do menor e de sua família ou para dispêndio necessário à subsistência e educação do menor. Inexistindo dependentes ou sucessores, os valores reverterão em favor do FGTS;

(l) acometimento de neoplasia maligna, isto é, tumor maligno, pelo trabalhador ou por qualquer de seus dependentes. O inciso XI do art. 20 da Lei n. 8.036 foi acrescentado pela Lei n. 8.922, de 25 de julho de 1994. Verifica-se, aqui, que o levantamento será autorizado para o trabalhador se este ou qualquer dependente seu for acometido de tumor maligno. Na vigência da Lei n. 8.036, é a primeira vez que o levantamento irá beneficiar também o dependente do empregado;

(m) aplicação em quotas de Fundos Mútuos de Privatização, regida pela Lei n. 6.835, de 7 de dezembro de 1976, permitida a utilização máxima de 50% do saldo existente e disponível em sua conta vinculada do FGTS, na data em que exercer a opção.

Essa hipótese foi acrescentada pela Lei n. 9.491, de 9 de setembro de 1997.

O limite máximo é de 50% do saque para essa modalidade de aplicação, além do que o saque da conta é calculado sobre o que existir na conta vinculada do trabalhador na data do exercício da opção.

Os recursos aplicados em quotas de Fundos Mútuos de Privatização serão destinados, nas condições aprovadas pelo CND, a aquisições de valores mobiliários, no âmbito do Programa Nacional de Desestatização, de que trata a Lei n. 9.491, e de programas estaduais de desestatização, desde que, em ambos os casos, tais destinações sejam aprovadas pelo CND.

Ressalvadas as alienações decorrentes das hipóteses de que trata o parágrafo seguinte, os valores mobiliários a que se refere o parágrafo anterior só poderão ser integralmente vendidos, pelos respectivos Fundos, seis meses após sua aquisição, podendo ser alienada em prazo inferior parcela equivalente a 10% do valor adquirido, autorizada a livre aplicação do produto dessa alienação, nos termos da Lei n. 6.835.

As aplicações em Fundos Mútuos de Privatização são nominativas, impenhoráveis e, salvo as hipóteses previstas nos incisos I a IV e VI a XI do art. 20 da Lei n. 8.036 e o disposto na Lei n. 7.670, de 8 de setembro de 1988, indisponíveis para seus titulares.

Os administradores dos FMP-FGTS e dos CI-FGTS somente poderão efetivar o resgate de quotas solicitadas pelo aplicador nas hipóteses previstas no § 8º do art. 20 da Lei n. 8.036 e após expressa manifestação do Agente Operador do FGTS (art. 6º do Decreto n. 2.430/97).

Decorrido o prazo mínimo de 12 meses, contados da efetiva transferência das quotas para os Fundos Mútuos de Privatização, os titulares poderão optar pelo retorno para sua conta vinculada do FGTS.

A cada período de seis meses, os titulares das aplicações em Fundos Mútuos de Privatização poderão transferi-las para outro fundo de mesma natureza.

O montante das aplicações ficará limitado ao valor dos créditos contra o Tesouro Nacional de que seja titular o FGTS.

Desde que preservada a participação individual dos quotistas, será permitida a constituição de clubes de investimento, visando à aplicação em quotas de Fundos Mútuos de Privatização.

O governo não irá garantir o saldo das contas aplicadas em Fundos Mútuos de Privatização.

O Imposto de Renda incidirá exclusivamente sobre os ganhos dos Fundos Mútuos de Privatização que excederem a remuneração das contas vinculadas do FGTS, no mesmo período.

Os recursos automaticamente transferidos da conta do titular do FGTS em razão da aquisição de ações não afetarão a base de cálculo da indenização de 20 ou 40% sobre os depósitos do FGTS. Isso quer dizer que, se houver saques, a indenização de 20 ou 40% incidirá sobre a totalidade dos depósitos, inclusive o que foi sacado.

Os clubes de investimento poderão resgatar, durante os seis primeiros meses de sua constituição, parcela equivalente a 5% das quotas adquiridas, para atendimento de seus desembolsos, autorizada a livre aplicação do produto dessa venda, nos termos da Lei n. 6.835.

Fica vedada a movimentação da conta vinculada do FGTS nas modalidades de pagamento de parte das prestações do SFH, de liquidação ou amortização extraordinária, pagamento total ou parcial do preço de aquisição de moradia, nas operações firmadas a partir de 25 de junho de 1998, no caso em que o adquirente já seja proprietário ou promitente comprador de imóvel localizado no município onde resida, bem como no caso em que o adquirente já detenha, em qualquer parte do país, pelo menos um financiamento nas condições do SFH;

(n) quando o trabalhador ou qualquer de seus dependentes for portador do vírus HIV. O item faz referência a ser apenas portador do vírus HIV e não quando a doença já tiver sido manifestada;

(o) quando o trabalhador ou qualquer de seus dependentes estiver em estágio terminal, em razão de doença grave, nos termos do regulamento. A hipótese de saque tanto se refere ao trabalhador como ao seu dependente, desde que estejam em estágio terminal. Se não estiverem nesse estágio, não será autorizado o saque. A doença há ainda de ser grave e não qualquer uma;

(p) quando o trabalhador tiver idade igual ou superior a 70 anos. Parece razoável a hipótese de saque, pois o próprio trabalhador não sabe quantos anos ainda irá viver;

(q) necessidade pessoal, cuja urgência e gravidade decorram de desastre natural, conforme disposto em regulamento, observadas as seguintes condições:

(1) o trabalhador deverá ser residente em áreas comprovadamente atingidas de município ou do Distrito Federal em situação de emergência ou em estado de calamidade pública, formalmente reconhecidos pelo governo federal;

(2) solicitação de movimentação da conta vinculada será admitida até 90 dias após a publicação do ato de reconhecimento, pelo governo federal, da situação de emergência ou de estado de calamidade pública;

(3) o valor máximo do saque da conta vinculada será definido na forma do regulamento.

O Decreto n. 5.113, de 22 de junho de 2004, regulamentou a referida alínea. Limita o valor máximo do saque a quantia de R$ 6.220,00 (art. 4º) por evento caracterizado como desastre natural, desde que o intervalo entre uma movimentação e outra não seja inferior a 12 meses.

O desastre natural que implique calamidade pública poderá ser vendaval, temporal etc.

Nos casos das hipóteses descritas *supra* nos itens *a* e *b*, os saques dar-se-ão em relação aos depósitos efetuados apenas pela última empresa que os realizou, ou seja, quanto ao último contrato de trabalho, com juros e correção monetária.

O direito de adquirir moradia com recursos do FGTS somente poderá ser exercido em relação a um imóvel. O imóvel objeto de utilização dos depósitos do FGTS somente poderá ser objeto de outra transação, com recurso do Sistema, na forma determinada pelo Conselho Curador;

(r) integralização de cotas de FI-FGTS, respeitado o disposto na alínea *i* do inciso XIII do art. 5º da Lei n. 8.036, permitida a utilização máxima de 30% do saldo existente e disponível na data em que exercer a opção;

(s) quando o trabalhador com deficiência, por prescrição, necessite adquirir órtese ou prótese para promoção de acessibilidade e de inclusão social.

(t) pagamento total ou parcial do preço de aquisição de imóveis da União inscritos em regime de ocupação ou aforamento, a que se referem o art. 4º da Lei n. 13.240, de 30 de dezembro de 2015, e o art. 16-A da Lei n. 9.636, de 15 de maio de 1998, respectivamente, observadas as seguintes condições:

a) o mutuário deverá contar com o mínimo de três anos de trabalho sob o regime do FGTS, na mesma empresa ou em empresas diferentes;

b) seja a operação financiável nas condições vigentes para o Sistema Financeiro da Habitação (SFH) ou ainda por intermédio de parcelamento efetuado pela Secretaria de Patrimônio da União (SPU), mediante a contratação da Caixa Econômica Federal como agente financeiro dos contratos do par-celamento;

c) sejam observadas as demais regras e condições para uso do FGTS.

Dispõe o art. 4º da Lei n. 13.240/2015 que os imóveis em ocupação poderão ser alienados pelo valor do domínio pleno do tempo, segundo os critérios de avaliação previstos no art. 11-C da Lei n. 9.636/98, excluídas as benfeitorias, aos ocupantes cadastrados na Secretaria do Patrimônio da União do Ministério do Planejamento, Desenvolvimento e Gestão.

Aforamento é o ato de transferir o domínio útil da propriedade, mediante o pagamento de um foro anual ou de uma pensão, certa e invariável, para que a pessoa possa desfrutar do uso do imóvel como se fosse próprio.

As movimentações autorizadas nos itens *e* e *f* serão estendidas aos contratos de participação do grupo de consórcio para aquisição do imóvel residencial, cujo bem já tenha sido adquirido pelo consorciado, na forma a ser regulamentada pelo Conselho Curador do FGTS (§ 21 do art. 30 da Lei n. 8.036/90).

As aplicações em Fundos Mútuos de Privatização e no FI-FGTS são nominativas, impenhoráveis e, salvo as hipóteses dos incisos I a XI e XIII a XVI do art. 20 da Lei n. 8.036, indisponíveis por seus titulares.

A transferência de recursos da conta de titular no FGTS em razão da aquisição de ações ou de cotas do FI-FGTS não afetará a base de cálculo da indenização de 40 ou 20% sobre os depósitos de FGTS.

A Lei n. 7.670, de 8 de setembro de 1988, permite o levantamento do FGTS em relação ao doente de aids, independentemente de rescisão do contrato de trabalho ou de qualquer outro tipo de pecúlio a que o paciente tenha direito (art. 1º, II).

O titular de contas vinculadas do FGTS estará sujeito a somente uma das seguintes sistemáticas de saque (art. 20-A da Lei n. 8.036/90):

I – saque-rescisão; ou

II – saque-aniversário.

Todas as contas do mesmo titular estarão sujeitas à mesma sistemática de saque.

São aplicáveis às sistemáticas de saque de que trata o **caput** deste artigo as seguintes situações de movimentação de conta

I – para a sistemática de saque-rescisão, as previstas no art. 20 da Lei, à exceção da estabelecida no inciso XX do **caput** do referido artigo 20-A da Lei n. 8.036/90;

II – para a sistemática de saque-aniversário, as previstas no art. 20 da Lei n. 8.036/90, à exceção das estabelecidas nos incisos I, I-A, II, IX e X do **caput** do referido artigo.

O titular de contas vinculadas do FGTS estará sujeito originalmente à sistemática de saque-rescisão e poderá optar por alterá-la, observado o disposto no art. 20-C da Lei 8.036/90 (art. 20-B da Lei n. 8.036).

A primeira opção pela sistemática de saque-aniversário poderá ser feita a qualquer tempo e terá efeitos imediatos (art. 20-C da Lei n. 8.036).

Caso o titular solicite novas alterações de sistemática será observado o seguinte:

I – a alteração será efetivada no primeiro dia do vigésimo quinto mês subsequente ao da solicitação, desde que não haja cessão ou alienação de direitos futuros aos saques anuais de que trata o § 3º do art. 20-D da Lei n. 8.036/90;

II – a solicitação poderá ser cancelada pelo titular antes da sua efetivação; e

III – na hipótese de cancelamento, a nova solicitação estará sujeita ao disposto no inciso I do **caput** deste artigo.

Para fins do disposto no § 2º do art. 20-A da Lei n. 8.036/90, as situações de movimentação obedecerão à sistemática a que o titular estiver sujeito no momento dos eventos que as ensejarem.

Na situação de movimentação de que trata o inciso XX do **caput** do art. 20 da Lei n. 8.036/90, o valor do saque será determinado (art. 20-D da Lei n. 8.036/90):

I – pela aplicação da alíquota correspondente, estabelecida no Anexo da Lei n. 8.036, à soma de todos os saldos das contas vinculadas do titular, apurados na data do débito; e

II – pelo acréscimo da parcela adicional correspondente, estabelecida no Anexo da Lei n. 8.036, ao valor apurado de acordo com o disposto no inciso I do **caput** deste artigo.

Na hipótese de o titular possuir mais de uma conta vinculada, o saque de que trata este artigo será feito na seguinte ordem:

I – contas vinculadas relativas a contratos de trabalho extintos, com início pela conta que tiver o menor saldo; e

II – demais contas vinculadas, com início pela conta que tiver o menor saldo.

O Poder Executivo federal, respeitada a alíquota mínima de 5%, poderá alterar, até o dia 30 de junho de cada ano, os valores das faixas, das alíquotas e das parcelas adicionais constantes do Anexo da Lei n. 8.036 para vigência no primeiro dia do ano subsequente.

A critério do titular da conta vinculada do FGTS, os direitos aos saques anuais de poderão ser objeto de alienação ou cessão fiduciária, nos termos do art. 66-B da Lei nº 4.728, de 14 de julho de 1965, em favor de qualquer instituição financeira do Sistema Financeiro Nacional, sujeitas as taxas de juros praticadas nessas operações aos limites estipulados pelo Conselho Curador, os quais serão inferiores aos limites de taxas de juros estipulados para os empréstimos consignados dos servidores públicos federais do Poder Executivo.

O Conselho Curador poderá regulamentar o disposto no § 3º deste artigo, com vistas ao cumprimento das obrigações financeiras de seu titular, inclusive quanto ao:

I – bloqueio de percentual do saldo total existente nas contas vinculadas;

II – impedimento da efetivação da opção pela sistemática de saque-rescisão prevista no inciso I do § 1º do art. 20-C da Lei n. 8.036; e

III – saque em favor do credor.

As situações de movimentação de que trata o § 2º do art. 20-A da Lei n.º 8.036 serão efetuadas com observância ao limite decorrente do bloqueio referido no § 4º deste artigo.

Na hipótese de despedida sem justa causa, o trabalhador que optar pela sistemática saque-aniversário também fará jus à movimentação da multa rescisória de que tratam os §§ 1º e 2º do art. 18 da Lei n. 8.036/90.

Deveriam ser previstas outras hipóteses de saque, retornando-se ao sistema da Lei n. 5.107, que permitia levantamento do FGTS em caso de necessidade grave ou premente, pessoal ou familiar, como quando o trabalhador estiver desempregado ou quando ocorrer doença pessoal ou na família diversa da neoplasia maligna. Da mesma forma, poderia retornar o sistema de saque do FGTS quando o trabalhador deixasse de ser empregado, para aplicar capital em atividade comercial, industrial ou agropecuária em que tenha se estabelecido individualmente ou em sociedade.

O aposentado que voltasse a exercer atividade sob a forma de contrato de trabalho deveria poder sacar o FGTS caso pedisse demissão do novo emprego, hipótese não contemplada na atual legislação.

A Lei n. 8.036 não mais permite saque por motivo de casamento, necessidade grave ou premente, pessoal ou familiar, e aquisição de bens para o empregado montar negócio próprio (nem a Lei n. 7.839 o fazia). Se inexistir previsão legal para saque em tais hipóteses, não poderá mais haver o levantamento dos depósitos do FGTS[2].

Havendo acordo para pôr fim ao contrato de trabalho, o levantamento do FGTS não é autorizado (art. 20 da Lei n. 8.036), a não ser que esse acordo seja feito em juízo. As hipóteses de saque são apenas as referidas no art. 20 da Lei n. 8.036, que não permite o saque por acordo entre as partes, que poderia dar ensejo a rescisões de contrato simuladas.

Se existir justa causa para a dispensa, o empregado não poderá sacar o FGTS. O trabalhador só poderá sacar o FGTS da empresa em que foi dispensado por justa causa se houver algumas das causas enumeradas no art. 20 da Lei n. 8.036, com exceção da primeira, que indica a dispensa sem justa causa, e da segunda, que trata da extinção total da empresa. Assim, as hipóteses de saque seriam as contidas nos incisos III a VIII e XI do referido art. 20.

A lei atual não menciona que o trabalhador perde os juros e a correção monetária para o Fundo, como ocorria na lei anterior. Isso quer dizer que tal penalidade, que era injusta, pois nada tinha a ver com os depósitos fundiários, que inclusive eram mitigados sem a correção monetária, agora não mais existe. Assim, mesmo que o empregado seja dispensado com justa causa, não perderá a correção monetária e os juros dos depósitos relativos àquele contrato de trabalho.

Se o empregado pedir demissão, também não haverá saque do FGTS. O FGTS é sacado, como regra, quando há dispensa do trabalhador. Quando a iniciativa da cessação do contrato de trabalho é do empregado, este não saca o FGTS, que só poderá ser utilizado nas hipóteses descritas pelo art. 20 da Lei n. 8.036, que seriam as hipóteses contidas nos incisos III a VIII e XI do referido comando legal.

Nos casos de mudança do regime dos empregados celetistas da União, suas autarquias e fundações, houve a transformação para o regime jurídico único, com a Lei n. 8.112. Não ocorreu cessação do contrato de trabalho, para que houvesse a liberação do FGTS. O § 1º do art. 6º da Lei n. 8.162, de 8 de janeiro de 1991, vedou o saque pela conversão do regime. O § 2º do mesmo artigo determinou que o saldo da conta individualizada do FGTS, do servidor público não optante, reverterá em favor da União ou da entidade depositante. Na jurisprudência, começou-se a discutir sobre a possibilidade do saque, como

---

2. O TRF da 2ª Região entendeu que não é o caso da movimentação da conta do FGTS para o fomento de atividade comercial, por não existir previsão legal nesse sentido (AC 94.02.17791-4/RJ, 1ª T., Rel. Des. Fed. Julieta Lídia Lunz, j. 30-8-1995, *DJU* 27-12-1995, p. 85.247).

se fosse direito adquirido do empregado, que não poderia ser modificado pela Lei n. 8.162.

Na verdade, a Lei n. 8.162 mostra uma interpretação autêntica do legislador, pois não houve a cessação do "contrato", mas a mudança do regime celetista para o estatutário. O servidor só poderá sacar o FGTS nas hipóteses contidas nos itens III a VII do art. 20 da Lei n. 8.036, como determina o art. 6º, especialmente se a conta permanecer sem depósitos por três anos. Alguns Tribunais Regionais Federais entendiam que havia a possibilidade do saque[3].

O STJ entendeu, com base em precedente do STF, que não poderia haver o saque, pois não houve dispensa, nem quebra de vínculo obrigacional básico da prestação de trabalho à administração pública[4].

O precedente do STF foi a ADIn 613-4, em que se entendeu que não havia direito adquirido ao levantamento. Na verdade, o saque do FGTS só pode ser feito nas hipóteses previstas em lei, sendo que a Lei n. 8.036 não prevê hipótese de saque pela mudança do regime celetista para o estatutário. O trabalhador não tem disponibilidade dos depósitos fora das hipóteses contidas na lei. Logo, não se poderia falar em direito adquirido ou na possibilidade do saque do FGTS.

O titular da conta vinculada ao FGTS tem o direito de sacar o saldo respectivo quando declarado nulo seu contrato de trabalho por ausência de prévia aprovação em concurso público (Súmula 466 do STJ).

Resolvido o contrato de trabalho com a transferência do servidor do regime da CLT para o estatutário, em decorrência da lei, assiste-lhe o direito de movimentar a conta vinculada do FGTS (Súmula 178 do TFR).

O art. 28 do Decreto n. 59.820 dispunha que a utilização da conta por menores de 18 anos dependeria da assistência de seus pais, tutores ou responsáveis. Atualmente, o art. 42 do Decreto n. 99.684 declara que a movimentação da conta vinculada do FGTS por menor de 18 anos dependerá da assistência do responsável legal.

É indispensável o comparecimento pessoal do titular da conta vinculada para o pagamento da retirada nas hipóteses previstas nas letras *a, b, c, h, i, j* mencionadas acima, salvo em caso de grave moléstia comprovada por perícia médica, quando será paga a procurador especialmente constituído para esse fim.

---

3. TRF da 1ª R., REO em MS 92.01.25366-4/MG, 2ª T., Rel. Juiz Osmar Tognolo, j. 25-8-1993, *DJU* II 23-9-1993, p. 39.163.
4. STJ, EDiv no REsp. 959-0/CE, Corte Especial, Rel. Min. Milton Luiz Pereira, j. 10-2-1994, *DJU* 25-4-1994, p. 9184.

15.2 DIRETOR NÃO EMPREGADO

As hipóteses de saque do diretor não empregado não são reguladas na Lei n. 8.036, que não as prevê. Assim, ainda são utilizadas as hipóteses contidas na Lei n. 6.919[5].

O art. 3º da Lei n. 6.919 esclarece que, ao deixar o cargo por término do mandato sem que haja reeleição ou por deliberação do órgão ou da autoridade competente, o diretor poderá movimentar livremente sua conta vinculada. O art. 16 do RFGTS equipara a extinção normal do contrato a termo ao término do mandato do diretor não empregado não reconduzido.

Se o diretor deixar o cargo por sua iniciativa, a conta vinculada poderá ser utilizada, parcial ou totalmente, nas seguintes situações:

(a) aposentadoria concedida pela Previdência Social, que abrange aposentadoria por invalidez, por idade, por tempo de contribuição, especial, excepcional do anistiado e as decorrentes de acidente do trabalho;

(b) necessidade grave e premente, pessoal ou familiar, por motivo de doença;

(c) aquisição de moradia própria, porém nos termos da Lei n. 8.036 e não da Lei n. 5.107, que já foi revogada;

(d) aplicação de capital em atividade comercial, industrial ou agropecuária em que se haja estabelecido;

(e) aquisição de equipamento destinado ao exercício de atividade autônoma (art. 4º da Lei n. 6.919).

Mesmo sem deixar o cargo, o diretor poderá utilizar sua conta vinculada na ocorrência das hipóteses de necessidade grave e premente, pessoal ou familiar, por motivo de doença e para aquisição de moradia própria (parágrafo único do art. 4º da Lei n. 6.919).

Na ocorrência do falecimento do diretor, os saques poderão ser feitos por seus dependentes habilitados pela Previdência Social e, em sua falta, os sucessores previstos na lei civil, indicados em alvará judicial, independentemente de inventário ou arrolamento. As quotas atribuídas a menores ficarão depositadas em caderneta de poupança, rendendo juros e correção monetária, e só serão disponíveis após o menor completar 18 anos, salvo autorização do juiz para aquisição de imóvel destinado à residência do menor e de sua família ou para dispêndio necessário a sua subsistência e educação (Lei n. 6.858).

---

5. No mesmo sentido SAAD, Eduardo Gabriel. *Comentários à lei do FGTS*. São Paulo: LTr, 1995, p. 368.

Sendo o diretor destituído do cargo por motivo justo, a parcela de sua conta vinculada correspondente à correção monetária e aos juros capitalizados reverterá a favor do FGTS. Ocorrendo a referida situação, os depósitos somente poderão ser utilizados nos casos de saque previsto no art. 4º da Lei n. 6.919 e de falecimento do diretor.

O saque será feito por intermédio de guia fornecida pelo empregador, sob o código 01.

15.3 LEVANTAMENTO PELO EMPREGADOR

O empregador poderá sacar os depósitos feitos no FGTS quando da rescisão do contrato de trabalho de empregado com tempo de serviço anterior a 5 de outubro de 1988, na condição de não optante, por ter feito o pagamento de indenização ao empregado. Deve constar do termo de rescisão do contrato de trabalho, em destaque, a parcela paga a título de indenização. O valor sacado será o total do depósito em nome do trabalhador referente ao período trabalhado na condição de não optante (Código 10 da Circular 05, de 21-12-1990).

Poderá, também, o empregador levantar os depósitos do FGTS quando da cessação do contrato de trabalho do empregado, se não houver o pagamento de indenização, se o obreiro trabalhou na empresa com período de serviço na condição de não optante. O valor será o total dos depósitos do período trabalhado nessa condição de não optante (Código 26).

No caso do depósito que o empregador faz na conta do empregado não optante e havendo transação sobre a indenização do período anterior à opção, poderá haver o saque pelo empregador, no valor total dos depósitos (Código 27).

15.4 RESCISÃO DO CONTRATO DE TRABALHO

O levantamento do FGTS pelo empregado será feito, entre outras hipóteses já descritas, quando o empregador o dispensar. Assim, se este pedir demissão ou for dispensado por justa causa, não terá direito ao levantamento dos depósitos fundiários. Na rescisão indireta, entretanto, o empregado terá direito ao levantamento do FGTS, pois a culpa para a rescisão do contrato de trabalho é do empregador.

Na rescisão do contrato de trabalho por parte do empregador, este deverá depositar na conta do empregado os valores relativos ao mês anterior que ainda não houver sido recolhido, bem como os valores relativos ao mês da rescisão (art. 18 da Lei n. 8.036). Não se permite, fora dessas hipóteses, o pagamento do FGTS diretamente ao empregado, nem mesmo em relação ao trabalhador temporário, que não pode ter o FGTS pago no próprio recibo de pagamento, pois há necessidade de se fazer os depósitos na conta vinculada. Assim, se o FGTS não tivesse sido depositado, havendo a rescisão do contrato de trabalho, o certo seria que fosse depositado na conta vinculada do empregado e posteriormente o empregador emitisse guia para o saque[6].

O TST já entendeu que deve ser feito o depósito na conta do FGTS (TST, RR 102.741-38.1999.5.04.0028, Rel. Min. Augusto Cesar). Na prática, os juízes determinam o pagamento direto ao empregado, visando evitar a burocracia de primeiro o empregador ter de depositar para depois o empregado sacar. Entretanto, parece que o critério mais correto é realmente o primeiro, pois com o depósito o empregador é obrigado também a pagar a multa, por não ter saldado o FGTS na época própria, que reverterá ao fundo.

Quando da dispensa do empregado, o empregador emitirá guia para saque do FGTS depositando a indenização de 40%. Não há mais pagamento da indenização a que se referem os arts. 477, 478, 484 e 485 da CLT, salvo para os empregados que tiverem tempo de serviço anterior à opção.

A indenização legal, a que faz referência o art. 453 da CLT, é substituída pelo FGTS, salvo para aqueles que tinham direito adquirido ao período anterior à opção do FGTS. A indenização do art. 14 da Lei n. 5.889, devida ao safrista, deixa de existir a partir do momento em que o FGTS passa a ser também um direito do trabalhador rural (art. 7º, III, da Constituição).

O FGTS não pode ser, porém, considerado de natureza alimentícia, para ser enquadrado na exceção do art. 100 da Constituição, embora haja decisão em sentido contrário (TRT 18ª R., AP 102/91, Ac. 489/91, Rel. Juiz Norton Ribeiro Hummel, j. 26-6-1991, *LTr* 56-03/373). O salário tem natureza alimentar, pois é a forma com que o empregado sobrevive, mas o FGTS não, uma vez que tem natureza indenizatória. Será, portanto, expedido um precatório comum quanto ao crédito do FGTS do empregado contra a Fazenda Pública.

15.5 RESCISÃO DE EMPREGADO COM PERÍODO ANTERIOR À OPÇÃO

O inciso I do art. 19 da Lei n. 8.036 estabelece que, havendo indenização a ser paga, o empregador, mediante comprovação do pagamento daquela,

---

6. No mesmo sentido: "FGTS – Pagamento direto ao empregado – O pagamento direto do FGTS ao empregado deve ficar restrito apenas ao mês da rescisão e ao imediatamente anterior que ainda não houver sido recolhido, descabendo o pagamento em relação às demais parcelas, cujo depósito é obrigatório, com a consequente liberação" (TRT da 7ª R., REO 04802/95, Rel. Juiz Jacintho Moreira Salles, j. 14-2-1996, *DJCE* 14-3-1996, p. 72).

poderá sacar o saldo dos valores por ele depositados na conta individualizada do trabalhador. Essa hipótese não é prática, pois o empregador primeiro tem de pagar ao empregado a indenização do período anterior à opção. Somente ao comprovar o pagamento é que faz jus ao levantamento das importâncias depositadas para o trabalhador. Tais importâncias deveriam, isto sim, ser utilizadas diretamente, e não primeiro o empregador pagar para depois levantar a importância.

Dispõe o inciso II do art. 19 da Lei n. 8.036 que, não havendo indenização a ser paga, ou decorrido o prazo prescricional para a reclamação de direitos por parte do trabalhador, o empregador poderá levantar em seu favor o saldo da respectiva conta individualizada, mediante comprovação perante o órgão competente do Ministério do Trabalho. O prazo prescricional a que se refere a lei é o contido no inciso XXIX do art. 7º da Constituição.

15.6 RESCISÃO ANTECIPADA DO CONTRATO DE TRABALHO POR TEMPO DETERMINADO

Na rescisão antecipada do contrato de trabalho por tempo determinado por parte do empregador, este tem de pagar ao empregado metade da remuneração que o obreiro receberia até o final do contrato de trabalho (art. 479 da CLT). A referida regra aplica-se ao contrato de experiência, que é uma espécie de contrato de trabalho por tempo determinado.

Discutia-se se o empregador poderia compensar a referida indenização com os depósitos do FGTS. O § 3º do art. 30 do Decreto n. 59.820 permitia que na rescisão antecipada do contrato de trabalho por prazo determinado, de iniciativa da empresa, esta pagasse ao empregado a eventual diferença entre o valor da indenização prevista no art. 479 da Consolidação das Leis do Trabalho e o saldo de sua conta vinculada. Argumentava-se que o decreto tinha ido além da determinação da Lei n. 5.107, que não continha previsão nesse sentido.

Debatia-se também a possibilidade da aplicação cumulativa do art. 479 da CLT e dos depósitos do FGTS. A Súmula 125 do TST esclareceu que "o art. 479 da CLT aplica-se ao trabalhador optante pelo FGTS, admitido mediante contrato por prazo determinado, nos termos do art. 30, § 3º, do Decreto n. 59.820, de 20-12-66".

Até 5 de outubro de 1988, a orientação era aplicada, pois existia o regime alternativo de estabilidade, com indenização, ou FGTS. A partir de 5 de outubro de 1988, o regime de FGTS ou estabilidade, com indenização, deixa de existir, passando a haver apenas o regime do FGTS, que se constitui em direito do trabalhador (art. 7º, III, da Constituição).

Liberando o empregador os depósitos do FGTS, na rescisão antecipada do contrato de trabalho a termo, não há direito à indenização do art. 479 da CLT, que é substituída pelo FGTS. Assim, o empregador não mais precisa pagar ao empregado a indenização do art. 479 da CLT, quando rescinde antecipadamente os contratos de trabalho de prazo determinado, somente devendo liberar o FGTS.

O art. 14 do Decreto n. 99.684 esclarece que, na rescisão antecipada do contrato a termo, sem justa causa, deve-se observar o art. 479 da CLT. Entretanto, a Lei n. 8.036 não trata do assunto, não cabendo ao regulamento estabelecer regras não previstas na lei. Nesse ponto, é nulo e ilegal.

Não é mais possível o pagamento de duas indenizações, a indenização do art. 479 da CLT e a do FGTS. Como agora só existe o FGTS, este deverá ser liberado quando da rescisão antecipada do contrato de trabalho a termo, como prevê o inciso IX do art. 20 da Lei n. 8.036, sem falar na aplicação do art. 479 da CLT.

O artigo 479 da CLT não se aplica em caso de rescisão antecipada no trabalho temporário, regido pela Lei n.º 6.019/74, pois os direitos estão previstos nesta última norma (art. 12) (E-RR- 1342-91.2010.5.02.0203, Relator: Ministro Renato de Lacerda Paiva, SDI-1, DEJT de 14/8/2015.)

15.7 RESCISÃO DO CONTRATO DE OBRA CERTA

No contrato de obra certa, regido pela Lei n. 2.959, de 17 de novembro de 1956, rescindindo o contrato de trabalho em razão do término da obra ou do serviço, tendo o empregado mais de 12 meses de serviço, ficar-lhe-á assegurada a indenização por tempo de trabalho na forma do art. 478 da CLT, com 30% de redução (art. 2º).

Entendo que a referida indenização deixa de existir e é substituída pelo FGTS. A citada indenização foi criada quando não existia o FGTS, no ano de 1956. Com o regime alternativo de estabilidade, com indenização, ou FGTS, ainda persistia a citada indenização, caso o empregado não fosse optante do FGTS. A partir da Constituição de 1988 deixa de existir o sistema de estabilidade com indenização, passando a existir apenas o FGTS.

Assim, havendo o término da obra, o empregador somente tem de liberar o FGTS, sem ter de pagar a indenização prevista no art. 2º da Lei n. 2.959, que está revogado.

15.8 INCIDÊNCIA DO IMPOSTO DE RENDA NO SAQUE

O saque do FGTS tem incidência do Imposto de Renda? Não tem em relação a empregados e diretores e seus dependentes ou sucessores, referente aos depósitos, juros e correção monetária creditados em contas vinculadas, de acordo com o inciso V do art. 6º da Lei n. 7.713/88. O art. 28 da Lei n. 8.036 estabelece que são isentos de tributos federais, incluindo-se aí o Imposto de Renda, os atos e as operações praticados pelos trabalhadores e seus dependentes ou sucessores. O parágrafo único do mesmo artigo dispõe que a isenção é aplicável aos trabalhadores e seus dependentes ou sucessores.

16
INDENIZAÇÃO

16.1 EVOLUÇÃO DA LEGISLAÇÃO

A empresa que dispensasse um funcionário sem justa causa estava obrigada, até 4 de outubro de 1988, a pagar uma indenização de 10% sobre os valores depositados, acrescidos da correção monetária e dos juros capitalizados (art. 6º da lei n. 5.107). Em caso de culpa recíproca ou força maior, devidamente reconhecidas pela Justiça do Trabalho, a indenização era reduzida para 5% (§ 1º do art. 6º da Lei n. 5.107). Os depósitos do mês anterior e do mês da rescisão deveriam ser pagos diretamente ao trabalhador no termo de rescisão contratual (art. 6º da Lei n. 5.107).

Com a promulgação da Constituição da República de 1988, e enquanto não for instituída a lei complementar que irá prever indenização compensatória por despedida arbitrária ou sem justa causa (art. 7º, I), o legislador constituinte elevou a indenização prevista no art. 6º, *caput* e § 1º, da Lei n. 5.107, de 10% para 40% e de 5% para 20% (nos casos de culpa recíproca ou força maior).

Estatuiu a Lei n. 7.839 que, nas hipóteses de despedida pelo empregador sem justa causa, este deveria pagar ao empregado a importância de "40% do montante de todos os depósitos realizados na conta vinculada durante a vigência do contrato de trabalho, atualizados monetariamente e acrescidos dos respectivos juros" (§ 1º do art. 16). O § 2º do art. 16 previa a indenização de 20% quando houvesse despedidas por culpa recíproca ou força maior.

Tal preceito legal não era inconstitucional, apesar de não ser a Lei n. 7.839 uma lei complementar, pois apenas repetia o que já estava escrito no Ato das Disposições Constitucionais Transitórias. O art. 16 da Lei n. 7.839 dispunha que os depósitos do mês anterior e do mês da rescisão deveriam ser pagos diretamente ao empregado no termo de rescisão contratual.

O § 1º do art. 18 da lei n. 8.036 assegurou também a indenização de 40% sobre o montante de todos os depósitos feitos na conta vinculada durante a vigência do contrato de trabalho, atualizados monetariamente, e acrescidos dos respectivos juros, que deveriam ser pagos diretamente ao trabalhador. Havendo culpa recíproca ou força maior, reconhecida pela Justiça do Trabalho, o percentual é reduzido para 20% (§ 2º art. 18 da Lei n. 8.036).

No caso de rescisão do contrato de trabalho por parte do empregador, ficará este obrigado a pagar diretamente ao empregado os valores relativos aos depósitos referentes ao mês da rescisão e ao imediatamente anterior que ainda não houver sido recolhido (art. 18 da Lei n. 8.036). O cálculo da indenização será feito sobre os depósitos atualizados e acrescidos de juros, não sendo apenas sobre o principal que houver sido depositado.

A Lei n. 9.491 deu nova redação ao § 1º do art. 18 da Lei n. 8.036, dispondo que:

> na hipótese de despedida pelo empregador sem justa causa, depositará este na conta vinculada do trabalhador no FGTS importância igual a quarenta por cento do montante de todos os depósitos realizados na conta vinculada durante a vigência do contrato de trabalho, atualizados monetariamente e acrescidos dos respectivos juros.

O § 3º, que foi acrescentado pela mesma norma, declarou que:

> as importâncias de que trata este artigo deverão constar da documentação comprobatória do recolhimento dos valores devidos a título de rescisão do contrato de trabalho, observado o disposto no art. 477 da CLT, eximindo o empregador, exclusivamente, quanto aos valores discriminados.

O art. 18 da Lei n. 8.036 também teve nova redação determinada pela Lei n. 9.491, dispondo que na rescisão do contrato de trabalho, não importa se decorrente de dispensa ou pedido de demissão, o empregador deve depositar na conta vinculada do trabalhador no FGTS os depósitos referentes ao mês da rescisão e ao imediatamente anterior, ainda não recolhidos.

O inciso I do art. 20 da Lei n. 8.036 também foi alterado pela Lei n. 9.491, ficando determinado que o empregado pode sacar o FGTS em caso de dispensa sem justa causa, inclusive a indireta, de culpa recíproca e de força maior.

16.2 NATUREZA JURÍDICA

A natureza jurídica da indenização de 40 ou 20% não é de multa, mas de indenização.

A Constituição não usa a palavra *multa*. Os parágrafos do art. 18 da Lei n. 8.036 também não empregam o termo *multa*.

Multa vem a ser uma sanção pelo descumprimento de uma norma. A indenização de 40 ou 20% não representa sanção pelo descumprimento da legislação do FGTS, mas indenização pelo fato de o trabalhador ter sido dispensado sem justa causa, de modo que compense a dispensa com o pagamento do respectivo valor. Sua natureza jurídica é, portanto, de indenização e não de multa.

A palavra *multa* surge pela primeira vez no § 15 do art. 20 da Lei n. 8.036, que foi acrescentado pela Lei n. 9.491. Emprega, porém, a lei termo errado, por não se tratar de multa, de penalidade pelo descumprimento de determinada norma, mas de indenização sobre os depósitos do FGTS.

Na dispensa do empregado, o empregador não comete nenhum ilícito para pagar multa ou penalidade. Exerce um direito potestativo, pagando a indenização pertinente pela dispensa. A natureza do percentual de 20 ou 40% é, assim, de indenização.

Não tem a indenização de 40% natureza previdenciária, pois não se trata de benefício previdenciário, nem é o INSS que a paga.

Sua natureza não é reparatória, pois inexiste abuso de direito na dispensa. Não há ilícito praticado pelo empregador para incorrer em responsabilidade.

Não representa salário diferido, pois se o empregado se aposentar espontaneamente ou falecer a indenização é indevida.

Tem natureza de indenização, pela perda do posto de serviço.

A relação existente entre a indenização de 40% do FGTS não é exatamente de principal e de acessório, mas a primeira é proveniente da dispensa sem justa causa do empregado (§ 1º do art. 18 da Lei n. 8.036). Quando o empregado é dispensado sem justa causa ou pede aposentadoria, não há direito à indenização de 40%. Isso mostra que não existe relação de principal e acessório.

16.3 DEPÓSITO NA CONTA VINCULADA

Anteriormente, a indenização de 40 ou 20% era paga diretamente ao trabalhador no termo de rescisão do contrato de trabalho (TRCT), assim como o valor dos depósitos do mês anterior e do mês da rescisão, caso não tivessem ainda sido efetuados.

A Lei n. 9.491, de 9 de setembro de 1997, tentou coibir a prática que ocorria de as empresas fazerem um acordo com o empregado. Este era dispensado, levantava o FGTS e recebia o seguro-desemprego, porém tinha de devolver a indenização de 40% do FGTS à empresa. A referida norma deu nova redação ao art. 18 da Lei n. 8.036 e a seu § 1º, estabelecendo que o empregador não mais deveria pagar diretamente ao empregado o FGTS incidente sobre as verbas rescisórias, sobre os salários do mês anterior, ainda não depositados, e também a indenização de 40%.

Passou-se agora a exigir que esses valores fossem depositados na conta vinculada do empregado, para depois serem sacados por este. O procedimento tem por objetivo evitar que o empregado devolva a indenização de 40% ao empregador, em razão do acordo celebrado.

Agora, com a modificação determinada pela Lei n. 9.491, a indenização de 40% deve ser depositada na conta vinculada do trabalhador, como também o valor do mês anterior e do mês da rescisão.

O § 2º do art. 18 da Lei n. 8.036 trata da indenização de 20% em casos de culpa recíproca ou força maior, reconhecida pela Justiça do trabalho. O citado parágrafo faz referência ao § 1º, que versa sobre a indenização de 40%. Assim, a indenização de 20% também deverá ser depositada na conta vinculada do trabalhador, em razão da remissão do § 2º ao § 1º do art. 18.

Para a movimentação da conta vinculada pelo trabalhador, em caso de dispensa sem justa causa, rescisão indireta, culpa recíproca e força maior (art. 20, I, da Lei n. 8.036), haverá necessidade do depósito da referida indenização e também dos valores relativos ao mês anterior e ao da dispensa.

O objetivo da nova determinação legal foi evitar os acordos simulados entre empregado e empregador para o saque do FGTS, quando, principalmente, o empregado continuava trabalhando e o contrato de trabalho continuava em vigor, ou então quando o empregado pedia demissão, porém era feito um acordo, como se ocorresse dispensa, e o obreiro era obrigado a devolver a indenização de 40% ou 20% ao empregador. Não creio que essa determinação legal irá eliminar essas hipóteses.

Poderá dificultar as referidas práticas simuladas, porém o empregado pode ser obrigado a devolver o valor da indenização ao empregador da mesma forma, mediante pagamento em dinheiro ou cheque, ou ainda ser descontada a referida indenização de seu crédito ou se estabelecer que o operário tirou um vale naquele valor. O certo é que a determinação da lei dará mais trabalho às partes e criará obstáculos às práticas simuladas perpetradas entre empregado e empregador para o saque ilegal do FGTS.

Entendo que agora, mesmo que haja acordo em juízo, a indenização do FGTS terá de ser depositada na conta vinculada do trabalhador em vez de ser paga diretamente ao empregado, pois serão aplicadas as regras da lei nova.

O mesmo já deveria ser verificado em relação a depósitos de períodos diversos do mês anterior ao da rescisão e do próprio mês, pois não era permitido o pagamento direto ao trabalhador, nem mesmo em relação ao trabalhador temporário, que não pode ter o FGTS pago no próprio recibo de pagamento, pois há necessidade dos depósitos na conta vinculada. Assim, se não tivesse sido depositado, havendo a rescisão do contrato de trabalho, o certo seria que o FGTS fosse depositado na conta vinculada do empregado e posteriormente o empregador emitisse guia para o saque. No mesmo sentido há acórdão na jurisprudência:

> FGTS – Pagamento direto ao empregado – O pagamento direto do FGTS ao empregado deve ficar restrito apenas ao mês da rescisão e ao imediatamente anterior que ainda não houver sido recolhido, descabendo o pagamento em relação às demais parcelas, cujo depósito é obrigatório, com a consequente liberação (TRT da 7ª R., REO 04802/95, j. 14-2-96, Rel. Juiz Jacintho Moreira Salles, *DJCE* 14-3-96, p. 72).

Na prática, os juízes determinavam o pagamento direto ao empregado, visando evitar a burocracia de primeiro o empregador ter de depositar, para depois o empregado sacar. Entretanto, parece que o critério mais correto é realmente o primeiro, pois, com o depósito, o empregador é obrigado também a pagar multa, por não ter saldado o FGTS na época própria, que reverterá ao fundo. Ilegal o critério que era adotado pelo art. 9º do Decreto n. 99.684, ao estabelecer que:

> o empregador pagará diretamente ao trabalhador os valores relativos aos depósitos referentes ao mês da rescisão e aos imediatamente anteriores que ainda não houverem sido recolhidos.

Isso porque vai além e contraria o disposto no art. 18 da Lei n. 8.036. Essa anomalia foi corrigida pelo Decreto n. 1.382, de 31 de janeiro de 1995, que deu nova redação ao *caput* do art. 9º do Decreto n. 99.820, adotando o que está escrito no art. 18 da Lei n. 8.036. Agora, a atual redação do art. 9º da referida norma é a seguinte: deverá o empregador depositar na conta do FGTS "do trabalhador os valores relativos aos depósitos referentes ao mês da rescisão e ao imediatamente anterior, que ainda não houver sido recolhido".

Haverá mais um procedimento burocrático, pois dará dois trabalhos:

(1) o empregador depositar a indenização e os valores relativos ao mês anterior e o da rescisão na conta vinculada do trabalhador;

(2) expedir guia para levantar o que foi depositado.

Era muito mais prático determinar o pagamento direto ao empregado da indenização e dos valores relativos ao mês anterior e o da rescisão, nos casos de acordo em juízo, até porque a presunção de fraude estaria sob a fiscalização do juiz e seria menor essa hipótese. Agora, até no acordo em juízo deverá ser feito o depósito das referidas importâncias.

Ocorrendo a rescisão após o dia 20 de cada mês e antes do dia 20 do mês seguinte, que é a data do depósito do FGTS, o empregador deverá depositar o FGTS do mês anterior ao da rescisão ou da própria rescisão, se for o caso, na conta vinculada do autor.

A comprovação do pagamento deverá ser feita no dia útil imediato ao término do contrato de trabalho ou nos 10 dias contados da dispensa, em caso de indenização do aviso-prévio, dispensa de seu cumprimento ou na ausência de aviso-prévio (§ 6º do art. 477 da CLT), sob pena de o empregador arcar com a multa pelo atraso no pagamento das verbas rescisórias. Na data da assistência à rescisão contratual, serão verificados os depósitos pela DRT ou pelo sindicato.

Esse procedimento passa a ser necessário, pois o § 3º do art. 18 da Lei n. 8.036 manda aplicar as regras do art. 477 da CLT, o que inclui o prazo para pagamento das verbas rescisórias. A quitação ocorrerá apenas quanto aos valores discriminados e não quanto às rubricas, o que mostra que a Súmula 330 do TST, se já não estava superada, está agora com a nova disposição da Lei n. 9.491.

Em relação a processos que estão em curso no Judiciário, penso que deva ser observada, em primeiro lugar, a coisa julgada, se o processo estiver na execução de acordo com aquilo que foi determinado na sentença. Se a rescisão já ocorreu e as verbas rescisórias já foram pagas antes da vigência da Lei n. 9.491, temos ato jurídico perfeito, que não pode ser modificado pela lei nova. Ocorrendo a rescisão a partir da vigência da Lei n. 9.491, entendo que devem ser verificadas suas determinações, pois o fato gerador é a rescisão do contrato de trabalho.

Em caso de dispensa sem justa causa feita pelo empregador, este ainda deve pagar 10% sobre todos os depósitos de FGTS na vigência do contrato de trabalho (art. 1º da Lei Complementar n. 110/2001). A referida contribuição não é devida pelos empregadores domésticos. A contribuição social foi instituída por prazo indeterminado. O empregado não tem direito a levantar o valor dessa contribuição que foi feito pelo empregador. Ela é devida ao FGTS para fazer frente ao pagamento das diferenças de correção monetária da conta do FGTS em virtude de expurgos inflacionários decorrentes de planos econômicos.

As diferenças de correção monetária resultantes de expurgos inflacionários sobre os saldos de FGTS têm como termo inicial a data em que deveriam ter sido creditadas (Súmula 445 do STJ).

16.4 AUTOAPLICABILIDADE

A Lei n. 9.491 foi publicada no *Diário Oficial da União* em 10 de setembro de 1997, com republicação em 11 de setembro de 1997. O art. 34 da referida norma dispõe que a Lei n. 9.491 entra em vigor na data de sua publicação. Como houve republicação, a Lei n. 9.491 entrou em vigor em 10 de setembro de 1997, e as correções, em 11 de setembro de 1997, pois as correções a texto de lei já em vigor consideram-se lei nova (§ 4º do art. 1º da Lei de Introdução às Normas do Direito Brasileiro).

Não há dúvida que a partir de 11 de setembro de 1997 o empregador não mais poderá pagar diretamente ao empregado o FGTS do mês anterior e o da rescisão, além da indenização de 40% ou 20%. Todas essas importâncias deverão ser depositadas na conta vinculada do trabalhador.

O art. 33 da lei n. 9.491 determinou, porém, que a referida norma será regulamentada pelo Poder Executivo, no prazo de 60 dias, baixando as instruções necessárias para sua execução. O art. 33 revela que a regulamentação é referente a toda a norma e não apenas à parte que altera a Lei n. 8.036. A Lei n. 9.491 trata, contudo, do Programa Nacional de Desestatização, e apenas o art. 31 versa sobre as alterações da lei do FGTS.

Quanto à regulamentação do art. 31, entendo que haverá necessidade de serem feitas alterações no Decreto n. 99.684, que é o regulamento do FGTS, no tocante às modificações determinadas pela Lei n. 9.491.

Tem sido indagado se o art. 31 é autoaplicável ou depende de sua regulamentação, como indica o art. 33 da lei n. 9.491.

Há quem entenda que os depósitos na conta vinculada relativos ao mês anterior à rescisão e do próprio mês e da indenização só poderão ser feitos com a regulamentação, persistindo o sistema anterior de pagamentos diretos até que seja feita essa regulamentação. Outra corrente pensa que a norma é autoaplicável desde sua publicação no *Diário Oficial*, estando o empregador obrigado a fazer os depósitos.

O poder de regulamentar a norma é de competência do presidente da República, nos termos do inciso IV do art. 84 da Constituição, expedindo o decreto para esse fim. No caso, trata-se de decreto regulamentar ou de execução, também chamado de regulamento de execução, tendo por objetivo aclarar os dispositivos da lei e orientar sua aplicação.

Penso que o art. 31 da Lei n. 9.491 é autoaplicável (*self executing*), no que diz respeito à necessidade de depósito da indenização do FGTS e do depósito do mês anterior e do mês da rescisão do contrato de trabalho, não precisando ser regulamentado, pois é claro o suficiente para entender seu conteúdo, trazendo todas as suas especificações e seus resultados.

Não há necessidade de determinar como fazer, pois é só pegar a guia do recolhimento do FGTS, preenchê-la e fazer o depósito, especificando que se trata da indenização de 40% ou de depósito do mês anterior, fazendo anotação nesse sentido, se for o caso, como ocorre com o depósito recursal.

Leciona Hely Lopes Meirelles que "nem toda lei depende de regulamento para ser executada, mas toda e qualquer lei pode ser regulamentada se o Executivo julgar conveniente fazê-lo"[1].

O regulamento somente seria exigível, como condição fundamental para a plena aplicabilidade da lei, quando houvesse algum vazio ou lacuna na lei, que seria o caso de uma norma legislativa incompleta. O regulamento visaria complementá-la, o que inocorre no caso do art. 31. Como adverte Maria Sylvia Zanella Di Pietro, "se o legislador esgotou a matéria, não há necessidade de regulamento"[2].

Logo, pode-se concluir que a regulamentação do art. 31 é facultativa, pois o citado comando legal já contém todas as disposições necessárias para sua plena aplicação. O regulamento nesse caso poderá apenas repetir as disposições já contidas na lei, como fazia o Decreto n. 99.684.

Mesmo que o regulamento não seja editado no prazo de 60 dias, a lei é autoaplicável, sendo que a omissão do Executivo não poderá impedir a aplicação do art. 31 da Lei n. 9.491, quanto ao depósito das importâncias do mês anterior e do mês da rescisão e da indenização do FGTS.

Assim, tais importâncias deverão ser depositadas pelo empregador na conta vinculada do empregado, tomando o primeiro o cuidado de discriminar nas guias a que se refere o depósito. O fato de a Caixa Econômica Federal ter dificuldades internas e operacionais para individualizar as contas ou contabilizá-las é problema desse órgão, podendo o Conselho Curador do FGTS especificar por resolução esses procedimentos e não por intermédio do decreto do presidente da República. A função do decreto regulamentador é esclarecer a lei e não procedimentos internos na Caixa Econômica Federal.

Foi regulamentado o art. 31 da Lei n. 9.491/97 pelo Decreto n. 2.430, de 17 de dezembro de 1997.

16.5 CULPA RECÍPROCA OU FORÇA MAIOR

Existirá culpa recíproca quando o contrato de trabalho for rescindido por faltas praticadas tanto pelo empregado como pelo empregador.

A força maior, segundo o art. 501 da CLT, é o acontecimento inevitável em relação à vontade do empregador, e para a realização do qual este não concorreu, direta ou indiretamente. A imprevidência do empregador exclui a razão de força maior. À ocorrência de força maior que não afetar substancialmente, nem for

---

1. *Direito administrativo brasileiro*. 16. ed. São Paulo: Revista dos Tribunais, 1991, p. 108.
2. *Direito administrativo*. 4. ed. São Paulo: Atlas, 1994, p. 75.

suscetível de afetar, em tais condições, a situação econômica e financeira da empresa não se aplicam as restrições do art. 502 da CLT. Não se poderá considerar força maior a falência, a recuperação judicial e a aplicação de planos econômicos governamentais, pois são considerados riscos da atividade do empregador.

O § 2º do art. 16 da Lei n. 7.839 estabelecia que, no caso de despedida por culpa recíproca ou força maior reconhecida pela Justiça do Trabalho, o percentual da indenização seria de 20%. O art. 14 do RFGTS não exigia que a culpa recíproca ou força maior fosse reconhecida pela Justiça do Trabalho, o que, nesse ponto, era ilegal, pois contrariava a lei.

Dispôs o § 2º do art. 18 da Lei n. 8.036 que, havendo culpa recíproca ou força maior, reconhecida pela Justiça do Trabalho, o percentual seria reduzido para 20%. Nota-se que a culpa recíproca e a força maior, como hipóteses de redução da indenização para 20%, têm de ser reconhecidas pela Justiça do Trabalho. Isso mostra que não poderá haver transação das partes neste sentido, como poderia ocorrer numa dispensa simulada, em que o empregado tem apenas o intuito de levantar o FGTS e continuar a trabalhar.

A redução na indenização tem paralelo no inciso II do art. 502 da CLT, em que, inexistindo estabilidade, a indenização será devida pela metade. O mesmo acontece aqui, em que a indenização de 40% é devida pela metade, ou seja, à razão de 20%.

Enquanto no direito civil a força maior desobriga o devedor dos prejuízos resultantes do ato (art. 393 do Código Civil), no direito do trabalho a indenização do FGTS será devida no percentual de 20%.

16.6 *FACTUM PRINCIPIS*

O *factum principis* ocorre no direito do trabalho quando uma pessoa jurídica de direito público pratica determinado ato que inviabiliza a atividade de uma empresa.

Havendo *factum principis*, a indenização de 40% deve ficar a cargo do governo, pois trata-se de espécie de indenização. O próprio art. 486 da CLT mostra que, se houver paralisação temporária ou definitiva do trabalho motivada por ato de autoridade municipal, estadual ou federal, ou pela promulgação de lei ou resolução que impossibilite a continuação da atividade, prevalecerá o pagamento da indenização, que ficará a cargo do governo responsável. Como, no caso, a paralisação da atividade do empregador foi ocasionada por ato do governo, deve este ficar responsável pela indenização, pois o empregado não teve culpa pela cessação das atividades de seu empregador, não podendo ficar prejudicado pelo ato do governo que proporcionou prejuízo a seu patrão.

16.7 RESCISÃO DO CONTRATO DE TRABALHO

Quando a rescisão do contrato de trabalho for feita pelo empregador, é devida a indenização ao empregado. Essa indenização não será devida na hipótese de pedido de demissão ou de dispensa por justa causa, até porque, nesses casos, o empregado não irá levantar o FGTS.

Na rescisão indireta, a indenização também é devida, pois foi o empregador quem deu causa à rescisão do contrato de trabalho. Se o empregado permanece trabalhando, nos casos previstos nas letras *d* e *g* do art. 483 da CLT, ajuizando ação postulando a rescisão indireta, a indenização será calculada com base nos depósitos existentes até a data em que o tribunal determinou a rescisão do contrato de trabalho. Se o empregado retirou-se do serviço, considerando rescindido o contrato a partir de certa data, é nesta data que houve a cessação do contrato de trabalho, e a indenização do FGTS será calculada sobre os depósitos existentes no Fundo nessa oportunidade.

Nas hipóteses de cessação normal do contrato a termo, inclusive dos trabalhadores temporários, não será devida a indenização, pois as partes conheciam desde o princípio do pacto quando iria ser seu término, e o empregador não deu causa à rescisão contratual.

16.7.1 Acordo

O contrato de trabalho poderá ser extinto por acordo entre empregado e empregador, caso em que será devida metade da indenização sobre o saldo do FGTS sobre os depósitos, isto é, será de 20%.

16.8 APOSENTADORIA

Na aposentadoria requerida pelo empregado, a indenização é indevida, pois o empregador não deu causa à cessação do contrato de trabalho. Se a empresa requerer a aposentadoria do empregado nos casos em que ela é compulsória, para o homem aos 70 anos e para a mulher aos 65 anos, haverá pagamento da indenização prevista na legislação trabalhista, conforme o art. 51 da Lei n. 8.213. A referida indenização, hoje, é substituída pela indenização de 40% do FGTS. Nesse caso, a indenização é devida, pois foi a empresa que deu causa à cessação do contrato de trabalho.

Entendo que a aposentadoria rescinde o contrato de trabalho do empregado. Permanecendo o obreiro a trabalhar na empresa ao requerer sua aposentadoria, inicia-se novo contrato de trabalho com o empregador. Quando do segundo desligamento do empregado da empresa, a indenização de 40% do FGTS deverá ser calculada apenas sobre os depósitos do segundo contrato de trabalho e não sobre os do primeiro, pois o próprio art. 453 da CLT indica que a aposentadoria espontânea do empregado impede a soma do tempo de serviço anteriormente prestado na empresa.

O inciso II do § 3º do art. 1º da Lei n. 4.090/62 mostra que a aposentadoria é causa de cessação do contrato de trabalho.

Esclarece a Orientação Jurisprudencial n. 361 da SBDI-1 do TST que a aposentadoria espontânea não é causa da extinção do contrato de trabalho se o empregado permanece prestando serviços ao empregador após a jubilação. Assim, por ocasião da sua dispensa imotivada, o empregado tem direito a indenização de 40% do FGTS sobre a totalidade dos depósitos efetuados no curso do pacto laboral.

16.9 FALECIMENTO DO TRABALHADOR

Quando há o falecimento do trabalhador, não ocorre dispensa por parte da empresa, mas apenas a cessação do contrato de trabalho, pelo desaparecimento de um de seus sujeitos. Nesse caso, é indevida a indenização de 40%.

16.10 MORTE DO EMPREGADOR

O contrato de trabalho é personalíssimo em relação ao empregado, daí por que se diz que o pacto laboral é *intuitu personae*, estabelecido em relação a certa e específica pessoa, que é o empregado. Morrendo o empregado, cessa a relação laboral.

Quanto ao empregador, o contrato de trabalho não é pessoal, pois o empregador é a empresa (art. 2º da CLT). Se morre um de seus sócios, a empresa geralmente continua com os outros.

Caso o empregador seja pessoa física, como os profissionais liberais (advogado, contador, engenheiro, médico etc.) ou firma individual, é facultado ao empregado rescindir o contrato de trabalho (§ 2º do art. 483 da CLT). Indica o art. 485 da CLT que, no caso de cessar a atividade da empresa por morte do empregador, os empregados terão direito, conforme o caso, à indenização simples ou em dobro.

Se a empresa individual ou o profissional liberal encerram suas atividades, o empregado está automaticamente despedido. Caso, porém, alguém continue com o negócio, ao empregado fica a faculdade de rescindir ou não o contrato. Preferindo o empregado sair da empresa, na última hipótese, não terá de conceder aviso-prévio ao empregador, porque há um motivo para a rescisão, mas é de se entender que a hipótese é de pedido de demissão e não de dispensa, pois haverá a continuidade dos negócios da empresa.

A orientação em relação à morte do empregador doméstico é a mesma. No falecimento dessa pessoa, o empregado tem a faculdade de permanecer trabalhando para as demais pessoas da família que residam na casa, havendo a continuidade do contrato de trabalho. Ao contrário, se entender por rescindir o contrato, a hipótese é de pedido de demissão, pois o pacto laboral podia continuar com as demais pessoas que vivem na casa, já que o empregador doméstico é a pessoa ou família (art. 1º da Lei Complementar n. 150/2015). Se, porém, o tomador dos serviços é somente o falecido, o contrato de trabalho cessa, sendo devido aviso-prévio.

A indenização de 40% do FGTS é devida quando houver dispensa do empregado, conforme o § 1º do art. 18 da Lei n. 8.036/90.

Sendo o empregador pessoa jurídica, a morte de um de seus sócios implica a continuidade do contrato de trabalho. Inexiste dispensa. Logo, não há pagamento da indenização de 40% do FGTS. Exceção ocorrerá se com a morte de um dos sócios a sociedade se encerrar, situação que importará a cessação do contrato de trabalho, sendo devida a indenização de 40% do FGTS.

Na hipótese de o empregador ser pessoa física e não havendo continuidade do negócio, termina o contrato de trabalho. A hipótese é equiparada a dispensa, pois não há mais trabalho e os riscos do empreendimento são do empregador (art. 2º da CLT). Será devida, assim, a indenização de 40% do FGTS, bem como o aviso-prévio, pois a ruptura do contrato foi abrupta e sem justa causa. O mesmo ocorrerá em relação ao empregado doméstico, se o empregador doméstico optar por fazer os depósitos do FGTS.

Situação semelhante ocorre na falência. Com a decretação da falência, geralmente termina o contrato de trabalho. Nesse caso, é devido o aviso-prévio e a indenização de 40%, pois o empregado está sendo dispensado e os riscos do negócio são do empregador.

Se, porém, o empregador pessoa física falece, mas há a continuidade do negócio, o § 2º do art. 483 da CLT faculta ao empregado continuar a prestação do serviço. Nesse caso, não está havendo dispensa do empregado, em razão de que a atividade do empregador continua. Logo, se o empregado sai da empresa, sua decisão importa pedido de demissão. Nessa hipótese, a indenização de 40% do FGTS é indevida, pois não houve dispensa do trabalhador.

É expresso o inciso II do art. 20 da Lei n. 8.036 no sentido de que a conta do FGTS pode ser sacada pelo trabalhador na extinção total da empresa, fechamento de quaisquer de seus estabelecimentos, filiais ou agências, supressão de parte de suas atividades, ou ainda falecimento do empregador individual sempre que qualquer dessas ocorrências implique rescisão do contrato de trabalho, comprovada por declaração escrita da empresa, suprida, quando for o caso, por decisão judicial transitada em julgado. Ao contrário, se não houve rescisão do contrato de trabalho, como na hipótese da continuidade da atividade do empregador, restam indevidos o saque do FGTS e a indenização de 40%.

16.11 RESCISÃO ANTECIPADA DE CONTRATO POR TEMPO DETERMINADO

Na rescisão antecipada de contrato de trabalho a termo, é devida a indenização de 40 ou 20%, pois foi o empregador quem deu causa à ruptura do pacto laboral (art. 14 do Decreto n. 99.684). Não se trata de término normal do contrato de trabalho de prazo determinado, mas da rescisão antecipada, aplicando-se a hipótese do § 1º do art. 18 da Lei n. 8.036, pois constitui dispensa.

Se houver o término normal do contrato de obra certa previsto na Lei n. 2.959, inexiste direito à indenização de 40%. Ao contrário, se não há o término normal da obra, mas rescisão antecipada, será devida a indenização de 40% do FGTS, pois foi o empregador quem deu causa à rescisão do contrato de trabalho, dispensando o obreiro antes do tempo.

16.12 DIRETOR NÃO EMPREGADO

O diretor não empregado que for equiparado pela empresa aos demais trabalhadores para efeito do FGTS não fará jus à indenização de 40% do FGTS, pois a indenização só é devida se houver contrato de trabalho entre o trabalhador e o empregador, como se depreende do § 1º do art. 18 da Lei n. 8.036. Como o diretor não empregado não tem contrato de trabalho, não fará jus à referida indenização de 40%, salvo se em período anterior foi empregado e for dispensado pelo empregador.

16.13 EMPREGADO DOMÉSTICO

O inciso I do art. 7º da Constituição estabelece que indenização por dispensa arbitrária ou sem justa causa tem de ser estabelecida por lei complementar. Essa é a razão da norma do doméstico ser editada por meio de lei complementar.

O empregador doméstico depositará a importância de 3,2% sobre a remuneração devida, no mês anterior, a cada empregado, destinada ao pagamento da indenização compensatória da perda do emprego, sem justa causa ou por culpa do empregador, não se aplicando ao empregado doméstico o disposto nos §§ 1º a 3º do art. 18 da Lei n. 8.036, de 11 de maio de 1990 (art. 22 da Lei Complementar n. 150/2015). O doméstico não tem direito à indenização de 40% sobre os depósitos do FGTS, mas a importância mensal de 3,2%.

Nas hipóteses de dispensa por justa causa ou a pedido, de término do contrato de trabalho por prazo determinado, de aposentadoria e de falecimento do empregado doméstico, os valores previstos no *caput* serão movimentados pelo empregador (§ 1º do art. 22 da Lei Complementar n. 150/2015).

Na hipótese de culpa recíproca para a cessação do contrato de trabalho, metade dos valores previstos no *caput* será movimentada pelo empregado, enquanto a outra metade será movimentada pelo empregador (§ 2º do art. 22 da Lei Complementar n. 150/2015).

Os valores serão depositados na conta vinculada do empregado, em variação distinta daquela em que estiverem os valores oriundos dos depósitos de que trata o inciso IV do art. 34 da Lei Complementar n. 150/2015, e somente poderão ser movimentados por ocasião da rescisão contratual (§ 3º do art. 22 da Lei Complementar n. 150/2015).

À importância monetária de 3,2%, aplicam-se as disposições da Lei n. 8.036, de 11 de maio de 1990, e da Lei n. 8.844, de 20 de janeiro de 1994, inclusive quanto à sujeição passiva e equiparações, prazo de recolhimento, administração, fiscalização, lançamento, consulta, cobrança, garantias, processo administrativo de determinação e exigência de créditos tributários federais (§ 4º do art. 22 da Lei Complementar n. 150/2015).

16.14 FALÊNCIA E RECUPERAÇÃO JUDICIAL

Havendo falência ou recuperação judicial do empregador, com a rescisão do contrato de trabalho, o levantamento do FGTS é devido, além da indenização de 40%, pois trata-se de hipótese equivalente à dispensa. As hipóteses de falência e recuperação judicial não podem ser consideradas caso fortuito ou força maior, pois são tidas como riscos do negócio, que devem ser suportados pelo empregador, de acordo com o art. 2º da CLT, não podendo ser transferidos para o empregado.

16.15 SAQUE PARA AQUISIÇÃO DE MORADIA PRÓPRIA E INDENIZAÇÃO DE 40%

A Lei n. 5.107 já previa a hipótese de o trabalhador utilizar a conta vinculada do FGTS para o fim de aquisição de moradia própria e pagamento das respectivas prestações (art. 10, c/c art. o 36 do Decreto n. 59.820, que aprovou o Regulamento do FGTS), dentro dos prazos e condições que especificava. Hoje, não é diferente, conforme as determinações da Lei n. 8.036.

Entendia-se que a indenização deveria ser calculada inclusive sobre a atualização dos depósitos realizados na conta do trabalhador, mesmo que este os tivesse sacado para aquisição de moradia (art. 6º da Lei n. 5.107, c/c art. 22 do Decreto n. 59.820).

Os pretórios trabalhistas, analisando a matéria sob o império da Lei n. 5.107, vinham decidindo da mesma forma.

FGTS – MULTA – BASE DE CÁLCULO

FGTS. Art. 22 do Decreto n. 59.820/66. A multa de 10% prevista no art. 22 do Decreto n. 59.820/66 incide sobre o montante dos depósitos, da correção monetária e dos juros capitalizados referentes a todo o período do pacto laboral e, inclusive, sobre o valor referente à atualização da importância sacada pelo empregado para a aquisição de casa própria (TRT da 12ª R., RO 224/88, Rel. Juiz N. Coelho, *DJSC* 20-9-1988, p. 29).

FGTS – SAQUE PARA AQUISIÇÃO DE MORADIA – DESPEDIDA SEM JUSTA CAUSA – INDENIZAÇÃO – BASE DE CÁLCULO.

FGTS. Saques. Despedida sem justa causa. Quando o empregado, durante o pacto laboral, saca determinada importância, para aquisição de casa própria, e, posteriormente, vem a ser despedido sem justa causa, deve receber, como indenização a que se refere o art. 6º da Lei n. 5.107/66, valor igual a 10%, não do saldo existente, mas do montante dos depósitos, da correção monetária e dos juros capitalizados na sua conta vinculada, correspondentes ao período de trabalho na empresa (TRT 9ª R., RO 2.940/88, 2ª T., Rel. Juíza Cármen Amin Ganen, *DJPR* 10-5-1989, p. 81).

Com a edição da Lei n. 7.839, ficou estatuído que, nas hipóteses de despedida pelo empregador sem justa causa, este deveria pagar ao empregado a importância de "40% do montante de todos os depósitos realizados na conta vinculada durante a vigência do contrato de trabalho, atualizados monetariamente e acrescidos dos respectivos juros" (§ 1º do art. 16). O § 2º do art. 16 previa a indenização de 20% quando houvesse despedida por culpa recíproca ou força maior.

O Decreto n. 98.813, que regulamentou a Lei n. 7.839/89, dispôs claramente que "os valores sacados na vigência do contrato de trabalho, atualizados com juros e correção monetária, serão considerados para efeito de cálculo dos percentuais de 40% ou 20% a que se refere o art. 16, §§ 1º e 2º, da Lei n. 7.839/89" (art. 15).

Durante a vigência da referida norma legal, não havia nenhuma dúvida a respeito da incidência da indenização de 40% ou 20% sobre as importâncias sacadas para aquisição de moradia.

A Lei n. 7.839 foi efêmera, pois foi revogada pelo art. 32 da Lei n. 8.036, de 11 de maio de 1990.

A nova lei, como a anterior (Lei n. 7.839), continuou a prever o saque para abatimento ou quitação das prestações da casa própria nas hipóteses por ela declinadas.

O § 1º do art. 18 da Lei n. 8.036 determina que a indenização deverá ser calculada sobre todos os depósitos realizados na conta vinculada do FGTS durante a vigência do contrato de trabalho, com atualização monetária e acrescidos de juros.

Poder-se-ia entender pelo § 1º do art. 20 da Lei n. 8.036 que os saques não entrariam na composição da indenização. Contudo, a norma trata de levantamento de depósitos, e é lógico que, na "retirada" dos referidos depósitos, os saques serão deduzidos, pois não mais estão depositados. Logo, não podem ser sacados. Entretanto, a indenização deve ser calculada sobre todos os depósitos realizados, não se excluindo os saques, por ausência de previsão legal. Todavia, se a indenização não fosse calculada sobre os depósitos, haveria nítido prejuízo ao obreiro, que não a receberia corretamente.

O Decreto n. 99.684 regulamentou a Lei n. 8.036, prevendo, na redação original do § 1º do art. 9º, que:

> no caso de despedida sem justa causa, ainda que indireta, o empregador pagará diretamente ao trabalhador importância igual a 40% do montante de todos os depósitos realizados na conta vinculada durante a vigência do contrato de trabalho, atualizados monetariamente e acrescidos dos respectivos juros, *não sendo considerados, para esse fim, os saques ocorridos*.

O Regulamento do FGTS, como norma de execução, não pode contrariar a lei, nem aumentando nem diminuindo os mandamentos desta, sob pena de ilegalidade (art. 5º, II, da Lei Fundamental).

Ensina Hely Lopes Meirelles, citando Medeiros Silva:

> que "a função do regulamento não é reproduzir, copiando-os literalmente, os termos da lei. Seria um ato inútil se assim fosse entendido. Deve, ao contrário, evidenciar e tornar explícito tudo aquilo que a lei encerra. Assim, se uma faculdade ou atribuição está implícita no texto legal, o regulamento não exorbitará, se lhe der forma articulada e explícita". Como ato inferior à lei, o regulamento não pode contrariá-la ou ir além do que ela permite. No que o regulamento infringir ou extravasar da lei, é írrito e nulo. Quando o regulamento visa a explicar a lei (regulamento de execução), terá que se cingir ao que a lei contém[3].

---

3. MEIRELLES, Hely Lopes. *Direito administrativo brasileiro*. 16. ed. São Paulo: Revista dos Tribunais, 1991, p. 163-164.

A parte final do § 1º do art. 9º do Decreto n. 99.684 exorbita da Lei n. 8.036 quando explicita que, para efeito da indenização, não serão considerados os saques realizados. Logo, é considerada nula de pleno direito, prevalecendo as determinações da citada lei sobre o decreto, que não dispõe sobre tal limitação. Poder-se-ia interpretar o § 1º do art. 9º do Regulamento do FGTS no sentido de não serem considerados os saques ocorridos, como se não houvessem sido sacadas importâncias da conta vinculada. Assim, haveria uma interpretação harmônica entre a lei e o decreto regulamentador.

É descabido o entendimento dos que dizem que a indenização, por se tratar de penalidade, deve ser interpretada restritivamente. Argumentam que o empregado já se beneficiou com o levantamento das importâncias depositadas no FGTS para a aquisição da casa própria e, no caso, havendo dúvida, analisar-se-ia a lei de modo menos prejudicial à empresa, que não se beneficiou com tais saques e não pode arcar com sanção a que não deu causa. No entanto, se a indenização não for calculada sobre todos os depósitos, mesmo sobre as importâncias já sacadas, não se estará cumprindo fielmente o comando legal.

Para que não se cause nenhum prejuízo ao empregado, a indenização deve ser calculada sobre as importâncias sacadas para aquisição de moradia, que deverão ser corrigidas monetariamente. Caso contrário, a indenização estaria incidindo apenas sobre o saldo da conta vinculada do FGTS no final do contrato de trabalho e não sobre o montante dos depósitos realizados na referida conta, como determina a lei.

Em 13 de fevereiro de 1991, foi publicada no *Diário Oficial da União* a Resolução n. 28 do Conselho Curador do FGTS, esclarecendo que a indenização de 20% ou 40% seria calculada sobre o total dos depósitos, "não sendo permitida a dedução dos saques ocorridos" (item I). A despeito de a Resolução n. 28 ser uma norma hierarquicamente inferior ao Decreto n. 99.684, sua interpretação deverá prevalecer, porque apenas reproduz o conteúdo do § 1º do art. 18 da Lei n. 8.036, que a parte final do § 1º do art. 9º do citado decreto quis modificar.

Dessa forma, a indenização deve ser calculada sobre todos os depósitos efetuados na conta vinculada, inclusive aqueles sacados pelo empregado para aquisição de moradia. Os saques deverão ser corrigidos para efeito de se aplicar o percentual, pois do contrário haverá evidente prejuízo ao empregado.

Para confirmar o que até aqui foi afirmado, o STF concedeu liminar em ação direta de inconstitucionalidade suspendendo a parte final do § 1º do art. 9º do Decreto n. 99.684:

> Proteção da relação de emprego contra a despedida arbitrária (CF, art. 7º, I). Indenização provisória. Base de cálculo (ADCT, art. 10, I; Lei n. 5.107/66, art. 6º e § 1º; Lei n. 8.036, art. 18, § 1º). A arguição de inconstitucionalidade da parte final do § 1º do art. 9º do Decreto n. 99.684,

que manda não considerar os saques ocorridos na conta individual vinculada do FGTS. Suspensão liminar da norma questionada que se defere, para evitar eventual prevalência da interpretação contrária ao trabalhador e aparentemente ofensiva da disposição constitucional transitória invocada[4].

O § 15 do art. 20 da Lei n. 8.036 também é expresso no sentido de que, se o empregado sacar o FGTS em razão de aquisição de quotas de Fundos de Privatização, não será afetado o cálculo da indenização de 40 ou 20%, que tomará por base todos os depósitos feitos na conta vinculada do empregado. Esclareceu o inciso I da Orientação Jurisprudencial n. 42 da SBDI-1 do TST: "é devida a multa do FGTS sobre os saques corrigidos monetariamente ocorridos na vigência do contrato de trabalho".

Atualmente, o § 1º do art. 9º do RFGTS, na redação estabelecida pelo Decreto n. 2.430, determina que a indenização de 40% do FGTS deve ser calculada sobre os depósitos realizados na conta vinculada durante a vigência do contrato de trabalho, não sendo permitida, para o cálculo, a dedução dos saques ocorridos.

16.16 ATUALIZAÇÃO DOS DEPÓSITOS DA CONTA VINCULADA

O § 5º do art. 9º do Decreto n. 99.684 tratava da circunstância de não ser possível atualizar os valores de todos os depósitos efetuados na conta vinculada, o que presume a existência de saques efetuados ou de importâncias não depositadas. A base de cálculo para efeito da multa seria o equivalente a 8% da última remuneração, multiplicado pelo número de meses em que perdurou o contrato de trabalho. O referido § 5º foi revogado pelo Decreto n. 1.382.

O critério de cálculo previsto no decreto não foi mencionado pela lei, mas aparentemente é razoável. A Resolução n. 28 do Conselho Curador trata do mesmo assunto (item I). Na prática, contudo, pode ocorrer de tal interpretação ensejar pagamento superior ao devido, principalmente se o empregado teve aumento real de salário ou até uma promoção após ter sacado parte ou o total dos depósitos fundiários para aquisição de moradia, ou inferior ao devido, na hipótese do retorno do obreiro à função de origem, quando do exercício de cargo em comissão ou substituição a colega de serviço, ou ainda por haver uma perda salarial, o que faria com que se apurasse importância superior ou inferior ao valor efetivamente devido ao trabalhador. Inocorrendo esses fatos, poderá ser utilizado o raciocínio preconizado pelo item II da Resolução n. 28. Tal faculdade deve, portanto, ser interpretada com reservas, verificando em cada caso qual o

---

4. STF, ADIn 414-0/DF, Medida Liminar, Pleno, Rel. Min. Sepúlveda Pertence, j. 1º-2-1991, *DJU* I 2-4-1993, p. 5.613.

montante devido ao assalariado, para que não se faça pagamento superior ou inferior ao devido, decorrendo daí uma ilegalidade, por ausência de lei prevendo a utilização de tal base de cálculo. Impõe-se ao Congresso Nacional corrigir a referida lacuna o quanto antes, para evitar discussões judiciais sobre o tema, que já estão ocorrendo.

16.17 MOMENTO DE CÁLCULO DA INDENIZAÇÃO

O cálculo da indenização deve ser feito sobre o valor existente na conta vinculada do trabalhador no momento da homologação, e não sobre aquele existente na data do desligamento do obreiro. Não há que se falar, aqui, em projeção do aviso-prévio para efeito de cálculo da indenização, que deve ser calculada sobre o montante do FGTS existente na data do pagamento das verbas rescisórias.

É comum o obreiro ser dispensado em determinado mês e aguardar a mudança de mês para sacar o FGTS, justamente para auferir a diferença de correção monetária do saldo depositado. A indenização de 40% deve, porém, ser calculada sobre o montante dos depósitos, correção monetária e juros existentes na data da "homologação"[5]. A empresa não tem de pagar a diferença da indenização sobre a correção monetária da virada de um mês para outro quando o trabalhador é quem dá causa a tal fato. Se houvesse culpa da empresa em tal questão, aí, sim, se poderia falar que a diferença da indenização de 40% ficaria a cargo do empregador. No caso, o trabalhador é quem deu causa ao atraso no recebimento das importâncias depositadas em sua conta vinculada do FGTS. Logo, não pode a empresa ser responsabilizada por eventual diferença da indenização de 40% sobre a correção monetária auferida pelo trabalhador na mudança de um mês para outro em virtude do crédito da referida correção monetária na conta vinculada do operário.

Esclarece o inciso II da Orientação Jurisprudencial n. 42 da SBDI-1 do TST que o cálculo da indenização de 40% do FGTS deverá ser feito com base no saldo da conta vinculada na data do efetivo pagamento das verbas rescisórias, desconsiderada a projeção do aviso-prévio indenizado, por ausência de previsão legal.

---

5. No mesmo sentido julgado do TRT da 2ª Região: "Depósitos fundiários. Multa de 40%. Decreto n. 99.684/90 – A responsabilidade do empregador vai até a rescisão, não podendo ser responsabilizado por acréscimos provenientes da retenção da guia de saque por ato unilateral do trabalhador, atendendo a sua própria conveniência" (TRT 2ª R., 5ª T., RO 02950221747, Ac. 02960420378, Rel. Juiz Francisco Antonio de Oliveira, *DOESP* 2-9-1996, p. 68).

17
DECADÊNCIA

17.1 CONCEITO

Decadência provém do verbo latino *cadere* (cair). É palavra formada pelo sufixo latino *de* (de cima de), pela forma verbal *cadere*, *decadere* e pelo sufixo *-ência* (ação ou estado), tendo por significado a ação de cair ou estado daquilo que caiu. Juridicamente, decadência indica a extinção do direito pelo decurso do prazo fixado a seu exercício. Decadência é palavra que tem por significado caducidade, prazo extintivo ou preclusivo, que compreende a extinção do direito. A decadência não se interrompe nem se suspende, ao contrário da prescrição.

17.2 DISTINÇÃO

Distingue-se a decadência da prescrição, embora ambas tenham pontos em comum. Decorrem da inércia do detentor do direito, em dado período.

A decadência não é interrompida ou fica suspensa, ao contrário da prescrição.

A prescrição diz respeito à lesão de um direito. A decadência, ao exercício do direito.

Podem ser decretadas de ofício pelo juiz a decadência e a prescrição, inclusive em relação a direitos patrimoniais (art. 487, II, do CPC).

17.3 DECADÊNCIA DO FGTS

Para o empregado não há um prazo de decadência em que perderia o direito ao FGTS. Para a constituição do crédito relativo ao FGTS há um prazo de decadência. A Lei n. 5.107 determinava no art. 20 que o crédito do FGTS obedeceria à mesma forma e aos mesmos privilégios das contribuições devidas à Previdência Social. O prazo de decadência tomava como base o parágrafo único do art. 80 da Lei n. 3.807 (LOPS), que determinava que os comprovantes discriminativos dos lançamentos das contribuições de previdência deveriam ser arquivados na empresa por cinco anos, para efeito de fiscalização e arrecadação das referidas contribuições.

Havia assim cinco anos para a Previdência Social constituir o crédito do FGTS e para poder exigi-lo, que se constituía no prazo decadencial. Poder-se-ia entender, portanto, que o prazo de decadência era de cinco anos para a constituição do crédito do referido Fundo. O extinto TFR entendia que o prazo de decadência para a constituição do crédito relativo à Previdência Social era de cinco anos (Súmula 108).

A partir da vigência da Emenda Constitucional n. 8, de 14 de abril de 1977, o STF passou a entender que o FGTS não tinha natureza tributária, sendo que o prazo de decadência não seria o de cinco anos previsto no CTN[1].

As Leis n. 7.839 e n. 8.036 não trataram especificamente de um prazo de decadência para a exigência da contribuição do FGTS, apenas do prazo de prescrição. Entendo que o prazo de decadência para a constituição do crédito do FGTS é de cinco anos, pois a contribuição do FGTS tem natureza tributária. Aplica-se, assim, o art. 173 do CTN, que determina o citado prazo. Determina o art. 146 da Constituição que cabe à lei complementar estabelecer normas gerais em matéria de legislação tributária, especialmente sobre decadência (inciso III, *b*). Assim, é o caso de se observar o CTN, que tem natureza de lei complementar, ao determinar, no art. 173, o prazo de decadência de cinco anos, que, então, também se aplica ao FGTS.

17.4 CONTAGEM DE PRAZO

Deve o prazo de decadência ser contado:

(a) do primeiro dia do exercício seguinte àquele em que o lançamento poderia ter sido efetuado;

(b) da data em que se tornar definitiva a decisão que houver anulado, por vício formal, o lançamento anteriormente efetuado.

A Súmula 219 do TFR declarava que:

> não havendo antecipação de pagamento, o direito de constituir o crédito previdenciário extingue-se decorridos cinco anos do primeiro dia do exercício seguinte àquele em que ocorreu o fato gerador.

---

1. "Fundo de Garantia do Tempo de Serviço (FGTS). Contribuição estritamente social, sem caráter tributário. Inaplicabilidade à espécie do art. 173 do CTN, que fixa em cinco anos o prazo para constituição do crédito tributário. RE conhecido e provido para se afastar a declaração de decadência. Precedentes de plenário" (RE 110.012-5/AL, Rel. Min. Sydney Sanches, *DJU* 11-3-1988, p. 4.745).

O direito de constituição do crédito extingue-se definitivamente com o decurso do prazo anteriormente mencionado, contado da data em que tenha sido iniciada a constituição do crédito por notificação, ao sujeito passivo, de qualquer medida preparatória indispensável ao lançamento (parágrafo único do art. 173 do CTN). Tratando-se de decadência, não haverá interrupção ou suspensão da fluição da contagem do prazo para a constituição do crédito relativo ao FGTS.

18
PRESCRIÇÃO

18.1 CONSIDERAÇÕES INICIAIS

Neste capítulo, não é meu objetivo discutir o conceito de prescrição, mas apenas mencionar qual a influência desse instituto especificamente sobre o FGTS. Para tanto, apenas trarei algumas noções gerais sobre prescrição, para o desenvolvimento do tema.

18.2 PRESCRIÇÃO

18.2.1 História

A prescrição é um instituto que se relaciona com a ação. Historicamente, a prescrição surgiu no sistema formulário no processo romano, como exceção. O pretor, ao criar uma ação, previa um prazo dentro do qual ela deveria ser exercida, sob pena de prescrição. Essa, assim, constituía um instrumento contra o titular do direito que deixou de protegê-lo por meio da ação. Pela prescrição, portanto, o que se atinge é a ação.

No direito romano, indicavam-se três fundamentos para a prescrição:

(a) para a não fixação de relações jurídicas incertas;

(b) visando castigar a negligência; e

(c) sempre haver interesse público.

18.2.2 Conceito

Praescripto (do verbo *praescribere*, de *prae* + *scribere*), escrito antes do começo, lembra-nos a parte preliminar (escrita antes) da fórmula em que o pretor romano determinava, ao juiz, a absolvição do réu caso estivesse esgotado o prazo de ação. Uma vez extinto o lapso de tempo para o uso da ação, cabia a exceção de "prescrição temporal", em razão da falta do exercício da ação. Isso se dava no direito pretoriano, pois no direito romano antigo as ações eram perpétuas ou inatingíveis.

Com a evolução do conceito de prescrição, esta passou a significar a extinção da ação pela expiração do prazo de sua duração (exercício tardio da ação). Há necessidade de ter certeza e estabilidade nas relações jurídicas, respeitando o direito adquirido, de acordo com determinado espaço de tempo. O interesse público não se compadece com a incerteza das relações jurídicas, criadora de desarmonia e instabilidade, e é protegido quando se baixam normas de prescrição, evitando que se eternizem, sem solução, as situações duvidosas ou controvertidas. As pretensões tardias são inadmissíveis, trazendo incertezas nas relações humanas.

Trata-se, pois, de um instituto de ordem jurídica que estabiliza as relações jurídicas. Na ordem pública, os fatos que por muito tempo não sofrem contestação adquirem a presunção de se acharem elaborados e terem gerado direito, pelo que não convém aos interesses sociais a modificação de tal situação. Na conhecida frase de Windscheid: "O que durou muito tempo, só por essa razão, parece alguma coisa de sólido e indestrutível".

A prescrição tem um conceito não específico ao direito do trabalho, mas ao ordenamento jurídico pátrio em geral, estando disciplinada na Parte Geral do Código Civil.

O art. 189 do Código Civil mostra que a prescrição não é mais perda do direito da ação, mas perda da exigibilidade do direito ou da pretensão do direito. A decadência também é chamada de caducidade ou de prazo extintivo, importando perda do direito pelo decurso de prazo, e não perda do direito de ação.

Representa a prescrição o fenômeno extintivo de uma ação ajuizável, em razão da inércia de seu titular, durante determinado espaço de tempo que a lei estabeleceu para esse fim. O silêncio da relação jurídica durante um período determinado pela lei significa a perda da pretensão e da correspondente capacidade defensiva. Tem a prescrição um interesse público, visando à harmonia social e ao equilíbrio das relações jurídicas, tuteladas pela ordem pública.

18.2.3 Requisitos da prescrição

Para que ocorra a prescrição, mister se faz a existência dos seguintes pressupostos: existência de uma ação exercitável pelo titular de um direito; inércia desse titular em relação ao uso da ação durante certo tempo; ausência de ato ou fato a que a lei atribua uma função impeditiva (suspensiva ou interruptiva) do curso do prazo prescricional.

18.2.4 Prescrição do direito de ação

Pode-se afirmar que a inércia do titular do direito, em relação ao uso da ação, consolida uma situação a favor de alguém. Discute-se na doutrina se a prescrição atinge o direito ou a ação.

Uma primeira corrente entende que o objeto da prescrição é o direito, o qual desaparece pela falta de defesa para fazê-lo valer. Assim afirmam os adeptos da doutrina ítalo-francesa, com a teoria do "efeito forte" da prescrição, defendida por Coviello, De Ruggiero, Baudry-Lacantieri, Colin e Capitant, Carvalho de Mendonça, Waldemar Ferreira, Caio Mario da Silva Pereira, Orlando Gomes e outros. Para todos eles, a prescrição atinge diretamente a ação e indiretamente o direito por ela protegido. A prescrição é, sem dúvida, da ação.

Todavia, como somente pela ação é que o credor pode exigir, em juízo, a prestação que lhe é devida, prescrita a ação, o credor fica desarmado, sem defesa alguma para fazer valer seu direito. Pela prescrição, portanto, extinguem-se tanto a ação (diretamente) como o direito (indiretamente).

Para a segunda corrente, a prescrição atinge exclusivamente a ação que assegura o direito, permitindo que o direito subsista isoladamente, desprovido do instrumento processual. Com a prescrição, o que desaparece, portanto, é apenas o direito de ação, conforme postulam os civilistas alemães partidários da tradição romana, e muitos outros autores, entre os quais: Barassi, Espínola, Carpenter, Câmara Leal e Clóvis Beviláqua. Para todos eles, a prescrição atinge exclusivamente o direito de ação, deixando incólume o direito, o qual permanece, ainda que desprovido de ação.

O direito de ação não se confunde com o direito que ela protege ou garante, pois é um direito que ela deve proteger. A ação é representada pelo instrumento de que se vale a parte para utilizar a faculdade de movimentar o Poder Judiciário na proteção de determinado interesse individual garantido pela ordem jurídica. A ação é o instrumento escolhido para se obter a tutela jurídica de um direito. Quem tem determinado direito pode exercê-lo ou defendê-lo.

O art. 75 do Código Civil de 1916 previa que "a todo o direito corresponde uma ação, que o assegura". Tinha o sentido de que, sem ação, o direito confunde-se com a norma moral (regra desamparada de qualquer sanção). Em outras palavras, o direito sem ação não seria direito. Prescrita a ação, o direito perde sua virtualidade. A prescrição não impede o direito de ação, pois a ação é direito público, que independe do direito ser devido ou não. Entretanto, esse dispositivo não foi repetido no Código Civil de 2002.

Se o devedor pagar espontaneamente dívida prescrita, tem direito a quitação. Isso mostra que não extingue o próprio direito.

Para o sujeito passivo, uma vez prescrita a pretensão, resta apenas uma obrigação moral de satisfazer à prestação (*naturalis obligatio* ou obrigação judicialmente inexigível), fora do campo do direito. O direito nada tem a ver com o fato de a pessoa desejar prestar uma obrigação por dever de consciência.

O direito, na verdade, é sempre imprescritível, porém o mesmo não ocorre com as parcelas, que prescrevem à medida que o tempo vai passando.

Não estabelecer prazo de prescrição seria entender que o devedor teria de manter indefinidamente os comprovantes de pagamento da dívida.

18.2.5 Arguição

O juiz pode declarar de ofício (sem provocação) prescrição de direitos patrimoniais, como se verifica do inciso II do art. 487 do CPC. Mesmo que no direito do trabalho a maioria das verbas postuladas no processo seja de natureza patrimonial, como os salários etc., poderá o juiz decretar a prescrição de ofício.

18.2.6 FGTS

No que diz respeito às contribuições de natureza tributária, a decadência corresponde ao direito da constituição do referido crédito, importando perda do direito se não for observada. A prescrição seria a perda pretensão ao direito pelo decurso de tempo para a cobrança do crédito pertinente às citadas contribuições.

Os prazos de prescrição e decadência normalmente decorrem da natureza jurídica do instituto a que estão ligados. Se se entender que a contribuição do FGTS tem natureza tributária, os prazos de decadência e prescrição são os previstos no Código Tributário nacional, que é o nosso pensamento, pois inexiste regra específica tratando do tema na CLT. Há necessidade de fazer interpretação não só levando em conta a característica trabalhista ou o ângulo tributário que realmente tem o FGTS, mas também a interpretação sistemática, que será a que melhor compreenderá o instituto em estudo.

Os prazos de prescrição e decadência decorrem da natureza jurídica do FGTS. A dúvida seria quanto ao prazo de prescrição. Sendo tributo, o prazo de prescrição é o do CTN: cinco anos. Não sendo tributo, o prazo prescricional é de 30 anos (§ 5º do art. 23 da Lei n. 8.036).

18.2.7 A prescrição no direito do trabalho

O legislador constituinte versou sobre prescrição no inciso XXIX do art. 7º da Constituição. Dispõe o citado dispositivo: "ação, quanto a créditos resultantes das relações de trabalho, com prazo prescricional de cinco anos para os trabalhadores urbanos e rurais, até o limite de dois anos após a extinção do contrato de trabalho". Não se trata de prazo decadencial, pois a própria Lei

Maior faz referência a prescrição[1]. Nota-se que o constituinte entende que a prescrição é da ação, e não do direito, não se configurando o referido prazo como de decadência.

O certo é que o dispositivo comentado não deveria referir-se a créditos, mas a pretensão, pois o crédito pressupõe um direito reconhecido, o que nem sempre se tem, e será decidido pela Justiça do Trabalho, como assevera Antônio Lamarca[2].

A redação do Projeto "A" da Constituição era melhor que a atual, pois mencionava a "não incidência da prescrição no curso do contrato de trabalho e até dois anos de sua cessação" (art. 7º, XXVI). Assim, segundo essa orientação, não haveria prescrição no curso do contrato de trabalho, e começava a ser contada após a cessação do contrato com prazo de dois anos. Entretanto, não é isso que está escrito atualmente na Constituição, mostrando que a prescrição flui no curso do contrato de trabalho.

Não se pode dizer, porém, que a prescrição é um "direito social" do trabalhador, pois foi colocada como uma forma de o trabalhador perder seus direitos – ou seja, a prescrição extintiva. Como menciona o citado preceito constitucional, a ação refere-se a créditos resultantes das relações de trabalho e não de emprego, com o que atinge também o trabalhador avulso, que não possui contrato de trabalho, mas tem relação de trabalho.

Com relação aos trabalhadores urbano e rural não existem dois prazos de prescrição, mas apenas um: de cinco anos, enquanto o trabalhador estiver no emprego. Após a cessação do contrato de trabalho, terá o empregado dois anos para propor a reclamação trabalhista. Se forem passando os anos, como, por exemplo, um ano após a cessação do contrato de trabalho, o trabalhador terá apenas quatro para reclamar contra o ex-empregador, e assim sucessivamente. Para tanto, porém, deverá ingressar com a ação dentro dos dois anos após a cessação do contrato de trabalho.

Os prazos prescricionais que já haviam sido completados, na vigência do art. 11 da CLT, até 5 de outubro de 1988, não são alcançados pela nova Constituição, pois não poderiam retroagir diante de uma situação já consumada sob a égide da lei anterior. A Súmula 308 do TST confirma essa afirmação:

> A norma constitucional que ampliou a prescrição da ação trabalhista para cinco anos é de aplicação imediata, não atingindo pretensões já alcançadas pela prescrição bienal, quando da promulgação da Constituição de 1988.

---

1. No mesmo sentido o acórdão do TRT da 4ª Região (RO 3683/91, 3ª T., Rel. Juiz Vilson Rodrigues Bilhalva, j. 30-7-1991, *LTr* 56-05/561).
2. LAMARCA, Antônio. Prescrição. *LTr* 53-9/1025.

18.2.8 A prescrição do FGTS para o empregador

Entendia-se que a natureza jurídica do FGTS era de contribuição previdenciária, com base no art. 20 da Lei n. 5.107, e no prazo de prescrição de 30 anos previsto no art. 144 da Lei n. 3.807 (LOPS).

O art. 20 da Lei n. 5.107 estabelecia que cabia à Previdência Social a verificação do cumprimento do recolhimento da contribuição do FGTS e a cobrança administrativa ou judicial, o que era feito pelo IAPAS, "pela mesma forma e com os mesmos privilégios das contribuições devidas à Previdência Social".

O privilégio de cobrança da contribuição previdenciária quanto à prescrição era definido no art. 144 da Lei n. 3.807, que estabelecia: "O direito de receber ou cobrar as importâncias que lhes sejam devidas prescreverá, para as instituições de Previdência Social, em 30 anos".

Tratava-se de um prazo longo, sendo que o legislador talvez tenha tido por objetivo poder ser feita a cobrança em razão da precariedade da fiscalização e do excesso de contribuições a fiscalizar, de modo a não haver prejuízo na arrecadação do referido Fundo. A jurisprudência do TST firmou-se no sentido de que "é trintenária a prescrição do direito de reclamar contra o não recolhimento da contribuição para o FGTS" (Súmula 95 do TST), tomando por base o art. 144 da Lei n. 3.807, combinado com o art. 20 da Lei n. 5.107.

O art. 144 da Lei n. 3.807 (LOPS) foi, porém, revogado pelo CTN[3], que era lei complementar, e disciplinou os prazos de prescrição e decadência para a cobrança de tributos, além do que o mesmo Código determinou a natureza tributária do FGTS no inciso IV do art. 217, ao prevê-lo como outras formas de contribuição.

Para mim, o prazo de prescrição da contribuição do FGTS sempre foi de cinco anos, previsto no art. 174 do CTN para a cobrança dos tributos não pagos pelo empregador, por entender que sua natureza jurídica é tributária, no que diz respeito ao empregador. O extinto TFR já havia decidido no mesmo sentido[4].

---

3. No mesmo sentido: SILVA, Antônio Álvares da. *Prescrição das contribuições do FGTS*. Rio de Janeiro: Aide, 1987, p. 112; MÉLEGA, Luiz. Natureza jurídica da contribuição de Previdência Social. In: MACHADO, Brandão. *Direito tributário*: Estudos em homenagem ao prof. Ruy Barbosa Nogueira. São Paulo: Saraiva, 1984, p. 393. Cita Luiz Mélega, ainda, na mesma obra (p. 393), precedentes jurisprudenciais em que foi relator o Ministro Décio Miranda (Ap. 35.923/RJ; AgP 36.675/MG; AMS 76.153/BA).
4. "Tributário. FGTS. Decadência. Prescrição. CTN, arts. 173, 174, 217, IV. Destinação legal do produto arrecadado, CF, art. 165, XIII. CTN, art. 4º. I. A contribuição do FGTS tem natureza tributária, por isso que, criada por lei, constitui prestação pecuniária compulsória, é cobrada mediante atividade administrativa plenamente vinculada e tem como hipótese de incidência um fato lícito (CTN, art. 3º), estando, ademais, regulada no CTN, art. 217, IV, com a redação do DL 27, de 14-11-66. II. Sujeição da contribuição do FGTS ao regime tributário da Constituição e ao Código Tributário Nacional, inclusive dos prazos de decadência e prescrição. CTN, arts. 173 e 174. III. A contribuição do FGTS destina-se,

A natureza jurídica da contribuição previdenciária – e, por extensão, se poderia chegar à mesma conclusão quanto ao FGTS – era tributária. Assim, o prazo de prescrição era o regulado no art. 174 do CTN, que previa que "a ação para a cobrança do crédito tributário prescreve em cinco anos, contados da data da sua constituição definitiva", que, portanto, revogava o art. 144 da Lei n. 3.807/60.

A Emenda Constitucional n. 8 deu nova redação ao § 1º do art. 21 da Emenda Constitucional n. 1/69, passando a fazer distinção entre tributos e contribuições. O STF passou a entender que, até a Emenda Constitucional n. 8, a contribuição previdenciária – e, por conseguinte, se poderia entender que também a contribuição do FGTS – tinha natureza tributária:

> Contribuições previdenciárias – Prescrição. Firmou-se a jurisprudência no sentido de que anteriormente à Emenda Constitucional n. 8/77 as contribuições previdenciárias possuíam natureza tributária e, assim sendo, o prazo prescricional dentro do qual poderiam ser cobradas era o de 5 anos (RE 110.833-9/SP, Rel. Min. Aldir Passarinho, *DJU* 7-10-1986, p. 19.637)[5].

O § 9º do art. 2º da Lei n. 6.830, de 22 de setembro de 1980, dispondo sobre a cobrança judicial da dívida ativa da Fazenda pública, determinou que "o prazo de cobrança das contribuições previdenciárias continua a ser o estabelecido no art. 144 da Lei n. 3.807, de 26 de agosto de 60". "Continuar" quer dizer "prosseguir, prolongar sem interrupção, fazer com que não se interrompa"[6].

Ocorre que, em nosso entender, o art. 144 da Lei n. 3.807 tinha sido revogado pelo CTN, não podendo a Lei n. 6.830 estabelecer que ele ainda está em vigor. A lei posterior revoga a anterior se for com ela incompatível (§ 1º do art. 2º da Lei de Introdução às Normas do Direito Brasileiro). É o que ocorria com o art. 144 da Lei n. 3.807, pois passava a ser incompatível com o art. 174 do CTN. Não poderia o § 9º do art. 2º da Lei n. 6.830 revigorar o que estava revogado.

Ressalte-se que não se pode dar efeito repristinatório à Lei n. 6.830, pois, inclusive, o § 2º do art. 3º da Lei de Introdução às Normas do Direito Brasileiro determina que, "salvo disposição em contrário, a lei revogada não se restaura por

---

na maioria dos casos, ao empregado. Isto, entretanto, não muda a natureza da contribuição, por isso que está expresso, na lei complementar (CF, art. 18, § 1º), o Código Tributário Nacional, art. 4º, que a natureza específica do tributo é determinada pelo fato gerador da respectiva obrigação, sendo irrelevante para qualificá-la: (a) a denominação e demais características formais adotadas; (b) a destinação legal do produto da sua arrecadação. IV. Recurso improvido" (TFR, 6ª T., AC 158.342/RS, Rel. Min. Carlos Mario da Silva Velloso, *DJU* 5-12-1988, p. 32.217).

5. No mesmo sentido o seguinte acórdão do STF: "Contribuição Previdenciária. Cobrança. Até o advento da Emenda Constitucional n. 8/77 a contribuição previdenciária era considerada de natureza tributária, aplicando-se-lhe a prescrição quinquenal" (STF, RE 110.835-5, 2ª T., Rel. Min. Carlos Madeira, *DJU* 17-10-1986, p. 19.637).
6. FERREIRA. Aurélio Buarque de Holanda. *Novo dicionário da língua portuguesa*. 2. ed. Rio de Janeiro: Nova Fronteira, 1986, p. 464.

ter a lei revogadora perdido a vigência". Entendia-se também que a natureza jurídica da contribuição previdenciária era tributária nesse período, devendo, portanto, observar as disposições do CTN. Os próprios incisos II e IV do art. 217 do CTN indicariam a natureza tributária da contribuição previdenciária e do FGTS.

Não poderia uma lei ordinária (Lei n. 6.830) revogar lei complementar (CTN)[7], que tratava das normas gerais de direito tributário mencionada pela Emenda Constitucional n. 1/69 (§ 1º do art. 18), pois seus campos de atuação eram diversos[8]. Para versar sobre essas normas gerais de direito tributário, deveria ser editada lei complementar, inclusive no que diz respeito ao FGTS e à contribuição de Previdência Social. Isso não poderia ser feito, portanto, por lei ordinária, como se estabeleceu na Lei n. 6.830. Assim, o prazo de prescrição da contribuição previdenciária – e da contribuição do FGTS – só podia ser o de cinco anos previsto no art. 174 do CTN. A Súmula 107 do TFR indicava também o prazo de prescrição de cinco anos.

Se se pretendia dizer que o prazo de prescrição do FGTS ou da contribuição previdenciária era de 30 anos, isso deveria ser feito de maneira expressa ou então a lei deveria revigorar expressamente o art. 144 da Lei n. 3.807, o que não foi feito pelo § 9º do art. 2º da Lei n. 6.830. Este nem mesmo estabeleceu prazo de prescrição, não determinando que o referido prazo seria de tantos anos, apenas mencionou que continuava em vigor aquilo que já estava revogado, isto é, o art. 144 da Lei n. 3.807.

Após a Emenda Constitucional n. 8, o STF, entretanto, em sua composição plena, por maioria de votos, na vigência da Emenda Constitucional n. 1, entendeu que a prescrição é trintenária, por não se tratar o FGTS de tributo:

Fundo de Garantia do Tempo de Serviço. Sua natureza jurídica.

Constituição, art. 165, XIII. Lei n. 5.107. As contribuições para o FGTS não se caracterizam como crédito tributário ou contribuições a tributo equiparáveis. Sua sede está no art. 165, XIII, da Constituição. Assegura-se ao trabalhador estabilidade, ou fundo de garantia equivalente. Dessa garantia, de índole social, promana, assim, a exigibilidade pelo trabalhador do pagamento do FGTS, quando despedido, na forma prevista em lei. Cuida-se de um direito do trabalhador. Dá-lhe o Estado garantia desse pagamento. A contribuição pelo empregador, no caso, deflui do fato de ser ele o sujeito passivo da obrigação, de natureza trabalhista e social, que encontra, na regra constitucional aludida, sua fonte. A atuação do Estado, ou de órgão

---

7. Por força do art. 7º do Ato Complementar n. 36, de 13 de março de 1967, a Lei n. 5.172, de 25 de outubro de 1966, passou a denominar-se Código Tributário Nacional.
8. Antonio Álvares da Silva afirma que a Lei n. 6.830/80, por ser lei ordinária, não poderia invadir o domínio da lei complementar, dispondo sobre matéria de sua competência. Assim, tal norma não poderia alterar o CTN (*Prescrição da contribuição do FGTS*. Rio de Janeiro: Aide, 1987, p. 144). Luis Mélega também entende que o § 9º do art. 2º da Lei n. 6.830 não revigorou o art. 144 da Lei n. 3.807 (op. cit., p. 393).

da Administração Pública, em prol do recolhimento da contribuição do FGTS, não implica torná-lo titular do direito à contribuição, mas, apenas, decorre do cumprimento, pelo Poder Público, de obrigação de fiscalizar e tutelar a garantia assegurada ao empregado optante pelo FGTS. Não exige o Estado, quando aciona o empregador, valores a serem recolhidos ao Erário, como receita pública. Não há aí contribuição de natureza fiscal ou parafiscal. Os depósitos do FGTS pressupõem vínculo jurídico, com disciplina no Direito do Trabalho. Não se aplica às contribuições do FGTS o disposto nos arts. 173 e 174, do CTN. Recurso extraordinário conhecido, por ofensa ao art. 165, XIII, da Constituição, e provido, para afastar a prescrição quinquenal da ação (STF, TP, RE 100.249-2/SP, Rel. Min. Néri da Silveira, j. 2-12-1987, *DJU* 1º-7-1988, p. 16.903, *LTr* 55-05/577)[9].

O Superior Tribunal de Justiça passou a adotar a mesma orientação:

As contribuições pertinentes ao FGTS não têm, na origem como na finalidade, feição de tributo, mas se definem como de caráter eminentemente social, o que já foi proclamado pela egrégia Corte do país. Não se podendo defini-las como tributo, às ditas contribuições não se aplicam, no dizente à prescrição, as normas previstas no Código Tributário Nacional (arts. 173 e 174). Recurso provido, por maioria (STJ, REsp 11.955-0, Ac. 91.0012328-5, 1ª T., Rel. Min. Demócrito Reinaldo, *DJU* 7-6-1993, p. 11.237)[10].

Entende o STJ que as disposições do CTN não se aplicam às contribuições para o FGTS (Súmula 353).

---

9. Outros acórdãos do STF entenderam da mesma forma: "A natureza da contribuição devida ao Fundo de Garantia do Tempo de Serviço foi definida pelo Supremo Tribunal Federal no RE 100.249-RTJ 136/681. Nesse julgamento foi ressaltado seu fim estritamente social de proteção ao trabalhador, aplicando-se-lhe, quanto à prescrição, o prazo trintenário resultante do art. 144 da Lei Orgânica da Previdência Social. Recurso extraordinário conhecido e provido" (STF, RE 117.986-4, Rel. Min. Ilmar Galvão, *DJU* 19-3-1993, p. 4.282).

    "Esta Corte, ao julgar, por seu Plenário, o RE 100.249, firmou o entendimento, em face da Emenda Constitucional n. 1/69, de que as contribuições para o Fundo de garantia do Tempo de Serviço não se caracterizam como créditos tributários ou contribuições equiparáveis a tributos, razão por que não se lhes aplica a prescrição quinquenal prevista no Código Tributário Nacional. Recurso extraordinário conhecido e provido" (STF, RE 116.761-1, Rel. Min. Moreira Alves, *DJU* 2-4-1993, p. 5.622).

    "Fundo de Garantia do Tempo de Serviço (FGTS) – Natureza jurídica – Prescrição – Decadência. Ao julgar, recentemente, o RE 100.249, o Plenário desta Corte, por maioria de votos, entendeu que as contribuições para o Fundo de garantia do Tempo de Serviço (FGTS) não são contribuições previdenciárias, mas, sim, contribuições sociais, que, mesmo antes da EC 8/77, não tinham natureza tributária, razão por que não se lhes aplica o disposto nos arts. 173 e 174 do CTN. Recurso extraordinário conhecido e provido" (RE 114.252-9/SP, Rel. Min. Moreira Alves, *DJU* 11-3-1988, p. 4.747).

10. No mesmo sentido outros acórdãos do STJ: "I. Não se aplica às contribuições do FGTS o disposto nos arts. 173 e 174 do CTN. II. Recurso conhecido e provido para afastar a prescrição quinquenal da ação" (STJ, REsp 11.089-0/MS, 1ª T., Rel. Min. Cesar Rocha, *DJU* 30-8-1993, p. 17.271).

    "As contribuições pertinentes ao FGTS não têm, na origem como na finalidade, feição de tributo, mas se definem como de caráter eminentemente social, o que já foi proclamado pela Egrégia Suprema Corte do País. Não se podendo defini-las como tributo, às ditas contribuições não se aplicam, no condizente à prescrição, as normas previstas no Código Tributário Nacional" (STJ, REsp. 14.959/SP, Rel. Min. Demócrito Reinaldo, *Revista de Direito do Trabalho* 78/115).

Pode-se afirmar que, em relação aos fatos geradores que ocorreram antes da Emenda Constitucional n. 8, o prazo de prescrição era quinquenal, com fundamento no art. 174 do CTN, que revogou o art. 144 da Lei n. 3.807/60. Às contribuições que tiveram fato gerador entre a Emenda Constitucional n. 8/77 e a Lei n. 6.830, de 22 de setembro de 1980, o prazo seria quinquenal, pela incidência do princípio da continuidade das normas jurídicas, pois não havia norma legal especial tratando do tema. Assim, aplicar-se-ia a prescrição contida no art. 174 do CTN, já que o art. 144 da Lei n. 3.807/60 estava revogado. Somente com a Lei n. 6.830 é que o prazo teria passado a ser trintenário, que não é o meu pensamento.

Com a Constituição de 1988, mais se acentua a natureza tributária do FGTS, pois este pode ser enquadrado no art. 149 da mesma norma, em função de se tratar de uma contribuição de intervenção no domínio econômico, que só pode ser estabelecida por lei de iniciativa da União, por ser uma contribuição social.

Há, porém, autores que entendem que o prazo de prescrição da contribuição do FGTS ainda é de 30 anos, como Odonel Urbano Gonçales, dizendo que não houve modificação com a Constituição de 1988, pois "foi preservada a natureza não tributária das contribuições previdenciárias – e, por tabela, das contribuições para o FGTS – e mantida a prescrição estipulada na Lei ordinária".

Entende que entre os tributos descritos na Lei Maior não:

> se encontram as contribuições previdenciárias (do empregador, do empregado, do trabalhador rural ou quaisquer outras). Válido, pois, entender que o legislador constitucional não pretendeu dar às contribuições previdenciárias a natureza de tributo, ainda que essa posição custe o divórcio com o que sustenta a doutrina[11].

A Lei n. 7.839 utilizou outra expressão quanto à prescrição da contribuição para o FGTS, mas alcançou o mesmo resultado. Não mais se dizia que o prazo era o mesmo das contribuições previdenciárias. Passou-se a estabelecer que o levantamento e a fiscalização dos valores devidos ao FGTS eram de competência do Ministério do Trabalho e da Previdência Social (art. 21), "respeitado o privilégio do FGTS à prescrição trintenária" (§ 4º do art. 21)[12].

A Lei n. 8.036 seguiu os mesmos passos da Lei n. 7.839 determinando que o Ministério do Trabalho e da Previdência Social fará a fiscalização dos débitos (art. 23), a Procuradoria-Geral da Fazenda Nacional os cobrará (Lei n. 8.844/94)

---

11. GONÇALES, Odonel Urbano. *Curso de direito do trabalho*. São Paulo: Atlas, 1994, p. 333.
12. Na vigência da Lei n. 7.839, Octavio Bueno Magano já entendia que a contribuição do FGTS estava sujeita à prescrição quinquenal e não trintenária, por entender que sua natureza é tributária e o prazo de prescrição previsto em lei complementar não poderia ser alterado por lei ordinária (Fundo de garantia do tempo de Serviço. In: *Política do trabalho*. São Paulo: LTr, 1992, p. 36).

(art. 2º), "respeitado o privilégio do FGTS à prescrição trintenária" (§ 5º do art. 23 da lei n. 8.036).

Com a edição da Lei n. 8.212, o prazo de prescrição das contribuições previdenciárias passou de 30 anos para 10 anos (art. 46).

O § 5º do art. 23 da Lei n. 8.036 estabeleceu, contudo, que o processo de fiscalização, de autuação e de imposição de multas será o regulado pela CLT, respeitado o privilégio do FGTS à prescrição trintenária. Segundo essa orientação, o prazo de prescrição para a cobrança do FGTS pelo órgão gestor seria de 30 anos.

Entendo, porém, que o FGTS continua tendo a natureza jurídica de tributo, pois pode ser enquadrado na hipótese do art. 149 da Constituição, sendo uma contribuição social, devendo, contudo, observar a alínea *b* do inciso III do art. 146 da Norma Ápice, quando estabelece que os prazos de prescrição e decadência devem ser determinados por lei complementar. No caso, a Lei n. 8.036 não é lei complementar, mas ordinária.

Na verdade, o que caracteriza a natureza jurídica específica do tributo é seu fato gerador, sendo irrelevantes a denominação adotada pela lei e a destinação legal do produto de sua arrecadação (art. 4º do CTN). A arrecadação do tributo pode ser delegada (art. 7º do CTN), o que não desnatura o instituto se a União não arrecada o FGTS, mas o órgão gestor. Logo, o prazo de prescrição para a cobrança do FGTS não recolhido pela empresa continua sendo de cinco anos determinado no art. 174 do CTN, que é a lei complementar à Constituição, mediante a propositura da ação de execução fiscal (Lei n. 6.830), sendo inconstitucional o prazo estabelecido no § 5º do art. 23 da Lei n. 8.036.

A Procuradoria-Geral da Fazenda Nacional tem competência para inscrição da dívida ativa dos débitos para com o FGTS, bem como, diretamente ou por intermédio da Caixa Econômica federal, mediante convênio, para representação judicial e extrajudicial do FGTS, para a correspondente cobrança, relativamente à contribuição e às multas e demais encargos previstos na legislação respectiva (art. 2º da Lei n. 8.844). Isso mostra também que, se a competência é da Procuradoria-Geral da Fazenda Nacional, a natureza da contribuição do FGTS é tributária, pois àquela compete apurar e cobrar dívidas de natureza tributária (art. 12 da Lei Complementar n. 73, de 10-2-1993).

Assim, entendo que o prazo de prescrição para se cobrar a contribuição do FGTS do empregador é de cinco anos, pois tal contribuição é enquadrada no art. 149 da Constituição, tendo natureza tributária. Dessa forma, o prazo de prescrição a observar é o de cinco anos previsto no art. 174 do CTN.

O STJ, contudo, entende que "a ação de cobrança das contribuições para o FGTS prescreve em 30 anos" (Súmula 210).

O STF julgou que são inconstitucionais os prazos de prescrição e decadência descritos nos arts. 45 e 46 da Lei n. 8.212 em relação à contribuição previdenciária (Súmula Vinculante 8 do STF). O raciocínio é o mesmo em relação à contribuição do FGTS, pois tem natureza do tributo e exige que o prazo de prescrição seja regulado em lei complementar e não em lei ordinária.

18.2.9 A prescrição do FGTS para o empregado

A jurisprudência trabalhista tinha várias orientações para aplicação da prescrição do FGTS.

A primeira corrente sustentava que o prazo de prescrição era de dois anos, aplicando-se o art. 11 da CLT. Esse dispositivo rezava que: "Não havendo disposição especial em contrário nesta Consolidação, prescreve em 2 (dois) anos o direito de pleitear a reparação de qualquer ato infringente de dispositivo nela contido".

Tal corrente é vista no seguinte acórdão:

> A prescrição da ação sobre contribuições ao FGTS é de 2 anos, previstos no art. 11 da CLT (TRT 1ª R., 3.652/76, Ac. 2.242/76, 1ª T., j. 1º-12-1976, Rel. juiz Amaro Barreto, *LTr* 41/734).

Observava-se, porém, que havia disposição especial regulando a prescrição contida no art. 20 da Lei n. 5.107, que remetia o intérprete à prescrição trintenária para as contribuições da Previdência Social (art. 144 da Lei n. 3.807).

A segunda corrente sustentava a natureza tributária do FGTS, devendo ser observada a prescrição quinquenal do CTN:

> Os recolhimentos do FGTS são vinculados à sistemática e aos privilégios das contribuições devidas ao INPS, sujeitando-se, portanto, à prescrição quinquenal (TST, RR 3.915/74, Ac. 48/75, 3ª T., Rel. Min. C. A. Barata Silva, j. 20-2-1975, *LTr* 39/661). As contribuições destinadas ao FGTS foram explicitamente mencionadas no art. 217, n. IV, do Código Tributário Nacional. Enquadradas na sistemática daquele Código, não se sujeitam tais contribuições ao prazo bienal de prescrição previsto no art. 11 da CLT, mas ao prazo quinquenal estabelecido pelo art. 174 do mesmo Código Tributário (TRT 2ª R., 5.878/75, Ac. 10.224/75, 3ª T., Rel. Juiz Wilson de Sousa Campos Batalha, j. 3-11-1975, *LTr* 41/642).

No TST, a orientação predominante era de a prescrição ser trintenária, com fundamento no art. 20 da Lei n. 5.107 combinado com o art. 144 da Lei n. 3.807/60:

> A prescrição que incide na hipótese do não depósito do FGTS, por parte do empregador, é a trintenária, por força do que dispõem os arts. 20 da Lei n. 5.107 e 144 da Lei n. 3.807 (TST, ERR 724/73, Rel. Min. Orlando Coutinho, *Revista do TST* de 1973/1974, p. 216-217).

A Súmula 95 do TST orientava-se no sentido de que "é trintenária a prescrição do direito de reclamar contra o não recolhimento da contribuição para o FGTS". Tal verbete foi editado pela Resolução Administrativa n. 44, de 1980.

Os precedentes da Súmula 95 do TST tomaram por base o art. 20 da Lei n. 5.107, que estabelecia que a cobrança da contribuição do FGTS obedeceria à mesma forma e aos mesmos privilégios das contribuições devidas à Previdência Social. Assim, seria o caso de se observar o art. 144 da Lei n. 3.807.

No processo TST RR 2.210/78, houve voto vencido do Ministro Coqueijo Costa dizendo que:

> quanto à prescrição, dúvida não há, mais, de que a quota para o FGTS é, hoje, "contribuição social", como a define o art. 43, X, da CF. Logo, a prescrição há de ser quinquenal, dada a parafiscalidade da contribuição social, e não bienal, como quer a recorrente.

Fazia referência à Emenda n. 8/77, que esta não retirara a natureza tributária da contribuição do FGTS.

Não poderia a Súmula 95 do TST interpretar as normas esquecendo-se das regras de direito tributário a respeito da incidência da contribuição, isto é, sem fazer a interpretação sistemática da legislação.

Explica o art. 109 do CTN que os princípios gerais de direito privado são utilizados para pesquisa da definição, do conteúdo e do alcance de seus institutos, conceitos e formas, mas não para definição dos respectivos efeitos tributários. Poderiam, portanto, ser utilizados os princípios gerais de direito privado no tocante à prescrição, mas nunca para a definição dos efeitos tributários da contribuição do FGTS. Foi alterado, inclusive, o prazo prescricional de cinco anos do CTN para 30 anos, modificando o art. 174 do referido Código.

Com a Constituição de 1988, o FGTS passou a ser um direito do trabalhador (art. 7º, III). O prazo de prescrição para sua cobrança também deve observar os prazos normais do inciso XXIX do art. 7º da Constituição. Dessa forma, não poderia a Lei n. 8.036 tratar diversamente da Constituição e especificar o prazo de prescrição de 30 anos. Se a Lei Maior regula exaustivamente a matéria de prescrição no inciso XXIX do art. 7º, não poderia a lei ordinária tratar o tema de forma diferente.

O direito ao FGTS (art. 7º, III, da Constituição) e a prescrição (art. 7º, XXIX, da Lei Maior) estão no mesmo inciso do art. 7º da Lei Magna. Não se pode, portanto, dizer que o prazo de prescrição do FGTS é diferente dos demais direitos trabalhistas, pois está no mesmo artigo da Constituição que trata dos direitos dos trabalhadores.

Assim, se já estava prescrito o direito de ação do empregado para reclamar qualquer verba trabalhista, não terá, também, direito a reclamar o FGTS, pois passados os dois anos de que trata a Constituição. Entretanto, se o empregado ingressou com a ação no prazo de dois anos, poderá reclamar apenas os últimos cinco anos e não 30 anos.

Quando a Constituição quis estabelecer direitos mínimos, foi clara no sentido de usar as expressões "nunca inferior" (art. 7º, VII), "no mínimo" (art. 7º, XVI e XXI), "pelo menos" (art. 7º, XVII). No inciso XXIX do art. 7º, não foram usadas tais expressões. O constituinte foi preciso no sentido de fixar prazo, que, portanto, não pode ser modificado pela lei ordinária. O FGTS é um crédito resultante da relação de trabalho. Não pode a lei ordinária reduzir ou ampliar o prazo de prescrição previsto na Constituição. O prazo de prescrição constitucional não é um mínimo, que poderia ser ampliado pela legislação ordinária, como o faz a Lei n. 8.036.

Dessa forma, o prazo prescricional é apenas o fixado na Constituição, que, portanto, não pode ser ampliado pela legislação ordinária. Assim, por mais esse ângulo, o § 5º do art. 23 da Lei n. 8.036 é inconstitucional. O mesmo ocorre com o art. 55 do Regulamento do FGTS, determinado pelo Decreto n. 99.684.

A partir da vigência da Lei n. 7.839, a Previdência Social deixou de fiscalizar a contribuição do FGTS, como ocorria na vigência da Lei n. 5.107. A fiscalização da contribuição passou a ser feita pelo Ministério do Trabalho. Por esse motivo, não se pode também aplicar prazo prescricional de 30 anos, até mesmo diante do fato de que a redação original do art. 46 da Lei n. 8.212 reduziu o prazo de prescrição das contribuições previdenciárias para 10 anos.

Não se pode dizer também que o FGTS deriva exclusivamente da relação de trabalho, pois o Imposto de Renda também incide sobre verba decorrente da relação de trabalho e mesmo assim ninguém lhe retira a natureza tributária, que realmente tem.

O art. 17 da Lei n. 8.036 determina que o empregador deve fornecer ao empregado a comunicação dos recolhimentos feitos ao FGTS e repassar-lhe todas as informações sobre suas contas vinculadas recebidas da Caixa Econômica Federal ou dos bancos depositários, o que normalmente é realizado por meio de campo específico nos recibos de pagamento. A Caixa Econômica Federal passou a enviar ao empregado o extrato do recolhimento dos depósitos do FGTS, de modo que o obreiro pode efetivamente acompanhar se o empregador está realizando os depósitos naquele Fundo, o que antes não ocorria, podendo eventualmente ajuizar ação para receber os depósitos. O próprio art. 25 da Lei n. 8.036 permite não só ao empregado ajuizar ação para a cobrança do FGTS, mas também ao sindicato, caso o empregado não queira se indispor com o empregador. Todos esses argumentos mostram também a necessidade de revisão da orientação da Jurisprudência.

Como afirma Amauri Mascaro Nascimento, a existência da informação mensal, por meio do holerite:

> permite o acompanhamento do trabalhador, dos depósitos que estão sendo feitos em sua conta e se correspondem ao percentual da lei (8% dos salários), aspecto que leva à conclusão não coincidente com a da Súmula 95 do TST, cujo mérito está em levar em conta a subordinação do empregado com as inerentes dificuldades para reclamar quando no emprego [que, diante das novas disposições, não mais ocorrem][13].

Divorciado da realidade o acórdão que entende que, "enquanto subsiste o contrato de trabalho, imprescritível é o direito de reclamar contribuições do FGTS, por ser um Fundo equivalente à indenização" (TRT 7ª R., REO 1.750/93, Ac. 3.852, Rel. Juíza Maria Irisman Alves Cidade, j. 9-11-1993, *LTr* 58/599). Tal orientação simplesmente ignora o que está escrito no inciso XXIX do art. 7º da Constituição. O FGTS não corresponde exatamente à indenização, podendo ser pleiteado o recolhimento dos depósitos até mesmo na vigência do contrato de trabalho ou em sua cessação.

Poder-se-ia entender que o prazo de prescrição seria o previsto na Constituição, de dois anos para ajuizar a ação, tendo o empregado, se observado tal prazo, direito de postular verbas fundiárias relativas aos últimos 30 anos, que não é o que penso.

A Súmula 362 do TST esclareceu em parte a questão, afirmando que "extinto o contrato de trabalho, é de dois anos o prazo prescricional para reclamar em juízo o não recolhimento da contribuição do Fundo de Garantia do Tempo de Serviço".

Foi cancelada a Súmula 95 do TST pela Resolução n. 121 do TST, de 28 de outubro de 2003.

Continua, contudo, a discussão se na vigência do contrato de trabalho ou ajuizada a ação no biênio a prescrição é de cinco ou de 30 anos.

O prazo prescricional de dois anos também ocorre em relação ao empregado público, quando houve a instituição do regime jurídico único no âmbito federal (Lei n. 8.112), em que todos os celetistas passaram a ser estatutários, pois houve a extinção do contrato de trabalho (art. 7º, XXIX, *a*, da Constituição), que passou a ser uma relação de trabalho. Assim, havia dois anos para postular diferenças do FGTS. Não o fazendo, está prescrita a ação.

---

13. NASCIMENTO, Amauri Mascaro. *Comentários às leis trabalhistas*. São Paulo: LTr, 1991, p. 41.

Há dualidade de interpretações a respeito de prazos prescricionais, pois a Súmula 362 do TST entende que o prazo prescricional é de dois anos após o término do vínculo de emprego para reclamar o depósito do FGTS. Não o fazendo nesse período, não mais será possível. Entretanto, a Súmula 210 do STJ entende que o prazo para ser cobrada a contribuição pela Procuradoria da Fazenda Nacional é de 30 anos.

Há necessidade de unificação desses prazos, pois o empregador não poderá ficar sujeito a não ser acionado pelo empregado, mas ficar sujeito a ter de recolher a contribuição num prazo de 30 anos, caso seja processado pela Procuradoria da Fazenda Nacional. Os procedimentos contidos na legislação acabam trazendo insegurança jurídica.

O Pleno do STF entendeu que a prescrição do FGTS para o empregado é a prevista no inciso XXIX do art. 7º da Constituição, podendo o autor postular os últimos cinco anos a contar da propositura da ação, e não 30 anos. A modulação dos efeitos da decisão foi estabelecida a partir de 13 de novembro de 2014. Para os casos em que o prazo prescricional iniciou-se antes da data do julgamento, o prazo é de 30 anos. Para os casos em que a prescrição teve início após o julgamento, o prazo é de cinco anos:

> Recurso extraordinário. Direito do Trabalho. Fundo de Garantia por Tempo de Serviço (FGTS). Cobrança de valores não pagos. Prazo prescricional. Prescrição quinquenal. Art. 7º, XXIX, da Constituição. Superação de entendimento anterior sobre prescrição trintenária. Inconstitucionalidade dos arts. 23, § 5º, da Lei 8.036/1990 e 55 do Regulamento do FGTS aprovado pelo Decreto 99.684/1990. Segurança jurídica. Necessidade de modulação dos efeitos da decisão. Art. 27 da Lei 9.868/1999. Declaração de inconstitucionalidade com efeitos *ex nunc*. Recurso extraordinário a que se nega provimento (ARE 709.212/DF, Rel. Min. Gilmar Mendes, j. 13-11-2014, *DJe* 19-2-2015).

O TST mudou a redação da Súmula 362 do TST para se adequar à decisão do STF:

> I – Para os casos em que a ciência da lesão ocorreu a partir de 13-11-2014, é quinquenal a prescrição do direito de reclamar contra o não recolhimento de contribuição para o FGTS, observado o prazo de dois anos após o término do contrato; II – Para os casos em que o prazo prescricional já estava em curso em 13-11-2014, aplica-se o prazo prescricional que se consumar primeiro: trinta anos, contados do termo inicial, ou cinco anos, a partir de 13-11-2014 (STF, ARE 709.212/DF).

Observado o prazo de dois anos após a cessação do contrato de trabalho, o prazo para o trabalhador cobrar o FGTS é de cinco anos.

Em matéria de opção, a Súmula 223 do TST explicitava que "o termo inicial da prescrição para anular a opção do FGTS coincide com a data em que formalizado o ato opcional, e não com a cessação do contrato de trabalho". Todavia, como não há mais opção do FGTS, a Súmula só tem aplicação àqueles que fizerem opção retroativa e tinham tempo de serviço anterior a 5 de outubro de 1988.

18.2.10 A Súmula 206 do TST

O TST considera que a prescrição trintenária do FGTS aplica-se às verbas que já foram pagas ao empregado (Súmula 362 do TST). Se o empregador pagou a remuneração, não recolhendo o FGTS, a prescrição é de 30 anos. Isto é, se o principal não está prescrito, o acessório, que seria o FGTS, também não está. Entretanto, se o principal está prescrito pelo prazo de dois ou cinco anos, estará também prescrito o acessório (o FGTS), não se aplicando o prazo de 30 anos.

Por esse motivo, foi editada a Súmula 206 do TST, por intermédio da Resolução n. 12, de 28 de junho de 1985, esclarecendo que "a prescrição bienal relativa às parcelas remuneratórias alcança o respectivo recolhimento da contribuição para o FGTS". Dessa forma, se o principal já estava prescrito, não há incidência do FGTS sobre o acessório.

Segundo a orientação da Súmula 206 do TST, prescrito o principal, que seriam os salários, estaria prescrito o acessório. Não se poderia deferir o acessório, os depósitos do FGTS, pois o principal já estaria prescrito.

No processo TST RR 4.288/83, o Ministro Marco Aurélio Mendes de Farias Mello dizia que:

> a Lei n. 5.107/66, art. 2º, e o Decreto n. 59.820/66, art. 9º, são explícitos em revelar a natureza acessória do FGTS, pois o percentual de 8% incide sobre "remuneração paga no mês anterior [...]". Portanto, se não há condenação em salário, que é a parcela principal, por se encontrar prescrito o direito de ação para reclamá-lo, não se pode concluir pela persistência do direito de reclamar o acessório, que são os depósitos do FGTS.

No processo TST RR 2.769/83, o Ministro Marco Aurélio Mendes de Farias Mello destacou: "Com o principal prescrevem os direitos acessórios, art. 167 do Código Civil, considerando-se principal a coisa que existe sobre si, abstrata ou concretamente, e acessória aquela cuja existência é da principal".

Argumenta-se que, se não for adotado o entendimento da Súmula 206 do TST, haveria acessório sem existir o principal, o que não seria possível. Os depósitos seriam devidos, embora a remuneração estivesse prescrita. Não há como incidir o FGTS se a remuneração deixa de existir.

Não se pode considerar o FGTS acessório em relação ao principal, que seria a remuneração. A indenização de 40% pode ser considerada acessória ao saque do FGTS, na dispensa do empregado. Inexistindo saque na dispensa, não há direito à indenização de 40%.

O art. 92 do Código Civil de 1916 definia principal como o "bem que existe sobre si, abstrata ou concretamente". Esclarece que acessório é "aquele cuja existência supõe a da principal". Argumenta J. M. de Carvalho Santos que não é o valor, mas o destino dado à coisa ou a natural dependência em que está da outra o que caracteriza sua qualidade acessória[14]. Acessórios são os frutos, como os juros em relação ao capital. Não se pode entender o FGTS como uma coisa, mas como um direito ou uma contribuição, visto pela ótica do empregado ou do empregador.

De outro lado, a coisa acessória é invariavelmente "subordinada ao mesmo direito da coisa principal, por formar com ela um só todo, assumindo a mesma natureza"[15].

Caio Mario da Silva Pereira declara que:

> o bem acessório, pela sua própria existência subordinada, não tem, nesta qualidade, uma valoração autônoma, mas liga-se-lhe o objetivo de completar, como subsidiário, a finalidade econômica da coisa principal[16].

O FGTS não é subordinado à remuneração, para formar com ela uma coisa só, para caracterizar a mesma natureza. Não se trata de algo que vai completar a remuneração, no sentido de que o acessório deveria completar o principal.

Não se pode dizer, também, que há a relação de causa e efeito entre a remuneração e o FGTS, para aplicar-se a regra de que, prescrito o principal (remuneração), estaria prescrito o acessório (FGTS). Afirma Antônio Álvares da Silva que, se há parcela remuneratória e o empregador deixou por um ato ilícito seu de incluí-la no salário para livrar-se da contribuição, não se pode estender a essa situação a prescrição trabalhista, porque são relações jurídicas diferentes, acolhidas e tratadas por princípios heterônomos, que impedem considerá-las na relação principal-acessório[17].

O FGTS tem natureza própria ou é autônomo. O salário é sua base de cálculo. É o que ocorre com a contribuição previdenciária. Não é acessório.

Na verdade, o FGTS não é acessório de nada. Ele tem vida própria e não completa a remuneração. Como se verifica da linguagem adotada pelo Código Civil, o FGTS existe por si. A remuneração é, isso sim, base de cálculo do FGTS.

---

14. SANTOS, J. M. de Carvalho. *Código civil comentado.* Rio de Janeiro: Francisco Alves, 1956, v. 1, p. 233.
15. Id., ibid., v. 2, p. 66.
16. PEREIRA, Caio Mario da Silva. *Instituições de direito civil.* Rio de Janeiro: Aide, 1987, p. 376.
17. SILVA, Antônio Álvares da. *Prescrição das contribuições do FGTS.* Rio de Janeiro: Aide, 1987, p. 165-166.

A orientação mais moderna tem sido, inclusive, no sentido de que "os negócios jurídicos que têm por objeto a coisa principal não abrangem, salvo declaração em contrário, as coisas acessórias", como se verifica do art. 210, 2, do atual Código Civil português, aprovado pelo Decreto-Lei n. 47.344/66.

Ressalte-se, inclusive, que o FGTS é recolhido em certos casos mesmo que não haja pagamento de salário, como no período em que o empregado está prestando serviço militar, por motivo de acidente do trabalho, licença para tratamento de saúde de até 15 dias (art. 28 do Decreto n. 99.684). Logo, não se pode dizer que o FGTS tem significado de acessório em relação à remuneração.

O art. 15 da Lei n. 8.036 indica que o FGTS incide sobre a remuneração paga ou devida. Assim, ainda que ela não tenha sido paga, mas seja devida, incide o FGTS. Isso mostra que não há relação de principal e acessório entre o FGTS e a remuneração.

Aplicando o raciocínio da Súmula 206 do TST, prescreveria a base de cálculo; quando esta não prescreve, o que prescreve é o direito de ação, ou as parcelas não reclamadas dentro de certo tempo.

A prescrição será do direito de ação para reivindicar os depósitos e não de seu levantamento, pois dependendo da hipótese legal o empregado poderá reivindicar seu levantamento, como na aposentadoria.

Seguindo-se a orientação da Súmula 206 do TST – o que não nos parece correto –, é mister interpretá-lo e adaptá-lo aos prazos de prescrição contidos no inciso XXIX do art. 7º da Constituição. Se o empregado está trabalhando, ajuíza ação para reclamar os últimos cinco anos. O não pagamento do principal no período anterior importa acolhimento da prescrição também do FGTS. Ajuizada a ação fora do biênio, não mais estando o empregado a trabalhar na empresa, não pago o principal, estará também prescrito o FGTS.

Prescrito o FGTS, estariam também prescritos os juros, a correção monetária e a multa de mora.

A prescrição da ação para pleitear os juros progressivos sobre os saldos de conta vinculada do FGTS não atinge o fundo de direito, limitando-se às parcelas vencidas (Súmula 398 do STJ).

19
COMPETÊNCIA

O art. 22 da Lei n. 5.107 rezava ser "competente a Justiça do Trabalho para julgar os dissídios entre os empregados e as empresas oriundos da aplicação desta Lei, mesmo quando o BNH e a Previdência Social figurarem no feito como litisconsortes".

A Súmula 179 do TST entendia ser inconstitucional tal disposição legal. A referida interpretação tomava por base o inciso I do art. 119 da Constituição de 1967, que determinava a competência da Justiça Federal quando num dos polos da relação processual estivesse empresa pública ou autarquia federal. O inciso I do art. 125 da Emenda Constitucional n. 1 repetiu a mesma orientação da Lei Magna anterior.

Previa o art. 24 da Lei n. 7.839 que:

é competente a Justiça do Trabalho para julgar os dissídios entre os trabalhadores e os empregadores decorrentes da aplicação desta Lei, mesmo quando o Gestor e o Ministério do Trabalho figurarem como litisconsortes.

O art. 26 da Lei n. 8.036 repete, praticamente, o art. 22 da Lei n. 5.107, tendo a seguinte redação:

É competente a Justiça do Trabalho para julgar os dissídios entre os empregados e as empresas oriundos da aplicação desta Lei, mesmo quando a Caixa Econômica Federal e o Ministério do Trabalho e da Previdência Social figurarem como litisconsortes.

A Caixa Econômica é a agente operadora (art. 7º da Lei n. 8.036) e o Ministério do Trabalho é o competente para fiscalização e imposição de multas (art. 23, *caput* e § 5º, da Lei n. 8.036), o que antes era feito por intermédio do INSS (art. 54 do Decreto n. 99.684/90). No entanto, não é competente a Justiça do Trabalho para julgar questão entre empregado e empregador quando figurarem no polo passivo a Caixa Econômica Federal ou o Ministério do Trabalho como litisconsortes, pois estes últimos não são empregadores, nos termos do art. 114 da Constituição.

Intervindo aquelas pessoas, a competência será da Justiça Federal, que é competente para examinar questões em que forem partes no feito ou interessadas entidade autárquica ou empresa pública federal (art. 109, I, da Constituição).

A Súmula 82 do STJ esclarece que "compete à Justiça Federal, excluídas as reclamações trabalhistas, processar e julgar os feitos relativos à movimentação do FGTS".

Assim, também é inconstitucional o art. 26 da Lei n. 8.036 quando estabelece competência que a Justiça do Trabalho não tem, por força do art. 114, combinado com o inciso I do art. 109, da Constituição, ao mencionar a presença da Caixa Econômica Federal ou do Ministério do Trabalho e Previdência Social atuando no processo como litisconsortes. O parágrafo único do art. 26 da Lei n. 8.036/90 faz referência a empresa sucumbente. Só há sucumbência na sentença e não em acordo.

Nas ações em que representa o FGTS, a CEF, quando sucumbente, não está isenta de reembolsar as custas antecipadas pela parte vencedora (Súmula 462 do STJ). A Súmula 161 do STJ mostra que "é da competência da Justiça Estadual autorizar o levantamento dos valores relativos ao PIS/PASEP e FGTS, em decorrência do falecimento do titular da conta"[1].

O STJ tem entendido que a Caixa Econômica Federal é litisconsorte necessário na ação proposta por mutuário contra agente financeiro visando discutir a legalidade do reajuste das prestações da casa própria (Comp 11.121-8, 1ª S., *DJU* 21-11-1994, p. 31.693). Nesse caso, a competência passa a ser da Justiça Federal para dirimir o feito, pois compreende interesse de empresa pública (art. 109, I, da Constituição).

Não será cabível medida liminar em mandado de segurança, no procedimento cautelar ou em quaisquer outras ações de natureza cautelar ou preventiva, nem a tutela antecipada prevista nos arts. 300 e 497 do CPC que impliquem saque ou movimentação da conta vinculada do trabalhador no FGTS (art. 29-B da Lei n. 8.036). Nas ações entre o FGTS e os titulares de contas vinculadas, bem como naquelas em que figurem os respectivos representantes ou substitutos processuais, não haverá condenação em honorários advocatícios.

A penhora em dinheiro, na execução fundada em título judicial em que se determine crédito complementar de saldo de conta vinculada do FGTS, será feita mediante depósito de recursos do Fundo em conta vinculada em nome do exequente, à disposição do juízo. O valor do depósito só poderá ser movimentado, após liberação judicial, nas hipóteses do art. 20 da Lei n. 8.036, ou para reversão ao Fundo.

---

1. Referência: Lei n. 6.858, de 24-11-1980, art. 1º; Decreto n. 85.845, de 26-3-1981, arts. 1º, parágrafo único, item III, e 2º; CC 4.142/AL (1ª S, j. 2-4-1993, *DJ* 10-5-1993); CC 7.594/SC (1ª S, j. 22-3-1994, *DJ* 25-4-1994); CC 8.457/SC (1ª S. j. 10-5-1994, *DJ* 30-5-1994); CC 8.852/SC (1ª S, j. 17-5-1994, *DJ* 13-6-1994); CC 8.417/SC (1ª S, j. 7-6-1994, *DJ* 2-6-1994); CC 10.912/SP (1ª S, j. 25-10-1994, *DJ* 15-5-1995).

20
FISCALIZAÇÃO DO FGTS

20.1 FISCALIZAÇÃO

O INSS fiscalizava anteriormente o FTTS (art. 54 do Decreto n. 99.684), até mesmo em razão de que os Ministérios estavam fundidos num só: Ministério do Trabalho e da Previdência Social. A Lei n. 8.422, de 13 de maio de 1992, alterou o nome dos Ministérios para Ministério do Trabalho e da Administração e Ministério da Previdência Social. Atualmente, os nomes são Ministério do Trabalho e Emprego e Ministério da Previdência Social, de acordo com a nova organização da Presidência da República. Assim, já se poderia dizer que estava derrogado o art. 23 da Lei n. 8.036, quanto à fiscalização dos depósitos do FGTS pelo INSS.

As Leis n. 7.839 e n. 8.036 não tinham previsão expressa para a cobrança judicial das contribuições devidas ao FGTS, apenas havia a observação do "processo de fiscalização de atuação e de imposição de multas, observado o privilégio do FGTS à prescrição trintenária" (§ 4º do art. 21 da Lei n. 7.839 e § 5º do art. 23 da Lei n. 8.036).

O art. 79 do Decreto n. 99.684 determinava que, até que fosse editada a lei complementar a tratar da Advocacia-Geral da União (art. 29 do ADCT), caberia à Procuradoria-Geral da Fazenda Nacional promover a execução judicial dos créditos da União decorrentes da aplicação de penalidades previstas na Lei n. 8.036/90.

A Lei n. 8.844 esclareceu a competência do Ministério do Trabalho para a fiscalização e a apuração das contribuições ao FGTS, assim como para a aplicação das multas e demais encargos devidos (art. 1º), o que é feito por intermédio dos fiscais do trabalho. Derrogou, portanto, o art. 23 da Lei n. 8.036 no que diz respeito à fiscalização que era feita pelo INSS, que passa a ser realizada pela DRT, por meio dos fiscais do trabalho.

Compete ao Ministério do Trabalho e Previdência a verificação do cumprimento do disposto nesta Lei, especialmente quanto à apuração dos débitos e das infrações praticadas pelos empregadores ou tomadores de serviço, que serão notificados para efetuar e comprovar os depósitos correspondentes e cumprir as demais determinações legais (art. 22 da Lei n.º 8.036/90).

Constituem infrações para efeito da Lei n. 8.036:

I – não depositar mensalmente o percentual referente ao FGTS, bem como os valores previstos no art. 18 da Lei n.º 8.036/90, nos prazos de que trata o § 6º do art. 477 da CLT (multa por atraso no pagamento de verbas rescisórias);

IV – deixar de computar, para efeito de cálculo dos depósitos do FGTS, parcela componente da remuneração;

V – deixar de efetuar os depósitos e os acréscimos legais do FGTS constituído em notificação de débito, no prazo concedido pelo ato de notificação da decisão definitiva exarada no processo administrativo

VI – deixar de apresentar, ou apresentar com erros ou omissões, as informações de que trata o art. 17-A da Lei n. 8.036 e as demais informações legalmente exigíveis;

VII – deixar de apresentar ou de promover a retificação das informações de que trata o art. 17-A da Lei n. 8.036 no prazo concedido na notificação da decisão definitiva exarada no processo administrativo que reconheceu a procedência da notificação de débito decorrente de omissão, de erro, de fraude ou de sonegação constatados

A formalização de parcelamento da integralidade do débito suspende a ação punitiva da infração prevista:

I – no inciso I do § 1º de artigo 23 da Lei n. 8.036/90, quando realizada anteriormente ao início de qualquer processo administrativo ou medida de fiscalização;

II – no inciso V do § 1º do artigo 23 da Lei n.º 8.036/90, quando realizada no prazo nele referido.

A suspensão da ação punitiva prevista no § 1º-A deste artigo será mantida durante a vigência do parcelamento, e a quitação integral dos valores parcelados extinguirá a infração.

Pela infração ao disposto no § 1º do artigo 23 da Lei n. 8.036/90, o infrator estará sujeito às seguintes multas:

b) 30% sobre o débito atualizado apurado pela inspeção do trabalho, confessado pelo empregador ou lançado de ofício, nas hipóteses previstas nos incisos I, IV e V do § 1º deste artigo; e

c) de R$ 100,00 (a R$ 300,00 por trabalhador prejudicado, nas hipóteses previstas nos incisos VI e VII do § 1º deste artigo 23 da Lei n. 8.036/90.

Nos casos de fraude, simulação, artifício, ardil, resistência, embaraço ou desacato à fiscalização, assim como na reincidência, a multa especificada no parágrafo anterior será duplicada, sem prejuízo das demais cominações legais.

Estabelecidas a multa-base e a majoração na forma prevista nos §§ 2º e 3º do artigo 23 da Lei n. 8.036/90, o valor final será reduzido pela metade quando o infrator for empregador doméstico, microempresa ou empresa de pequeno porte.

Os valores das multas, quando não recolhidas no prazo legal, serão atualizados monetariamente até a data de seu efetivo pagamento, através de sua conversão pelo BTN Fiscal.

O processo de fiscalização, de autuação e de imposição de multas reger-se-á pelo disposto no Título VII da CLT. (arts. 626 a 642da CLT).

Quando julgado procedente o recurso interposto na forma do Título VII da CLT, os depósitos efetuados para garantia de instância serão restituídos com os valores atualizados na forma de lei.

A rede arrecadadora e a Caixa Econômica Federal deverão prestar ao Ministério do Trabalho e da Previdência Social as informações necessárias à fiscalização (§ 7.º do art. 23 da Lei n. 8.036/90).

A notificação do empregador relativa aos débitos com o FGTS, o início de procedimento administrativo ou a medida de fiscalização interrompem o prazo prescricional (art. 23-A da Lei n.º 8.036/90).

O contencioso administrativo é causa de suspensão do prazo prescricional.

A data de publicação da liquidação do crédito será considerada como a data de sua constituição definitiva, a partir da qual será retomada a contagem do prazo prescricional.

Todos os documentos relativos às obrigações perante o FGTS, referentes a todo o contrato de trabalho de cada trabalhador, devem ser mantidos à disposição da fiscalização por até cinco anos após o fim de cada contrato

20.2 INFRAÇÕES E MULTAS

Constituem infrações:

(a) não depositar mensalmente o percentual referente ao FGTS, bem como a indenização de 40 ou 20% sobre os depósitos do FGTS, nos prazos de que trata o § 6º do art. 477 da CLT;

(b) omitir as informações sobre a conta vinculada do trabalhador;

(c) apresentar as informações ao Cadastro Nacional do Trabalhador, dos trabalhadores beneficiários, com erros ou omissões;

(d) deixar de computar, para efeito de cálculo dos depósitos do FGTS, parcela componente da remuneração;

(e) deixar de efetuar os depósitos e os acréscimos legais, após notificação pela fiscalização.

O empregador estará sujeito às seguintes multas, por trabalhador prejudicado, pelas infrações cometidas:

(a) de 2 a 5 BTN, no caso das letras *b* e *c*;

(b) de 10 a 100 BTN, no caso das letras *a*, *d*, e *e*.

Nos casos de fraude, simulação, artifício, ardil, resistência, embaraço ou desacato à fiscalização, assim como na reincidência, a multa anteriormente mencionada será duplicada, sem prejuízo das demais cominações legais.

A fraude consiste em o empregador utilizar-se de artifício malicioso para burlar a lei.

A simulação ocorrerá se o empregador, até juntamente com o trabalhador, praticar ato visando à sonegação do FGTS.

O artifício consistirá num disfarce com o fim de não haver a incidência do FGTS, como dizer que o pagamento foi feito a título de ajuda de custo, que não tem a incidência da contribuição e, na verdade, trata-se de pagamento de natureza salarial.

O ardil consistirá em estratagema com a finalidade do não pagamento do FGTS. O embaraço à fiscalização será o emprego de meios de forma a que o fiscal não possa verificar se o FGTS vem sendo recolhido correta e regularmente.

Desacatar é desrespeitar o fiscal quando este está fazendo a fiscalização. A resistência consiste na oposição à execução de ato legal, mediante violência ou ameaça à fiscalização (art. 329 do Código Penal).

Os valores das multas, quando não recolhidas no prazo legal, serão atualizados monetariamente até a data de seu efetivo pagamento.

20.3 PROCEDIMENTOS DE FISCALIZAÇÃO

O inciso V do § 1º do art. 23 da Lei n. 8.036 dispõe que o empregador não poderá deixar de efetuar os depósitos e os acréscimos legais, após notificado pela fiscalização. Assim, a empresa é fiscalizada, dando o fiscal um prazo para que o empregador regularize os depósitos. Após tal prazo, se o empregador não regularizá-los, deverá aplicar multa.

O processo de fiscalização, de autuação e de imposição de multas reger-se-á pelos arts. 626 a 642 da CLT.

Na fiscalização, o empregador deverá fornecer ao fiscal as folhas de pagamento, as relações de empregados, os comprovantes de recolhimentos mensais do FGTS, conforme guia de recolhimento. As entidades de direito público também ficam obrigadas a provar perante a fiscalização que fizeram os depósitos de seus trabalhadores regidos pela CLT.

O fiscal notificará a empresa, lavrando termo no Livro de Inspeção do Trabalho, ou mediante Notificação para Apresentação de Documentos (NAD), a exibir-lhe, no prazo de dois a oito dias, os documentos e livros necessários para o desenvolvimento da ação fiscal, após ter efetuado o levantamento físico e ter entrevistado os trabalhadores, colhendo indicativos de possíveis irregularidades.

Recebido o auto de infração, a empresa tem 10 dias para se defender, caso o desejar. O empregador não poderá apresentar defesa alegando que não fez os depósitos ou que cometeu outra irregularidade em virtude de ato, por exemplo, do gerente do pessoal, pois trata-se de subordinado da empresa, além do que há culpa *in eligendo*, na escolha de funcionário incapaz, que não pode ser entendida como desculpa. Acolhido o recurso interposto pela empresa, os depósitos efetuados para garantia da instância serão restituídos, sendo os valores atualizados na forma da lei.

20.4 COBRANÇA

A Procuradoria-Geral da Fazenda Nacional tem competência para a inscrição em dívida ativa dos débitos para com o FGTS, bem como, diretamente ou por intermédio da Caixa Econômica Federal, mediante convênio, representando judicialmente e extrajudicialmente o FGTS, para a correspondente cobrança relativamente à contribuição e às multas e demais encargos previstos na legislação respectiva.

Entendo que é o caso de se observar a Lei n. 6.830, de 22 de setembro de 1980, pois trata-se de crédito de natureza tributária, pertencente à União, tanto que é feita a cobrança pela Procuradoria-Geral da Fazenda Nacional (art. 2º da Lei n. 8.844, c/c § 4º do art. 2º da Lei n. 6.830).

A competência será da Justiça Federal, pois compreende interesse da União, além de haver interesse de empresa pública federal, que é a Caixa Econômica Federal (art. 109, I, da Constituição). Compete à Justiça Federal ou aos juízes com competência delegada o julgamento das execuções fiscais de contribuições devidas pelo empregador ao FGTS (Súmula 349 do STJ).

Fica isento o FGTS de custas nos processos judiciais de cobrança de seus créditos.

As despesas, inclusive as de sucumbência, que vierem a ser incorridas pela Procuradoria-Geral da Fazenda Nacional e pela Caixa Econômica Federal, para a realização da inscrição em dívida ativa, do ajuizamento e do controle e acompanhamento dos processos judiciais, serão efetuadas a débito do FGTS.

Na cobrança judicial dos créditos do FGTS incidirá um encargo de 10%, que reverterá ao Fundo, para ressarcimento dos custos por ele incorridos, o qual será reduzido para 5%, se o pagamento se der antes do ajuizamento da cobrança (§ 4º do art. 2º da Lei n. 8.844).

20.5 FISCALIZAÇÃO PELO SINDICATO

O sindicato também tem interesse em verificar se o FGTS vem sendo recolhido corretamente pela empresa. O inciso III do art. 8º da Constituição combinado com a alínea *a* do art. 513 da CLT esclarece que o sindicato representa a categoria judicial ou extrajudicialmente. Terá, portanto, o sindicato interesse em que o FGTS venha sendo pago com regularidade pelo empregador em relação a seus empregados.

Poderá o próprio trabalhador, seus dependentes ou sucessores, ou, ainda, o sindicato da categoria do empregado, acionar diretamente a empresa por meio da Justiça do Trabalho, para compeli-la a efetuar o depósito das importâncias devidas nos termos da Lei n. 8.036 (art. 25).

O empregado tem interesse de agir na propositura da ação, pois, em caso de dispensa, terá que ajuizar outra ação, ou, então, para utilizar os depósitos para aquisição de casa própria. Terá também legitimidade, visto que os depósitos lhe pertencem, sendo o titular do direito e o empregador é o obrigado a proceder aos depósitos.

No que diz respeito à possibilidade de ajuizamento da ação pelo sindicato, permitida também pelo mesmo art. 25, trata-se de hipótese de substituição processual[1], pois o sindicato tem autorização legal para ajuizar a ação, substituindo o empregado na reivindicação do FGTS não recolhido. Visa o preceito fazer com que o empregado não necessite ingressar com a ação enquanto está trabalhando na empresa, para não sofrer represálias do empregador ou ser dispensado, sendo substituído pelo sindicato.

---

1. No mesmo sentido: NASCIMENTO, Amauri Mascaro. *Comentários às leis trabalhistas*. São Paulo: LTr, 1991, p. 40; TEIXEIRA FILHO, João de Lima. *Instituições de direito do trabalho*. 14. ed. São Paulo: LTr, 1993, p. 603; OLIVEIRA, Francisco Antonio de. *Comentários aos enunciados do TST*. 3. ed. São Paulo: Revista dos Tribunais, 1996, p. 169.

Usa o art. 25 da Lei n. 8.036 a expressão *seus dependentes e sucessores*. Esses não poderão ajuizar a ação em nome do trabalhador enquanto este estiver vivo. Isso ocorreria se a lei tivesse adotado a expressão trabalhador *ou* seus dependentes *ou* sucessores, pois aí haveria alternatividade das pessoas que poderiam propor a ação. No caso, os dependentes e sucessores só poderão propor a ação para o recolhimento do FGTS na hipótese de o trabalhador falecer, pois, nesse caso, configura-se a questão da dependência e sucessão para os fins do recolhimento do FGTS.

O parágrafo único do art. 25 da Lei n. 8.036 estabelece que a Caixa Econômica Federal e o Ministério do Trabalho deverão ser notificados da propositura de ação do empregado ou do sindicato. O preceito é imperativo, pois a lei emprega a expressão *deverão*.

Assim, proposta a reclamação pelo empregado ou pelo sindicato quanto ao não recolhimento do FGTS, deverão ser notificados a Caixa Econômica Federal e o Ministério do Trabalho. O objetivo da notificação é evitar a possível propositura de outra ação pela Procuradoria-Geral da Fazenda Nacional, correndo ações paralelas, que poderiam implicar a existência de litispendência, deslocamento de competência e decisões distintas. Não é necessária a interveniência da Caixa Econômica ou do Ministério do Trabalho no feito, o que inclusive acarretaria o deslocamento da competência para a Justiça Federal (art. 109, I, da Constituição).

A notificação tem apenas função administrativa e não é condição para o desenvolvimento válido e regular do processo, nem implica nulidade caso assim não se proceda. Trata-se de notificação para mera ciência do ajuizamento da ação, tanto que não será competente a Justiça do Trabalho para dirimir a questão se a Caixa Econômica ou o Ministério do Trabalho intervierem no processo.

Representa mera comunicação para que tomem conhecimento do descumprimento da obrigação de recolher o FGTS e não para que se façam presentes à audiência (TRT 19ª R, AR 97000148-68, Rel. Juiz Inaldo de Souza, j. 18-11-1997, *DO* AL 27 de janeiro de 1998, p. 42).

O ideal seria a notificação ser feita apenas quando do trânsito em julgado da decisão, uma vez que aí haveria a certeza sobre se o FGTS é ou não devido. Não estará, porém, a Procuradoria da Fazenda Nacional impedida de promover a cobrança, pois poderá ser ajuizada ação com esse objetivo.

Nas ações entre o FGTS e os titulares de contas vinculadas, bem como naquelas em que figurem os respectivos representantes ou substitutos processuais, não haverá condenação em honorários advocatícios (art. 29-C da Lei n. 8.036/90).

O STF declarou inconstitucional o art. 29-C da Lei n. 8.036, pois não é matéria urgente ou relevante para ser proposto por medida provisória e é de direito processual (Pleno, ADIn 2736-1, Rel. Min. Cezar Peluso, *DOU* 5-9-2012, p.1).

20.6 PREFERÊNCIA

Eduardo Gabriel Saad afirma que o FGTS não é favorecido pela preferência sobre outro crédito na falência[2]. Gozam, porém, os créditos relativos ao FGTS dos mesmos privilégios atribuídos aos créditos trabalhistas (§ 3º do art. 2º da Lei n. 8.844). O crédito trabalhista é privilegiado na falência até 150 salários mínimos por credor (art. 83, I, da Lei n. 11.101). O que exceder esse crédito é considerado quirografário, que não tem nenhum privilégio.

Se o FGTS vem substituir a indenização prevista nos arts. 477 e s. da CLT, também deve o crédito do empregado gozar de privilégio na forma da lei de falências. Entendo que a indenização de 20 ou 40% também será considerada crédito privilegiado na falência, pois se trata de uma espécie de indenização pelo término do contrato de trabalho, que substitui o sistema da indenização dos arts. 477 e s. da CLT[3].

20.7 CERTIFICADO DE REGULARIDADE

A apresentação do Certificado de Regularidade do FGTS, fornecido pela Caixa Econômica Federal, é obrigatória nas seguintes situações:

(a) habilitação à licitação promovida por órgão da administração federal, estadual e municipal, direta, indireta ou fundacional, ou por entidade controlada direta ou indiretamente pela União, Estado e Município;

(b) obtenção, por parte da União, Estados e Municípios, ou por órgãos da administração federal, estadual e municipal, direta, indireta ou fundacional, ou indiretamente pela União, Estados e Municípios, de empréstimos ou financiamentos em quaisquer entidades financeiras oficiais;

(c) obtenção de favores creditícios, isenções, subsídios, auxílios, outorga ou concessão de serviços ou quaisquer outros benefícios concedidos por órgão da administração federal, estadual e municipal, salvo quando destinados a saldar débitos para com o FGTS;

---

2. SAAD, Eduardo Gabriel. *Comentários à lei do FGTS*. São Paulo: LTr, 1995, p. 312 e 329.
3. Eduardo Gabriel Saad também entende que a indenização incidente sobre os depósitos do FGTS, quando da rescisão contratual, constitui crédito privilegiado do empregado (op. cit., p. 329).

(d) transferência de domicílio para o exterior;

(e) registro ou arquivamento, nos órgãos competentes, de alteração ou distrato de contrato social, de estatuto, ou de qualquer documento que implique modificação na estrutura jurídica do empregador ou em sua extinção.

É vedado às instituições oficiais de crédito conceder empréstimos, financiamentos, dispensa de juros, multa e correção monetária ou qualquer outro benefício a pessoas jurídicas em débito com as contribuições para o FGTS (art. 1º da Lei n. 9.012/95).

A comprovação da quitação com o FGTS dar-se-á mediante apresentação de certidão negativa de débito expedida pela Caixa Econômica Federal.

Os parcelamentos de débitos para com as instituições oficiais de crédito somente serão concedidos mediante a comprovação referida anteriormente.

As pessoas jurídicas em débito com o FGTS não poderão celebrar contratos de prestação de serviços ou realizar transação comercial de compra e venda com qualquer órgão da administração direta, indireta, autárquica e fundacional, bem como participar de concorrência pública.

21
CONCLUSÃO

Este estudo teve sua preocupação voltada para a interpretação e aplicação do FGTS. Ao se tratar da contribuição, houve uma série de problemas de interpretação da lei e suas consequências.

Ao final do trabalho, algumas conclusões merecem destaque, principalmente nos casos em que há divergência doutrinária e jurisprudencial sobre a matéria.

A finalidade principal do FGTS foi proporcionar a dispensa por parte do empregador, tendo este de pagar apenas uma indenização sobre os depósitos do FGTS, liberando-os para o saque.

Assim, a empresa não tinha mais que arcar com a estabilidade do empregado, que, para ser despedido, provocava ônus muito maior, pois só era dispensado mediante inquérito para apuração de falta grave e, caso este não apurasse a falta, o obreiro retornava ao serviço ou tinha direito a indenização em dobro do período trabalhado, o que era muito oneroso para a empresa.

Leciona Amauri Mascaro Nascimento que o FGTS traz um:

> maior incentivo à dispensa do empregado, uma vez que substituiu a estabilidade decenal e a indenização de dispensa sem justa causa. Enquanto os sistemas jurídicos modernos caminham para o maior controle da dispensa imotivada, permite a sua ampliação e a rotatividade da mão de obra[1].

Um dos outros objetivos da instituição do FGTS foi acabar com a estabilidade. Os empresários reivindicavam o fim da estabilidade, pois, segundo seu entendimento, prejudicava a atividade econômica da empresa, pois esta era obrigada a ficar com o empregado estável mesmo contra sua vontade, em razão de que não poderia dispensá-lo.

Afirmava-se que muitos investimentos externos não foram feitos no Brasil em virtude da impossibilidade de o empregador dispensar o empregado com mais de 10 anos de serviço.

Intensifica, porém, o FGTS a rotatividade da mão de obra, pois o empregador pode dispensar o empregado liberando os depósitos do FGTS e pagando a

---

1. NASCIMENTO, Amauri Mascaro. *Iniciação ao direito do trabalho*. 21. ed. São Paulo: LTr, 1994, p. 348.

indenização de 40%, enquanto se o empregado tivesse estabilidade não poderia fazê-lo, salvo mediante apuração de falta grave, em inquérito para esse fim.

Constata-se também, a partir da vigência da Lei n. 5.107, que muitas vezes o empregador dispensa o empregado a fim de substituí-lo por outro, pagando ao último salário inferior, já que deixa de existir a estabilidade.

O empregado estável que optasse pelo FGTS poderia ser dispensado, pois renunciava à estabilidade. O empregador apenas teria de liberar o FGTS acrescido da indenização de 40%.

A lei do FGTS também objetivava impedir os empregados de fazerem acordos com o empregador para serem indenizados. Entretanto, os acordos continuaram a ser feitos, pois muitas vezes o empregado pede demissão e acorda com o empregador ser dispensado, visando sacar os depósitos do fundo.

Perde, portanto, o FGTS um ideal social, até então existente, para ter uma característica econômica, permitindo a dispensa do trabalhador. É correta a afirmação de Antônio Álvares da Silva: "Com o intuito de facilitar a dispensa, transformou-se o tempo de casa em mera conta bancária"[2].

Outros meios protetivos devem ser criados pelo direito de forma a preservar a dignidade da pessoa, a valorização do trabalho, evitando a rotação de mão de obra, que foi institucionalizada pelo FGTS.

Segundo o art. 1º da Lei n. 5.107, visava o FGTS assegurar aos empregados uma garantia pelo tempo de serviço prestado às empresas, mediante opção do empregado. O referido sistema era compatível com a estabilidade decenal. O que, porém, ocorria na prática é que a maioria das empresas não admitia o empregado caso ele não fizesse a opção pelo FGTS, objetivando, assim, que o obreiro deixasse de atingir o tempo suficiente para adquirir a estabilidade.

O empregado, contudo, não tinha liberdade para optar pelo FGTS. O empregador impunha a opção como condição para a admissão ao emprego, visando a que o empregado não viesse futuramente a adquirir estabilidade. O obreiro, em razão de precisar do emprego, optava pelo FGTS.

Nos casos de empregados desqualificados, optava-se entre ficar empregado ou continuar desempregado. A opção, portanto, passou, costumeiramente, a ser regra. Acabava sendo uma espécie de opção forçada, sendo incentivada pelo empregador, pois trocava a permanência do empregado na empresa pelos depósitos do FGTS. O sistema proporcionava, assim, a rotatividade da mão de obra.

---

2. SILVA, Antônio Álvares da. *Proteção contra a dispensa na nova Constituição*. 2. ed. São Paulo: LTr, 1992, p. 256.

Em relação, porém, a empregados mais esclarecidos ou de maior escolaridade, o direito de opção poderia realmente existir, pois o trabalhador poderia obter outro emprego. O empregador, se efetivamente necessitasse do empregado, por ser um técnico altamente especializado, poderia concordar em admiti-lo sem opção ao FGTS, ficando no regime de estabilidade, com indenização.

Nem o FGTS, nem o sistema de indenização ou estabilidade resolveram definitivamente o problema da rotatividade da mão de obra. Ao contrário, o FGTS incentivou essa rotatividade, pois, salvo os casos de direito adquirido à estabilidade, o empregado pode ser dispensado, pagando a empresa apenas a indenização de 40%, as verbas rescisórias e autorizando o levantamento dos depósitos do FGTS.

A estabilidade também acabava estimulando a rotatividade da mão de obra, pois, quando o empregado chegava próximo ao sétimo ou oitavo ano de casa, era dispensado, visando evitar a estabilidade no emprego. A Súmula 26 do TST só considerava obstativa a dispensa quando o empregado alcançava nove anos de serviço na empresa.

Não solucionou o FGTS o problema da segurança do trabalhador no emprego, que era obtida quando adquiria a estabilidade. O empregado passou a ser dispensado para dar lugar a outro que seria contratado com salário inferior.

A instituição do FGTS resolveu um problema para o governo: o de conseguir numerário para o financiamento da política habitacional do país. O governo não tinha recursos para esse fim. Com a criação do FGTS, foram obtidos recursos vultosos para seu caixa, que seriam destinados ao financiamento da política habitacional do país.

Cumpria-se, assim, um fim social de construir habitações e até mesmo incrementava-se a indústria da construção civil. Entretanto, se todos os trabalhadores precisassem retirar os depósitos do FGTS, não haveria numerário suficiente para esse fim, pois está empregado em projetos de habitação popular, com pagamento a longo prazo.

Antes da Constituição de 1988, verificava-se que havia maior facilidade para a dispensa do empregado, pois o empregador liberava os depósitos do FGTS, pagando apenas a indenização de 10% sobre esses depósitos. A Constituição de 1988 dificultou um pouco mais o despedimento do empregado, tornando mais onerosa a indenização devida pelo empregador ao empregado no caso da dispensa. Houve o aumento do valor de indenização para 40% dos depósitos fundiários a ser paga pelo empregador ao obreiro no caso de dispensa (art. 10, I, do ADCT).

Até que a lei complementar prevista no inciso I do art. 7º da Constituição seja editada, esse é o sistema de indenização em caso de dispensa. Para o pequeno empregador, a despesa com a dispensa do empregado é grande, ao ter de pagar a indenização de 40% do FGTS, o aviso-prévio e demais verbas rescisórias e outros direitos assegurados em normas coletivas. Assim, há necessidade de que os empregadores selecionem melhor os empregados a contratar, visando evitar ter de dispensá-los no futuro.

Acaba o FGTS sendo uma forma de flexibilização da dispensa do trabalhador, pois esta não fica impedida, como na estabilidade.

Com a instituição do FGTS e o inciso III do art. 7º da Constituição, o princípio da continuidade do contrato de trabalho sofreu um duro golpe, em razão de que o último dispositivo acabou com a estabilidade e a indenização até então existentes, deixando de haver a opção pelo FGTS para este ser um direito de todo empregado. Passa a existir um único regime: o FGTS. Este proporcionou a descontinuidade do trabalhador na empresa, permitindo a rotação da mão de obra, instituindo a dispensa mediante pagamento de indenização. Representa, portanto, uma forma de incompatibilidade com a continuidade do contrato de trabalho, em razão de deixar de existir a estabilidade.

Impõe o FGTS ao empregador apenas a obrigação de contribuir para o Fundo, sem garantir o emprego para o trabalhador, podendo dispensá-lo sem nenhuma justificativa. Não garante, contudo, o FGTS a obtenção de outro emprego igual ao anterior. Permite uma facilidade para a dispensa do trabalhador, fomentando a rotação de mão de obra.

O tempo de serviço antes de 5 de outubro de 1988 é regido pela estabilidade e indenização. O tempo de serviço a partir de 5 de outubro de 1988 é regido pelo FGTS (art. 14 da Lei n. 5.584/70).

O sistema contido no inciso I do art. 10 do ADCT efetivamente não protege o trabalhador contra a dispensa arbitrária. O empregador acaba preferindo pagar a indenização de 40% do FGTS a manter o contrato de trabalho do empregado. O levantamento do FGTS, com a indenização de 40%, não é a mesma coisa que a garantia do emprego.

Não visa o FGTS efetivamente combater o desemprego, mas proporcionar ao empregado minorar os efeitos do desemprego, de forma temporária, pois tem um valor que pode servir-lhe para sua subsistência enquanto não consegue outra colocação para trabalhar.

Roberto de Oliveira Santos propõe um sistema para evitar dispensas: no primeiro ano de trabalho, o FGTS teria a alíquota de 16%. No segundo ano, a alíquota seria de 15%, até atingir o percentual de 8%. O empregado mais antigo traria menores custos para o empregador, importando na permanência dos empregados mais velhos na empresa, com a respectiva manutenção dos postos de trabalho[3].

O inconveniente é que, com a alíquota alta do FGTS nos primeiros anos do contrato de trabalho, o empregador não teria interesse em contratar novos empregados, pois, somando-se com os demais encargos sociais, ficaria muito oneroso o custo para a empresa.

A estabilidade no emprego não pode ser absoluta, tornando extremamente rígida a possibilidade da rescisão do contrato de trabalho, principalmente quando há necessidade de o empregador dispensar empregados por motivos econômicos e financeiros ou em razão da conjuntura econômica, da globalização, da incapacidade técnica do próprio obreiro, de modo, inclusive, a poder exercitar a livre iniciativa de que trata o art. 170 da Constituição.

O FGTS vem, de certa forma, flexibilizar a possibilidade da dispensa, mediante o pagamento de indenização pelo tempo de serviço. Esse é o sistema jurídico adotado no Brasil, como se vê, inclusive, do inciso I do art. 10 do ADCT.

O FGTS não garante o tempo de serviço e proporciona insegurança no emprego, pois o empregado não tem estabilidade. Tem instabilidade.

O inciso I do art. 7º da Constituição não é uma norma constitucional de eficácia plena, dependendo de lei complementar para que possa ter aplicabilidade integral. Deveria ser efetivamente regulamentado, por meio de lei complementar, para limitar o direito potestativo do empregador de dispensar o empregado, que somente poderia ser exercitado por motivos realmente relevantes, como econômicos, financeiros, operacionais, técnicos e disciplinares.

Tem a contribuição do FGTS natureza jurídica pública, estando enquadrada no art. 149 da Constituição, sendo a União que a exige. Trata-se de uma contribuição social, de intervenção no domínio econômico.

Entendo que, para o empregador, a natureza jurídica do FGTS é de tributo, havendo prazo de prescrição de cinco anos para sua cobrança (art. 174 do CTN).

Para o empregado, trata-se de um direito, previsto no inciso III do art. 7º da Constituição.

As normas prescricionais esculpidas na Constituição de 1988 vieram alterar o prazo prescricional para o empregado urbano, que passou de dois anos para cinco anos, até o limite de dois anos, após a cessação do contrato de trabalho.

---

3. SANTOS, Roberto de Oliveira. *Trabalho e sociedade na lei brasileira*. São Paulo: LTr, 1993, p. 264.

Assim, se o empregado urbano ingressar com a ação dentro dos dois anos da data da cessação do contrato de trabalho, poderá reclamar os últimos cinco anos, dependendo da hipótese.

O prazo de prescrição para a cobrança do FGTS pelo empregado é o contido no inciso XXIX do art. 7º da Lei Maior. O empregado terá dois anos para entrar com ação, podendo reclamar os últimos cinco anos, coincidindo com a orientação do parágrafo anterior.

O legislador criou situações estranhas ao determinar na Constituição que o empregado tem dois anos para ajuizar a ação para postular seus créditos trabalhistas, a contar da cessação do contrato de trabalho e cinco anos caso este persista. Em contrapartida, determinou a prescrição trintenária para a cobrança do FGTS. Deu, portanto, soluções diferentes para a mesma situação jurídica.

O prazo de decadência é de cinco anos para ser constituído o crédito da contribuição do FGTS. O prazo de prescrição para a cobrança da contribuição do FGTS é cinco anos para a Procuradoria da Fazenda Nacional ajuizar a ação para cobrá-la. É inconstitucional o prazo de 30 anos de prescrição contido no § 5º do art. 23 da Lei n. 8.036.

Verificou-se, do que foi estudado em relação ao FGTS, que este é um instituto complexo, que tem regras pertinentes ao Direito do Trabalho, no que diz respeito a ser um direito do empregado, além de regras relativas ao Direito Tributário, pois a contribuição do FGTS tem natureza tributária. Há, portanto, necessidade de fazer interpretação sistemática do FGTS, levando-se em consideração as duas disciplinas anteriormente mencionadas.

Em futura reforma constitucional, não deveriam constar da Constituição prazos de prescrição. Trata-se de matéria pertinente à lei ordinária, e não à norma constitucional. Nesta, deveriam constar apenas princípios ou regras gerais básicas trabalhistas e não prazos de prescrição, adicional de horas extras, prazo de aviso-prévio e assim por diante.

O prazo de prescrição do FGTS não pode ser excessivamente longo, como se quer com o prazo de 30 anos, pois prolonga o estado de incerteza da relação em que estavam as pessoas, uma vez que a prescrição é um meio de estabilização das relações jurídicas. Não poderá ser muito curto, sob pena de o titular do direito não poder exercê-lo.

Enquanto o sistema de indenização não tinha prescrição em relação aos anos trabalhados pelo empregado, pois o fato gerador era a dispensa, o sistema de FGTS tem prescrição das verbas anteriores a cinco anos à propositura da ação, abrangendo inclusive os depósitos.

O FGTS representa um custo para as empresas. No Mercosul, nenhum país-membro desse acordo tem o FGTS. Isso implica custo de mão de obra maior no Brasil do que nos demais países pertencentes ao Mercosul, podendo as empresas preferir se instalar nos outros países e não no nosso.

Recomendaria que houvesse na legislação algumas modificações. A legislação que trata de contribuições deveria ser uniforme a respeito da incidência sobre remuneração. Não é possível que a legislação previdenciária e a do FGTS tenham ou não incidência sobre conceitos diversos de remuneração. Este deveria ser único para que não houvesse divergência de interpretação.

O percentual da indenização do FGTS poderia ser estabelecido de maneira a verificar o número de anos de serviço do empregado na empresa. Exemplo: quem tem até dois anos de empresa, 40%. De dois a cinco anos, 50%. Acima de cinco até 10 anos, 70%. Acima de 10 anos, 100%, de modo que o empregado que trabalhou um maior número de anos na empresa tivesse indenização maior, quando de seu despedimento pelo empregador.

Seria razoável que a indenização do FGTS fosse reduzida à metade da normal caso fossem comprovados motivos técnicos, financeiros ou operacionais da empresa. Não provada a causa, o empregador pagaria a indenização normal em dobro.

O prazo de prescrição deveria ser unificado em, por exemplo, cinco anos, tanto para o empregado ajuizar ação, como para o Fisco cobrar a contribuição, visando evitar a dualidade de prazos: um para o empregado cobrar na Justiça do Trabalho o Fundo e outro para o Fisco exigir a contribuição, de modo que não houvesse divergência de interpretação a respeito da matéria e insegurança jurídica, além de a Justiça emitir pronunciamentos contraditórios quanto ao prazo de prescrição, que só trazem insegurança jurídica aos jurisdicionados e à sociedade.

Para o empregado, o prazo deveria ser contado a partir do término do contrato de trabalho e não da data em que a prestação poderia ser exigida, pois sabe-se que durante a vigência do contrato de trabalho o empregado não ajuíza a ação, com receio de sofrer alguma represália do empregador, como de ser dispensado, visto que está sob estado de sujeição ao poder de direção do empregador.

Assim, o prazo de cinco anos anteriormente referido poderia ser contado a partir da data da cessação do contrato de trabalho, tanto para o empregado como para o Fisco exigir do empregador o recolhimento do FGTS, como medida de proteção ao obreiro. A lei deveria estabelecer a obrigação de a empresa afixar no quadro de avisos a guia em que foi recolhido o FGTS e a respectiva relação de empregados, além de se enviar cópia da guia à entidade sindical, visando a que o próprio empregado e o sindicato verifiquem se o FGTS vem sendo recolhido mensalmente.

21.1 TABELA DE INCIDÊNCIAS (INSS, FGTS E IRF)

Rubricas	Incidências		
	INSS	FGTS	IR
Abono • de qualquer natureza, salvo o de férias	sim art. 28, I, da Lei n. 8.212	sim art. 15 da Lei n. 8.036	sim arts. 3º e 7º da Lei n. 7.713
• pecuniário de férias até 20 dias	não art. 28, § 9º, e, 6, da Lei n. 8.212	não art. 144 da CLT	sim arts. 3º e 7º da Lei n. 7.713
Adicionais Insalubridade, periculosidade, noturno, de função e tempo de serviço, de transferência, horas extras	sim art. 28, I, da Lei n. 8.212	sim art. 15 da Lei n. 8.036, Súmulas 60 e 63 do TST	sim arts. 3º e 7º da Lei n. 7.713
Ajuda de custo	não art. 28, § 9º, g, da Lei n. 8.212 e § 2º do art. 457 da CLT	não art. 15 da Lei n. 8.036	somente não incide em relação à destinada a atender a despesas de transporte e locomoção (art. 6º, XX, da Lei n. 7.713)
Auxílio-doença (apenas incide sobre os 15 primeiros dias pagos pela empresa)	sim art. 28 da Lei n. 8.212	sim art. 15 da lei n. 8.036	sim arts. 3º e 7º da Lei n. 7.713
Aviso-prévio • indenizado	não	sim art. 15 da Lei n. 8.036, Súmula 305 do TST	não art. 6º, V, da Lei n. 7.713
• trabalhado	sim art. 28, I, da Lei n. 8.212	sim art. 15 da Lei n. 8.036, Súmula 305 do TST	sim arts. 3º e 7º da Lei n. 7.713

Rubricas	Incidências		
	INSS	FGTS	IR
Comissões	sim art. 28, I, da Lei n. 8.212	sim art. 15 da Lei n. 8.036	sim arts. 3º e 7º da Lei n. 7.713
13º salário • 1ª parcela	não art. 214, § 6º, do RPS	sim art. 15 da Lei n. 8.036	não art. 26 da Lei n. 7.713
• 2ª parcela proporcional não incide INSS sobre a parcela do 13º salário correspondente ao aviso-prévio indenizado	sim art. 28, § 7º, da Lei n. 8.212	sim art. 15 da lei n. 8.036	sim art. 5º da Lei n. 7.959, art. 16, II, da Lei n. 8.134/90

21 • CONCLUSÃO

Rubricas	Incidências		
	INSS	FGTS	IR
Demissão • voluntária • incentivada	não art. 28, § 9º, e, 5 da Lei n. 8.212	não art. 15, § 6º, da Lei n. 8.036	não Súmula 215 do STJ
Diárias • até 50% do salário	não art. 28, § 9º, h, da Lei n. 8.212	não art. 15 da Lei n. 8.036	não incide em relação às destinadas ao pagamento de despesas de alimentação e pousada, por serviço eventual realizado em Município diferente do da sede de trabalho, inclusive no exterior
• acima de 50%	sim art. 28, § 8º, a, da Lei n. 8.212	sim art. 15 da Lei n. 8.036	art. 6º, II, da Lei n. 7.713
Estagiários	não art. 28, § 9º, i, da Lei n. 8.212	não art. 15 da Lei n. 8.036	sim arts. 3º e 7º da Lei n. 7.713
Férias • indenizadas + 1/3 ou proporcional	não art. 28, § 9º, d, da Lei n. 8.212	não art. 15 da Lei n. 8.036	não arts. 3º e 7º da Lei n. 7.713, Súmula 386 do STJ
• normais (inclusive coletivas) + 1/3	sim art. 28, I, da Lei n. 8.212	sim art. 15 da Lei n. 8.036	sim arts. 3º e 7º da Lei n. 7.713

Rubricas	Incidências		
	INSS	FGTS	IR
Férias • dobra	não art. 28, § 9º, d, da Lei n. 8.212	não art. 15 da Lei n. 8.036	sim arts. 3º e 7º da Lei n. 7.713
Fretes e carretos pagos a PF	sim art. 22, III, Lei n. 8.212	não art. 15 da Lei n. 8.036	sim arts. 3º e 7º da Lei n. 7.713
Fretes e carretos pagos a PJ	não	não art. 15 da Lei n. 8.036	não art. 3º, Decreto-Lei n. 1.625/78
Gorjetas	sim art. 28, I, da Lei n. 8.212	sim art. 15 daLei n. 8.036	sim arts. 3º e 7º da Lei n. 7.713
Gratificação	sim art. 28 da Lei n. 8.212	sim art. 15 da Lei n. 8.036	sim arts. 3º e 7º da Lei n. 7.713

Horas extras	sim art. 28, I, da Lei n. 8.212	sim art. 15 da Lei n. 8.036	sim arts. 3º e 7º da Lei n. 7.713
Indenização em geral por tempo de serviço, art. 479 da CLT	não art. 28, § 9º, da Lei n. 8.212	não art. 15 da Lei n. 8.036	não art. 6º, V, da Lei n. 7.713
Indenização adicional (art. 9º da Lei n. 7.238/84)	não art. 28, § 9º, *e*, 9, da Lei n. 8.212	não art. 15 da Lei n. 8.036	não art. 6º, V, da Lei n. 7.713
Menor assistido (Programa do Bom Menino)	não art. 13, parágrafo único, do Decreto n. 94.338/87	não art. 13, parágrafo único, do Decreto n. 94.338/87	sim arts. 3º e 7º da Lei n. 7.713
Multa art. 477, § 8º, da CLT	não art. 28, § 9º, X, da Lei n. 8.212	não art. 15 da Lei n. 8.036	não
Participação nos lucros	não art. 28, § 9º, *j*, da Lei n. 8.212, art. 20 da Lei n. 9.711/98	não art. 3º da Lei n. 10.101	sim arts. 3º e 7º da Lei n. 7.713 e art. 3º, § 5º, da Lei n. 10.101

Rubricas	Incidências		
	INSS	FGTS	IR
Percentagens	sim art. 28, I, da Lei n. 8.212	sim art. 15 da Lei n. 8.036	sim arts. 3º e 7º da Lei n. 7.713
Prêmios	sim art. 28, I, da Lei n. 8.212	sim art. 15 da Lei n. 8.036	sim arts. 3º e 7º da Lei n. 7.713
Quebra de caixa	sim art. 28, I, da Lei n. 8.212	não art. 15 da Lei n. 8.036	sim art. 7º, § 1º, da Lei n. 7.713
Retiradas de diretores empregados	sim art. 28, I, da Lei n. 8.212	sim art. 15 da Lei n. 8.036	sim arts. 3º e 7º da Lei n. 7.713
Retiradas de diretores proprietários	sim art. 22, III, da Lei n. 8.212	é facultativo art. 16 da Lei n. 8.036	sim arts. 3º e 7º da Lei n. 7.713
Retiradas de titulares de firma individual	sim art. 22, III, da Lei n. 8.212	é facultativo art. 16 da Lei n. 8.036	sim arts. 3º e 7º da Lei n. 7.713

Salário	sim art. 28, I, da Lei n. 8.212	sim art. 15 da Lei n. 8.036	sim arts. 3º e 7º da Lei n. 7.713
Salário-família	não art. 28, § 9º, *a*, da Lei n. 8.212	não art. 15 da Lei n. 8.036	não art. 25 da Lei n. 8.218
Salário-maternidade	sim art. 28, § 2º, da Lei n. 8.212	sim art. 28, IV, do RFGTS	sim arts. 3º e 7º da Lei n. 7.713
Serviços de autônomos	sim art. 22, III, da Lei n. 8.212	não art. 15 da Lei n. 8.036	sim arts. 3º e 7º da Lei n. 7.713
Vale-transporte	não art. 28, § 9º, *f*, da Lei n. 8.212	não art. 2º, *b*, da Lei n. 7.418	não art. 6º, I, da Lei n. 7.713

REFERÊNCIAS BIBLIOGRÁFICAS

ATALIBA, Geraldo. *Hipótese de incidência tributária*. 3. ed. São Paulo: Revista dos Tribunais, 1984; 6. ed. São Paulo: Malheiros, 1997.

_____. *Hipótese de incidência tributária*. 6. ed. São Paulo: Malheiros, 1997.

BALEEIRO, Aliomar. *Uma introdução à ciência das finanças*. 12. ed. Rio de Janeiro: Forense, 1978.

BAMBIER, Claude. *Les impôts en France*. Paris: Dalloz, 1983.

BARRETO, Amaro. *Teoria e prática do FGTS*. São Paulo: Trabalhistas, 1974.

BATALHA, Wilson de Souza Campos; RODRIGUES NETTO, Sílvia M. L. Batalha de. *Prescrição e decadência no direito do trabalho*. São Paulo: LTr, 1996.

BEVILÁQUA, Clóvis. *Teoria geral do direito civil*. 2. ed. Rio de Janeiro: Rio, 1980.

BOOTH, Neil D. *Social security contributions*. Londres: Butterworth, 1982.

BOTALLO, Eduardo Domingos. Breves considerações sobre a natureza das contribuições sociais e algumas de suas decorrências. in: ROCHA, Valdir de Oliveira (Coord.). *Contribuições sociais*: Questões polêmicas. São Paulo: Dialética, 1995.

BROADWAY, Robin W.; KITCHEN, Harry M. *Canadian tax policy*. Toronto: Canadian Tax Foundation, 1984.

CARRAZZA, Roque Antonio. *Curso de direito constitucional tributário*. 3. ed. São Paulo: Revista dos Tribunais, 1991; 9. ed. São Paulo: Malheiros, 1997.

_____. *Curso de direito constitucional tributário*. 9. ed. São Paulo: Malheiros, 1997.

CARVALHO, Paulo de Barros. *Curso de direito tributário*. 4. ed. São Paulo: Saraiva, 1991.

CATHARINO, José Martins. FGTS e a nova Constituição. *Repertório IOB de Jurisprudência*, n. 1/89, texto 2/2.073, jan. 1989.

CHAVES, Antonio. *Tratado de direito civil*. 3. ed. São Paulo: Revista dos Tribunais, 1982. t. 2.

COUTURIER, Gérard. *Droit du travail*. Paris: Presses Universitaires de France, 1993. v. 1.

COX, Archibald; CURTIS, Bok. *Labor Law, cases and material*. Brooklyn: Foundation Press, 1962.

DESJARDINS, Bernardette et al. *Le nouveau code du travail annotté*. Paris: La Villeguérin Editions, 1994.

DUVERGER, Maurice. *Institutions financières*. Paris: Presses Universitaires, 1956.

FERNANDES, Antonio de Lemos Monteiro. *Direito do trabalho*. Coimbra: Almedina, 1992.

FERREIRA, Pinto. *Comentários à Constituição brasileira*. São Paulo: Saraiva, 1992. v. 5.

FERREIRA, Waldemar. *História do direito brasileiro*. São Paulo: Saraiva, 1962. v. 1.

FONROUGE, Giuliani. *Derecho financiero*. 3. ed. Buenos Aires: Depalma, 1962. v. 1.

GOMES, Orlando; GOTTSCHALK, Elson. *Curso de direito do trabalho*. 12. ed. Rio de Janeiro: Forense, 1991.

GONÇALES, Odonel Urbano. *Curso de direito do trabalho*. São Paulo: Atlas, 1994.

GONÇALVES, Nair Lemos. Natureza jurídica dos depósitos do Fundo de Garantia por Tempo de Serviço. *Revista LTr*, n. 41, São Paulo, jan. 1977.

GOTTSCHALK, Elson. Natureza jurídica da indenização da lei do FGTS. *Revista LTr*, n. 38/819, São Paulo, jan. 1974.

GUIMARÃES, Carlos da Rocha. *Prescrição e decadência*. 2. ed. Rio de Janeiro: Forense, 1984.

GUITTON, Henri. *Economia política*. 2. ed. São Paulo: Fundo de Cultura, 1961. v. 3.

HUECK, Alfred; NIPPERDEY, H. C. *Compendio de derecho del trabajo*. Madri: Revista de Derecho Privado, 1963.

INGROSSO, Giovanni. *I contributi nel sistema tributario italiano*. Nápoles: Casa Editrice Dott. Eugenio Jovene, 1964.

JÈZE, Gaston. *Cours élémentaire de science des finances et de législation financière française*. 5. ed. Paris: M. Giard & Brieère, 1912.

JUSTI, Johan Heinrich Gottlob von. *Systems des finanzwesens*. Halle: Aale, 1969.

LAMARCA, Antônio. Prescrição. *Revista LTr*, São Paulo, 53-9/1.025.

MACHADO, Hugo de Brito. *Curso de direito tributário*. 12. ed. São Paulo: Malheiros, 1997.

MAGANO, Octavio Bueno. O FGTS e a nova Constituição. *Repertório IOB de Jurisprudência*, n. 24/88, texto 2/2.020, dez. 1988.

____. Fundo de Garantia do Tempo de Serviço. *Repertório IOB de Jurisprudência*, n. 2/90, jan. 1990.

____. *Política do trabalho*. São Paulo: LTr, 1992. v. 1; 1995. v. 2.

____. *Manual de direito individual do trabalho*. 2. ed. São Paulo: LTr, 1986; 4. ed. 1993.

MARTINEZ, Wladimir Novaes. *O salário de contribuição na lei básica da previdência social*. São Paulo: LTr, 1993.

MARTINS, Ives Gandra da Silva. *Sistema tributário na Constituição de 1988*. 2. ed. São Paulo: Saraiva, 1990.

MARTINS, Sergio Pinto. *Direito da seguridade social*. 42. ed. São Paulo: Saraiva, 2024.

____. *Direito do trabalho*. 40. ed. São Paulo: Saraiva, 2024.

____. *Participação dos empregados nos lucros das empresas*. 5. ed. São Paulo: Saraiva, 2020.

_____. A multa do FGTS e o levantamento dos depósitos para aquisição de moradia. *Orientador Trabalhista Mapa Fiscal*, n. 7/91.

_____. Natureza jurídica e prazo do FGTS e prazo de prescrição. *Orientador Trabalhista Mapa Fiscal*, n. 4/96.

_____. Multa de 20% pelo não recolhimento do FGTS no prazo legal. *Revista Literária de Direito*, maio/jun. 1997.

_____. Depósito do FGTS e da indenização na conta vinculada do obreiro na rescisão do contrato de trabalho. *Orientador Trabalhista Mapa Fiscal*, n. 11/97.

_____. Prescrição do FGTS para o empregado. *Repertório IOB de Jurisprudência*, n. 13/99, texto 2/14.968.

_____. Diferença da indenização de 40% sobre os depósitos do FGTS em decorrência de expurgos inflacionários. Orientador Trabalhista Mapa Fiscal n.º 2/2001, p. 3.

_____. Incidência do FGTS sobre remuneração de empregado transferido para o exterior. Orientador Trabalhista, n.º 8/09, p. 3.

_____. Atualização monetária do FGTS, Suplemento Trabalhista LTr, 052/14, p. 237; Revista Síntese Trabalhista e Previdenciária, n.º 302, agosto/14, p. 48; Orientador Trabalhista IOB, mai/14, p. 3; Revista Magister de Direito do Trabalho, n.º 59, março/abril/2014, p. 39; Repertório IOB 2/33614, outubro/14, n.º 19, vol. II, p. 627.

_____. FGTS e seguro-desemprego do empregado doméstico, Repertório IOB de Jurisprudência, n.º 3/2000, texto 2/15729.

MEIRELLES, Hely Lopes. *Direito administrativo brasileiro*. 16. ed. São Paulo: Revista dos Tribunais, 1991; 22. ed. São Paulo: Malheiros, 1997.

_____. *Direito administrativo brasileiro*. 22. ed. São Paulo: Malheiros, 1997.

MÉLEGA, Luiz. Algumas reflexões sobre o regime jurídico das contribuições na Carta Política de 1988. *Direito Tributário Atual*, n. 11/12, São Paulo: Resenha Tributária, 1992.

MELO, José Eduardo Soares de. Contribuições sociais. In: ROCHA, Valdir de Oliveira (Coord.). *Contribuições sociais*: Questões polêmicas. São Paulo: Dialética, 1995.

MENDONÇA, J. X. Carvalho de. *Tratado de direito comercial brasileiro*. Rio de Janeiro: Freitas Bastos, 1938. t. VI.

MIRABEAU, Victor Riqueti de. *Théorie de l'impôt*. Halle: Aale, 1972.

MONTEIRO, Washington de Barros. *Curso de direito civil*. 18. ed. São Paulo: Saraiva, 1983.

MORAES, Bernardo Ribeiro de. *Compêndio de direito tributário*. Rio de Janeiro: Forense, 1993.

NASCIMENTO, Amauri Mascaro. *Iniciação ao direito do trabalho*. 21. ed. São Paulo: LTr, 1994.

_____. *Iniciação ao direito do trabalho*. 14. ed. São Paulo: LTr, 1989.

_____. *Teoria jurídica do salário*. São Paulo: LTr, 1994.

_____. *Comentários às leis trabalhistas*. São Paulo: LTr, 1991.

NEVES, Celso. *Comentários ao Código de Processo Civil*. Rio de Janeiro: Forense, s.d. v. 7.

NOGUEIRA, Ruy Barbosa. *Curso de direito tributário*. 4. ed. São Paulo: IBDT, 1976.

OLIVEIRA, Fabio Leopoldo de. *Curso expositivo de direito do trabalho*. São Paulo: LTr, 1991.

____. *Introdução elementar ao estudo do salário social no Brasil*. São Paulo: LTr, 1974.

OLIVEIRA, Francisco Antônio de. *Comentários aos enunciados do TST*. 3. ed. São Paulo: RT, 1996.

OLLIER, Pierre. *Le droit du travail*. Paris: Armand Colin, 1972.

PEREIRA, Caio Mario da Silva. *Instituições de direito civil*. Rio de Janeiro: Forense, 1966.

PEREIRA, José Luciano de Castilho. O FGTS sobre parcelas salariais prescritas. *Revista Anamatra*. Belo Horizonte: Anamatra, ago. 1985.

PEREIRA e SOUSA, Joaquim José Caetano. *Esboço de hum diccionario juridico, theoretico, e practico, remissivo á s leis compiladas, e extravagantes (excertos)*. Lisboa: Typographia Rollandiana, 1827.

PERROUX, François. *Salaire et rendement*. Paris: Presses Universitaires de France, 1947.

PLÁ RODRIGUEZ, Américo. *Los principios del derecho del trabajo*. 2. ed. Buenos Aires: Depalma, 1990.

____. *El salario en el Uruguay*. Montevidéu: Facultad de Derecho, 1956. t. 2.

PRUNES, José Luiz Ferreira. O Fundo de Garantia do Tempo de Serviço na nova Constituição. *Repertório IOB de Jurisprudência*, n. 5/89, texto 2/2.278, mar. 1989.

ROCHA, Valdir de Oliveira. A nova Constituição e o alcance do Fundo de Garantia do Tempo de Serviço. *Repertório IOB de Jurisprudência*, n. 10/89, texto 2/2.549, maio 1989.

RODRIGUES, Silvio. *Direito civil*. São Paulo: Saraiva, 1980. v. 2.

ROMITA, Arion Sayão. *Os direitos sociais na Constituição e outros estudos*. São Paulo: LTr, 1991.

SAAD, Eduardo Gabriel. *Comentário à Lei do Fundo de Garantia do Tempo de Serviço*. 3. ed. São Paulo: LTr, 1995.

SANTOS, J. M. Carvalho. *Código Civil comentado*. 11. ed. Rio de Janeiro: Livraria Francisco Alves, 1956.

SELIGMAN, Edwin R. A. *Essays in taxation*. Nova York: Macmillan., 1969.

SILVA, Antônio álvares da. *Prescrição das contribuições do FGTS*. Rio de Janeiro: Aide, 1987.

____. Indenização ou Fundo de Garantia Equivalente. *LTr*, 44/309.

SILVA, José Afonso da. *Aplicabilidade das normas constitucionais*. São Paulo: Revista dos Tribunais, 1968.

SOUSA, Rubens Gomes de. Natureza jurídica da contribuição para o FGTS. *RDP* 17, 1971.

STOURM, René. *Systèmes généraux d'impôts*. 3. ed. Paris: M. Giard & Brieère, 1912.

SÜSSEKIND, Arnaldo. As horas extraordinárias e os depósitos do FGTS. *Revista LTr*, 32/125.

TAVARES, Assis. *Curso de fiscalidade da empresa*. Lisboa, 1982.

THOMAZ, Manoel Fernandes. *Repertorio geral ou indice alphabetico das leis extravagantes do Reino de Portugal.* Coimbra: Real Imprensa da Universidade, 1815. t. I.

TROTABAS, Louis; COTTERET, Jean Marie. *Droit fiscal*. 3. ed. Paris: Dalloz, 1977.

VEGA HERRERO, Manuela. *Las contribuciones especiales*. Madri: Tecnos, 1975.

VERDIER, Jean Maurice. *Droit du travail*. Paris: Dalloz, 1978.

VILHENA, Paulo Emílio Ribeiro de. *Direito do trabalho e FGTS*. São Paulo: LTr, 1978.

XAVIER, Alberto. *Administradores de sociedades*. São Paulo: Revista dos Tribunais, 1979.

ÍNDICE ALFABÉTICO-REMISSIVO

A

Abono 13.4.1
Abonos 13.5.1
Abono de férias 13.4.1
Adicionais 13.4.2
Administração do FGTS 8
Aeronauta 13.5.3
Ajuda de custo 13.5.4
Alemanha 2.2.1
Alíquota 13.3
Aposentadoria 15.1.3; 16.8
Assistência médica 13.5.5
Atleta profissional de futebol 10.1.4
Atualização dos depósitos 16.15
Atualização monetária 14.2
Autônomos e eventuais 10.1.11
Auxílio-doença 13.4.3; 13.5.6
Autoaplicabilidade 6.1; 16.4
Aviso-prévio indenizado 13.5.7

B

Base de cálculo 13.2
Bélgica 2.2.2
Beneficiários 10
Benefícios da Previdência Social 13.5.8
Bolsa de aprendizagem 13.5.9
Bolsa de estudos de estagiários 13.5.10

C

Capitalização dos juros 12.3
Centralização na CEF 8.3
Certificado de regularidade 20.7
Cessão de direitos autorais 13.5.11
Cobrança 20.4
Comissões 13.4.4
Comunicação dos depósitos 12.5
Competência 19
Complementação de auxílio-doença 13.5.12
Conceito (de FGTS) 4
Contagem de prazo 17.4
Contribuição da Seguridade Social 4.2.2
Contribuição sindical 4.2.3
Crédito-compensação 5.2.1.5
Chile 2.2.3
Conclusão 21
Condomínios 9.2.3
Contribuição 5.2.2.7
Contribuintes 9
Contribuição de melhoria 5.2.2.4.4
Culpa recíproca 16.5

D

Decadência 17
Décimo terceiro salário 13.4.6
Denominação 3
Depósito na conta vinculada 16.3
Depósitos 12
Despesa com veículo 13.5.3
Despesa operacional 12.6
Despesas de transferência 13.5.14
Diárias 13.5.15

Diretor não empregado 10.1.7; 13.4.5; 15.2; 16.12

Direito semipúblico 5.2.1.4

Dirigente sindical 13.5.16

Dono da obra 9.2.2

E

Empregado doméstico 10.1.14; 16.13

Empregador doméstico 9.2.4; 10.1.14

Empregado público 10.1.6

Empregador rural 9.2.1

Empregados rurais 10.1.1

Entidades filantrópicas 9.2.5

Espécie de contrato de trabalho 10.2

Estagiários 10.1.13

Etapas 13.4.7

Espanha 2.2.4

Estabilidade 1.2

Estados Unidos 2.2.5

F

Factum principis 16.6

Falecimento do trabalhador 16.9

Falência 13.5.17; 16.13

Fato gerador 13.1

Férias indenizadas 13.5.18

Fiscalização do FGTS 20

Fiscalização pelo sindicato 20.5

França 2.2.6

Fundo contábil 5.2.1.6

G

Ganhos eventuais 13.5.19

Gestante 13.5.20

Gratificações legais 13.4.8

Greve ilegal 13.5.21

Gorjetas 13.4.9

H

Histórico 1

Holanda 2.2.7

I

Impenhorabilidade 12.4

Imposto 5.2.2.4.1

Imposto e taxa 5.2.2.4.3

Incentivo à demissão 13.5.22

Incidência 13.4

Incidência do Imposto de Renda no saque 15.8

Indenização 5.2.2.3; 13.5.23; 16

Indenização adicional 13.5.24

Indenização do art. 14 da Lei n. 5.889/73 13.5.25

Indenização do art. 479 da CLT 13.5.26

Indenização do FGTS 13.5.27

Indenização do tempo de serviço 13.5.28

Infrações e multas 20.2

Inglaterra 2.2.8

Interrupção do contrato de trabalho 13.4.10

Itália 2.2.9

J

Juros 14.3

L

Levantamento pelo empregador 15.3

Licença-paternidade 13.5.29

Licença-prêmio 13.5.30

M

Menor assistido 10.1.10

México 2.2.10

Momento de cálculo da indenização 16.16

Morte do empregador 16.10

Multa 5.2.2.1; 13.5.31
Multa de mora 14.4
Multa do § 8º do art. 477 da CLT 13.5.3.32

N
Natureza jurídica 5
Não incidência 13.5

O
Obrigação convencional 5.2.2.2
OIT 2.3
Opção 11
Opção retroativa 10.3

P
Parcelamento 12.9
Participação nos lucros 13.5.33
Personalidade jurídica 8.4
PIS 4.2.1; 13.5.40
Plantação subsidiária 13.4.11
Plano de demissão voluntária 13.5.39
Plano educacional 13.5.34
Portugal 2.2.11
Prazo de recolhimento 14
Preferência 20.6
Prêmio 13.5.35
Prescrição 18
arguição 18.2.5
para o empregado 18.2.9
para o empregador 18.2.8
Previdência complementar 13.5.36
Procedimentos de fiscalização 20.3
Programa de alimentação do trabalhador 13.5.38

Q
Quebra de caixa 13.5.41

R
Reembolso-creche 13.5.42
Repouso semanal remunerado 13.4.12
Requisitos para aplicação do FGTS 12.7
Rescisão antecipada 15.6; 16.11
Rescisão do contrato de obra certa 15.7
Rescisão do contrato de trabalho 12.2; 15.4; 16.7
Rescisão indireta 12.8
Retratação da opção 10.4

S
Salário atual 5.2.1.3
Salário diferido 5.2.1.1
Salário-família 13.5.43
Salário social 5.2.1.2
Salário-utilidade 13.4.13
Saque para aquisição de moradia 16.14
Saques 15
Servidores estatutários e militares 10.1.12
Sindicatos 9.2.6
Suíça 2.2.12
Sujeito ativo 9.3
Suspensão do contrato de trabalho 13.5.44

T
Taxa 5.2.2.4.2
Técnicos estrangeiros 10.1.8
Teoria parafiscal 5.2.2.5
Teoria previdenciária 5.2.2.6
Teoria tributária 5.2.2.4
Trabalhador avulso 10.1.2
Trabalhadores da agroindústria 13.5.45
Trabalhador temporário 10.1.3
Trabalhadores contratados no Brasil para prestar serviços no exterior 10.1.9
Transação do período anterior 11.2

Transporte, alimentação 13.5.49
Treinador profissional de futebol 10.1.5
Treinamento profissional 13.5.46

U

Uruguai 2.2.13
Utilidades 13.5.47

V

Vale-transporte 13.5.48
Vantagens e desvantagens 7
Verba de quilometragem 13.5.50
Verba de representação 13.5.51
Vestuários 13.5.37

Anotações